JN086435

ミネルヴァ世界史〈翻訳〉ライブラリー ②

人権の世界史

ピーター・N・スターンズ 著

上杉 忍 訳

ミネルヴァ書房

刊行にあたって

「これまでの世界史を刷新する必要がある」、「新しい世界史が求められている」と叫ばれてすでに久しい。ヨーロッパ中心的な発展段階の叙述でも、国民史の雑多な寄せ集めでもない世界史を構想するという課題は、「グローバル・ヒストリー」や「ビッグ・ヒストリー」といった新たな問題提起と対話しつつ、いまやそれをどのように書くか、具体的な叙述としていかに世に問うかという段階に至っている。

「ミネルヴァ世界史〈翻訳〉ライブラリー」は、そうした新しい世界史叙述の試みを、翻訳というかたちで日本語読者に紹介するものである。選書にあたっては、Oxford University Press 社の New Oxford World History シリーズ、Routledge 社の Themes in World History シリーズに収められたものを中心に、それ以外からも広く優れたものを収めることを目指した。

ここに紹介する書籍が、日本語での世界史叙述の刷新に少しでも寄与することを願っている。

二〇二二年一〇月

監修　南塚信吾
　　　秋山晋吾

はじめに

たくさんの熱心な人権擁護論者や諸組織に守られて、特定の人権基準が、今日ではグローバルな市民権の精髄をなす要素となっている。しかし、全面的であれ部分的であれ、この正統派の主張に対して異論をもつ社会がいくつも存在している。その根拠としては、政治的な配慮、文化的伝統、あるいは集団の利害が考えられる。

『人権の世界史』は、この難題とそれを生み出した考え方がどのように発生したのかをグローバルな歴史的視点から検討する。本書は、宗教の教えや自然権思想を含む人権アプローチと両立できる前近代から始めて、啓蒙思想や当時の反奴隷制運動、そして革命的興奮に至る近代的な人権の主張が初めて登場するところへと描きすすめる。その過程で、リベラルなアプローチの中で今も続いている現象を追究する。その矛盾というのは、人権への原理を真摯に貫徹する立場と、特定の人々は、遅れており「文明化」されねばならないので、共通の権利は与えられるべきではないという繰り返し語られてきた考え方との矛盾である。この矛盾は、のちの時代に人権の追求と西洋帝国主義伸長の間の対立が深まるとともに再びはっきりしたこだまとなって響き渡る。

二〇世紀の後半に入る頃には、人権についての基本的枠組みは、主要なグローバル機関や会議に取り入れられ、その論理は、多くの新しい主張をも含むように拡張されていた。植民地体制崩壊後の今日、各地

域により強力な政府が台頭し、普遍的人権論と各地域の抵抗や揺り戻しとの間の緊張は、かつてなくより鮮明に見えるようになっているが、その満足いく解決はけっして簡単ではない。

謝　辞

私がこのトピックに取り組むにあたっては、多くの方々の励ましと貴重な助言をいただいた。とりわけキャロル・ゴールドさんに感謝したい。クリスティアン・M・アブ・サラさんは、非常に創意ある研究助手を務めてくれた。ローラ・ベルさんは、草稿の準備過程で、いつもの素晴らしい才能を発揮してくれた。私の妻、ドナ・キッドゥは、私が夢中になって心ここにあらずになってもいつもの明るい笑顔で対応してくれた。さらに、並外れて協力的だったラウトレッジ社の編集グループの方々に感謝する。そして、ジョージ・メイソン大学の世界史研究室の学生たちにも感謝したい。この学生たちは、多くの国からの出身者で、複雑なトピックに関する価値ある視点を提供してくれた。

人権の世界史

目

次

《翻訳にあたって》

訳出にあたっては、地名・人名・事項表記は基本的に『角川　世界史事典』（二〇〇一）によった。アメリカ合衆国は特に必要のない限りアメリカと、大英帝国はイギリスとそれぞれ表記した。また度量衡は、原著のままにした。本文中の（　）は、著者によるもので、訳者の補足的説明は〔　〕に入れて示した。

序　文

今日のグローバリゼーションの時代に生きるわれわれにとって挑戦すべき最も重要な課題は、各主要社会には、それぞれ独自の価値観と文化があることを理解することである。それぞれの文化的価値観は、ふつう何世紀にもわたって形づくられ、その社会の大半の人々にとって深い意味をもち、その下で、自己認識が形成されている。それは、それぞれの社会で異なり、その違いを理解し受け入れることは、今日のグローバルな世界の理解にとっての鍵となる。自分たち以外のすべての地域は劣等なので、自分たち（西洋）が、その基準を世界に押しつけることができるとする古い帝国主義的な思い上がりの時代は、もはや終わった。帝国主義が退けられ、より多くの国々が台頭して経済的政治的自決権を行使するようになると、その差異に対して寛大になり、これに適応することが必要不可欠となる。一方が学ぶだけでは、すべてに適応できない。相互に結びついた世界の調和のためには、今日の社会、とりわけ帝国主義の過去をもつ国々は、その事実を甘んじて受け入れる必要がある。理性的な共存と純粋な正義には、ともに柔軟性が必要である。

政治的文化的境界を越えて、人権をスムースに拡充することは、グローバル化した今日の世界の最も重要な挑戦である。ますます多くの人々が、すべての人は、人種、宗教、性、あるいは階級にかかわらず、一定の水準の保護を享受することが実りある人生にとって不可欠であると、認識するようになっている。人権には、強制労働からの自由、信教の自由、あるいは神を信じない自由、女性に対する性的虐待や暴力

からの保護、女性の法的・政治的自由、さらに、批判し異議を申し立てる自由、公然と発言し、その目的のための集会の自由が含まれる。世界の基本的人権の享受の状況は、明らかに均一ではない。しかし、事実上、どこでも主な人物や団体が、人権の拡張を求める点で価値観を共有していることは、明らかな進歩の兆候である。国際連合の諸機関から草の根の団体まで、かつてなく多くの団体が、政治犯や労働運動指導者を守るために人権に関する知識を広め、どこであろうとその侵害が発生した場合には、その侵害に注意を向けさせるための献身的な努力を続けている。

寛大さと、より積極的な基本権追求の必要に関する言説はともに、説得力があり、擁護されるべきものである。これらの言説は、国際的で啓蒙的な見方に誇りを感じている人々から当然に支持されるだろう。

しかし、はっきりしているのは、これらの意見は、誰にでも直ちに受け入れられるものではないことである。のちにみるように、特に西側世界以外の人権擁護論者の中には、二つのアプローチの諸要素を融合し、人権概念は西側によってだけ規定されるものではないことをはっきりさせるべきだと熱心に説く人々がいる。しかし、融合が容易ではないことはすぐわかる。例えば、女性の全面的な法的平等を擁護する立場に立つ誠実で熱狂的、そしてしばしば道徳的に独善的である人権擁護論者にとっては、それぞれの文化にはそれぞれの価値があり、それぞれが受け入れられるべきであるとの主張を受け入れることは、容易ではない。彼らは、人権はすべての人に無条件に適用されるべきだというのである。このような人権擁護論者の主張は、特殊固有の民族的価値と必要性を誠実かつ熱心に擁護する人々にとっては、正当化できない外部からの干渉であり、社会秩序にとっても文化的アイデンティティにとっても危険な介入である。それゆえ、それを受け入れることは難しく、人権団体は、介入すべきではないと考えている。

それなりに理にかなった二つの立場の間で起こる衝突は、今日のグローバル化した世界の最大の問題で

はないのかもしれない。少なくとも全世界の人口の六分の一にあたる人々の深刻な貧困、悪化する環境問題の深刻化もこれに劣らず重要な問題である。しかし、この衝突は、世界各地での再三の誤解を助長する興味深くかつ重要な問題なのだ。人権問題の起源とその後の発展ばかりではなく、それがもたらす根本的な矛盾とその最善の対処方をされてきたことをきちんと評価しようとする本書は、それが

法は何なのかを見出すことを目指している。

世界史に人権が登場するのは、最近の二世紀ほど、すなわち基本的には近代に入ってからである。人権概念は、一八世紀後半になってようやく本格的に登場した。革命の文書が「すべての人間は」平等に創られたとの「自明の」真理について語り、「人の権利に関する宣言」といったタイトルをつけ始めたのは何といってもこの時代だった。人権の呼びかけとこれに対する意見、あるいはこれに抵抗する努力が、恒常的に深く相互に影響しあい、本当の意味で、世界中のそれぞれの社会が、グローバルになり始めたのは、この時期かせいぜい二、三〇年後の時代になってからだった。近代世界史の両側面──人権の内実の拡張と、その相互関連の新しい深まり──が、今日の社会のこの重要で困難な特徴を実証している。世界史のこの側面の理解を助ける前近代からの影響もあるが、しかし、本書は、近過去を中心的な対象にしている。

この時代、人権をめぐる議論は、相争う社会にとって重要になると同時に、広範囲にもなった。

本書は、哲学、法律、組織による支持や反発、その影響などさまざまな分野に現れた人権の歴史的起源とその発展過程を検討する。さらに本書は国際的な交流が人権のなりゆきにどんな影響を与えてきたのか、逆に人権が国際的交流のなりゆきにどのような彩を添えたのかに常に注目し、グローバルに追求する。また、グローバルな視野には、地域的な差異、人権をめぐる抵抗や適応のパターンについての議論が必要である。グローバルな全体像は重要だが、それを一枚の画像で描くことはできない。

4

本書の第1章は、今日起こっている問題に焦点を当て、標準的な人権綱領がその内に含んでいるいくつかの前提に対する各地域の違和感など、人権についてのいくつかの複雑な問題についてのべる。続いて、第2章では、われわれは、歴史的記録に立ち戻り、人権がはっきりした注目を集める前の世界各地の主だった社会についてのべる。第3章では、一八世紀の人権問題の登場について説明する。そして第4章では、一九世紀のはじめから第一次世界大戦後の数十年間の困難な時代の人権のグローバルななりゆきに目を転じる。この時代は、人権のグローバル化と呼ばれうる最初の時代である。しかし、この時代には、大きな多様性が表面化し、多くの障害と後退が発生した。そしてわれわれは次に第5章と第6章で、第二次世界大戦後、今日に至るまでの引き続き活性化した人権活動や、それに対する継続的な障害についてのべる。

第6章と第7章（結論）では、最近の問題に目を向ける。そこには、地域的な多様性についてのより体系的な考察や、十分にグローバルに受容されうる新たな定義の構築への模索も含まれる。

人権に関しては、重要な文献が相当ある。その大半は法律学者の手によるものだが、哲学者の業績も重要である。特定の地域における人権の実際の影響に関しては、特に社会学者や人類学者が貢献してきた。哲学者や法学者は、多くの場合、彼らの業績の前置きとして、手短な歴史的概観を提示している。

これらのすべての研究業績を検討してみると、いくつかの研究史上の対立が現れてくる。本書は、各所で、これらの争点に分け入るつもりである。重要問題についてはすでに手短に触れた。具体的には、人権の分野における西洋的価値観と他の文化との関係についての論争である。人権の普遍主義的理解は、文化的多様性という事実と文化相対主義と他の文化とどのように対峙しているのだろうか。

第二の問題は、近代的人権の断絶と継続の問題である。より具体的な人権論が台頭するにつれて、どの

程度その人権論が以前の法的・哲学的・宗教的構造の上に築かれ、どの程度新たな地平を切り開いたのだろうか。これは西洋対非西洋の問題に直接関係している。もし人権の考え方が大部分新しく、まずは第一義的に西洋的なものだとすると、それはほかの政治的伝統とどのような関係にあるのか。そして、この状況は、人権の革新にいかなる影響を与えるのか。

第三の問題は、人権史研究のどこに焦点を当てるべきかである。多くの研究が、指導的な思想家たちが人間や社会について考察するときに用いた知的な発達を強調している。他の人々は、中でも特定の人権理念あるいはその革新が、どのような結果を生んだのかをはっきりさせようとして現実の政治的力関係により焦点を当てる。たしかにいくつかの組み合わせが、ここでは大切なのだが、バランスを見出すのは容易ではない。

最後に、──そして中でも、これは、純粋な思想史的方法が機能しない理由なのであるが──進歩への貢献によって人権を評価するという問題がある。大半の現代の人権擁護論者たちは、多くの場合、自分たちは、多くの社会の人々にとっての善を生み出す方法を知っていると心から信じているが、彼らの活動によって実際に物事は改善されただろうか。もし進歩が実現されなかったのだとすれば、人権の努力が挫かれてしまった（現実にしばしばそのようなことが起こっている）からなのか、あるいは、指導的な人権の努力が的外れだったからなのか。あるいはその両方なのか。この問題はわれわれをまた、変化と歴史的背景の問題に連れ戻す。もし、近代以前に、たとえ異なった文化的政治的脈絡においてであっても、人権が、きちんと提起されていたとすれば、おそらく革新的な人権擁護論者たち自身が主張するようには近年の進歩は大きなものにはなりえなかっただろう。実際には、近代人権運動以前の事態はどれだけ悪かったのだろうか、そして、その運動によってどれだけ事態は改善されたのだろうか。

「人権侵害」という言葉には不吉な響きがあり、実際、多くの場合そうであるに違いない。現代世界において多様な国連の諸機関や関連裁判所は、人権状況を監視し、国際的基準に従うよう激励し、場合によってはその侵害者を「人道に対する犯罪」（より不気味な名称）で逮捕したり告訴したりするのに膨大な時間をかけている。合衆国政府は、グローバルな道徳的向上における改善を激励し、それを実現するために、恒常的に他国の人権状況の報告書を作成している。いくつもの私的なグループが熱心に人権侵害を記録し、世界世論の怒りをかき立てるよう努力している。実際、人権は、今日の国際情勢の重要な部分を占めている。

近代以降の人権の展開は、究極的には、グローバルな規模で人類の進歩を一層促進するための努力の一つの重要な物語である。それは、血沸き肉躍る多くの場面を含んでいるが、主要国内部及びその相互の軋轢の原因ともなっている。また、それは、対案をめぐる活発な議論を引き起こしてきたし、なお引き起こしている。それゆえに人権をめぐる論争は、過去二五〇年の世界史のより大きな語りのダイナミックな部分となるのである。

参考文献

人権に関する学際的研究を始めるにあたっては次の著書や論文が参考になる。Samuel Moyn, *The Last Utopia: Human Right in History* (Cambridge, MA: Harvard University Press, 2010); and "The First Historian of Human Rights," *American Historical Review*, 116(1) (February, 2011), pp.58-79; Costas Douzinas, *The End of Human Rights: Critical Legal Thought at the Turn of the Century* (Portland, OR: Hart Publishing, 2000); Jack Donnelly, *Universal Human Rights in Theory and Practice* (Ithaca, NY: Cornell University Press, 2003); Lynda Schaefer Bell, Andrew James Nathan, and Han Peleg (eds.), *Negotiating Culture and Human Rights* (New

York, NY: Columbia University Press, 2001); John M. Headley, *The Europeanization of the World: On the Origins of Human Rights and Democracy* (Princeton, NJ: Princeton University Press, 2007); Amartya Sen, "Human Rights and Asian Values," *New Republic*, July 14-21, 1997. Online at: http://www.mtholyoke.edu/acad/intrel/sen.htm; Kenneth Cmiel, "The Recent History of Human Rights," *American Historical Review*, 109 (1) (February, 2004), pp. 117-135; R. Panikkar, "Is the Notion of Human Rights a Western Concept?" *Diogenes*, 30 (120) (1982), pp. 75-102; Jack Donnelly, "Human Rights and Human Dignity: An Analytic Critique of Non-Western Conceptions of Human Rights, *American Political Science Review*, 76 (2) (June, 1982), pp. 303-316; Jack Donnelly, "Cultural Relativism and Universal Human Rights," *Human Rights Quarterly*, 6 (4) (November, 1984), pp. 400-419. Michael J. Perry, "Are Human Rights Universal? The Relativist Challenge and Related Matters," *Human Rights Quarterly*, 19 (3) (August, 1997), pp. 461-509; Talal Asad, "What Human Rights Do? Anthropological Enquiry," *Theory and Event*, 4 (4) (2000), pp. 1-28; Richard Bauman, *Human Rights in Ancient Rome* (New York, NY: Taylor & Francis, 2000); Brian Tierney, *The Idea of Natural Rights, Natural Law, and Church Law, 1150-1625* (Grand Rapids, MI: Wm. B. Eerdmans Publishing/Emory University Press, 2001); Richard Tuck, *Natural Rights Theories: Their Origin and Development* (Cambridge, UK: Cambridge University Press, 1998); Francis Oakley, *Natural Law, Laws of Nature, Natural Rights: Continuity and Discontinuity in the History of Ideas* (New York, NY: Continuum, 2005); Micheline Ishay, *The History of Human Rights: From Ancient Times to the Globalization Era* (Berkeley, CA: University of California Press, 2004); Surya P. Subedi, "Are the Principles of Human Rights 'Western' Ideas? An Analysis of the Claim of the 'Asian' Concept of Human Rights from the Perspectives of Hinduism," *California Western International Law Journal*, 30 (Fall, 1999), pp. 45-70; John M. Peek, "Buddhism, Human Rights, and the Japanese State," *Human Rights Quarterly*, 17 (3) (August, 1995), pp. 527-540; Susan Ford Wiltshire, *Greece, Rome and the Bill of Rights* (Norman, OK: University of Oklahoma Press, 1992).

第1章　今日の難問

　何らかの普遍的人権が存在するという考え方は、宗教的規範を含む古くからの文化の発展の上に構築さ
れたものであるが、一八世紀後半に初めて、はっきりと姿を現し始めた。これは、アメリカ革命の権利章
典の立案者のような集団が、すべての人間には「生命、自由と幸福追求」の権利があると論じ始めたとき
のことだった。この新しい考え方を正確に反映した最初の具体的な運動は、奴隷制廃止運動だった。財産
としての人間の所有は、人間としての明らかな権利と矛盾するというのが彼らの根拠だった。しかし、他
の多様な革命運動もまた、出版や宗教的選択の自由といったほかの権利の保護をはっきりと前面に打ち出
し始めた。

　明らかに、人権が、これらの宣言が提案したように即座にまたは一律にその地歩を確立することはなか
った。西洋諸国自身は、例えば、奴隷制度反対に少しずつ転じたように、特定の分野では人権の概念を支
持したが、帝国の勢力圏拡大の際には、しばしば、人権概念とは相矛盾する政策を採用した。各地のエリ
ート権力者を含む集団は、自分たちの地位を危うくするかもしれない人々の人権を抑圧した。そして、大
衆は、人権に関する議論については、何も知らなかったし、今もなお多くの人が知らないままである。し
かし、同時に、人権の主張は、次の二つの分野で広がり続けた。第一は、この主張が、西洋以外の地域で
も取り上げられたことである。例えば、のちの一九世紀には、奴隷制に反対する人権思想が、ブラジルや

その他のラテンアメリカ諸国で急速に広まった。そして一九二〇年代までには女性の権利に関する新しい政策がトルコで台頭した。さらに第一次世界大戦後の国際連盟のような新しい国際機関も、この用語を採用した。特に人権意識を促進し、人権侵害について報告することを目的とする集団（アムネスティ・インターナショナル）が一九六一年に組織されたあと国際機関が活発に活動し始めた。人権の主張の広がりの第一に負けず劣らず重要である第二の分野は、ジェンダー、労働、年齢集団（子どもあるいは老人）、同性愛などの問題である。それは一九六〇年代の公民権運動の時代から広がったゲイの権利やその他の領域の運動で見られた。二〇世紀には、人権の理念やその推進の呼びかけは、外交政策の重要な側面になった。人権の義務を守る意志のない国や集団でも、多くの場合、少なくとも原理的に合意することが賢明であることを学ぶようになった。

本書の以下の章では、この展開について論ずる。人権論が明確に主張されるよりも前の時代の議論を調べてみると、人権論に至る背景がすでにその時代に存在していたことがよくわかる。そしてその作業によって、人権をめぐる議論がついに台頭するようになった状況だけでなく、それ以前の時代の社会的文化的伝統の中に人権へのどんな障害物があったのかをも明らかにすることができる。人権の理念の事実上の誕生とその多様な拡充は、一九世紀に起源がある。これは、過去二世紀のグローバルな経験の重要な部分である。ところが、それは、主に地域史の寄せ集めにすぎなかった世界史のアプローチでは、適切にとらえることができなかった。

人権の物語には、その失敗や人権への障害物も含まざるを得ない。多くの集団が、人権を回避したり妨害したりすることが自分たちの利益になるとずっと感じてきた。権威主義的政府は、自分たちの失脚につながるかもしれない政治的自由の許容に抵抗する。利潤を追求する雇用者の中には、労働者の基本的権利

に抵抗する者がいる。奴隷制は公的にはほとんどすべての地域で廃止されており、それは、一九世紀、二〇世紀の人権運動の貴重な勝利であるが、極端な例を挙げれば、事実上の奴隷制は多くの場所でなお機能し続けている。女性や子どもが性的束縛の下に売り飛ばされているだけでなく、パスポートを製造業者に取り上げられている外国人労働者もいる。彼らが少しでも問題を起こせば、雇用者は彼らをすぐに追放できるのである。人権侵害は、深刻な貧困や民間人同士の争いの中で最も広範に行われている。アメリカにすら、数万人にも及ぶ違法な性奴隷の哀れな犠牲者がいると言われている。西側諸国は、人権擁護の点でしばしば他をリードしているが、二〇〇三年の侵略戦争以後のアメリカ当局によるイラク人捕虜に対する非道な扱いにみられるように、アメリカ政府は、自分自身の原理を侵害し続けている。

◆人権とそれが本来的に抱える緊張

進歩派の勝利の物語にとって、人権に対するむき出しの抵抗や侵害だけが問題を複雑にしている要因ではない。人権論自体が、問題や限界を抱えているのである。以下の章で、人権運動が呼び起こした複雑さについて検討するが、そこには純粋に自己利害のための抵抗も含まれる。この章でわれわれは、のちに起こることを、今日の関心と明確に関連づけることができるように、一つの事例を提示する。

三つの基本的問題群が浮かんでくる。第一の最も重要な問題群は、普遍的権利の理念と、地域に深く根差した文化との間の不一致である。特定の人権アプローチは、明らかにこれらの文化に脅威を与えている。この衝突はますます明確になりつつある。普遍性と独自の自己主張の権利を強調する地域性とが対立して、これは、最も興味深くかつ根本的な緊張である。しかし、いる今日のグローバリゼーションの環境の下で、二〇世紀末には、人権他の問題群もまた、人権への熱意にもかかわらず実現が困難な原因となっている。

リストの長さについての正当な疑問が浮かんできていた。新たに付け加えられる項目がどんどん増えていったことは、人権啓発の新たな勝利として歓呼して迎えられうるかもしれないが、同時にそれは、新たな抵抗、潜在的には、人権の推進にとっての特定の新たな内部矛盾をも引き起こすことになるのである。最終的には、人権の必要性と他の問題の解決努力との間の緊張が、伝統固守や特権集団の自己利益との衝突とは全く別の諸問題を引き起こしたのである。人権の歴史は、進歩派と無知と悪習が結びついた守旧派との単なる抗争の記録ではない。

人権問題の重要性とその潜在的正当性は、いかに複雑な問題があろうとも無視することはできない。私が、人権運動に関する新しい簡潔な歴史叙述に挑んだ主な理由は、それがどのようにして、なぜ考慮されるべき道徳的で政治的な力になったのかをきちんと評価したかったからである。のちにのべるように、大半の反対論者も、その力に敬意を払うことなしには、公然と反対を口にできない。しかし、人権が本来的に抱える緊張には、それなりの歴史がある。現在の人権をめぐる抗争を理解するためには、これから展開するような歴史分析とそれにもとづくきちんとした叙述が必要である。われわれは最もはっきりしている難問から始めよう。

◆ 普遍的権利と諸地域の文化

過去一〇年ほど、人権団体及びアメリカをはじめとする個々の政府は、さまざまな人権侵害について中華人民共和国を繰り返し批判し、それは恒例のこととなった。会議で中国の協力が必要とされているほかの議題が論じられている場合には、公的機関の非難の調子は多少違うが、人権団体は一貫して厳しい。「人権報告」を毎年発行しているアメリカ国務省は、中国の状況をいつも厳しく非難している。人権擁護

論者や中国国内の中国人権擁護者（CHRD）などの諸団体による不満の声は、政府の弾圧で時々その声を抑制されるが、粘り強く発せられている。これに対して中国政府はいくつかの問題の存在を認めることもある。二〇一一年中国の首席が公的にきちんと対処すべき人権問題が存在することを認め、外国からの批判をなだめる目的で、著名な政治囚を機会があれば釈放するとのべたこともあった。これを発言したのは彼の任期が残り数カ月になってからのことだった。しかし体系だってこのようなことが行われることはほとんどなく、中国政府は、自分たちの防衛線を張り、批判の声をはねつけている。彼らによれば、人権は従来とは別に定義され直されねばならない。従来の定式は、中国の政治的秩序維持のための必要性をきちんと考慮に入れておらず、批判者たちは、中国についてコメントする前に行き過ぎた個人主義が引き起こす問題を考慮すべきであると彼らは主張するのである。要するに、放っておいてほしいというのだ。

しかし、中国での人権侵害項目のリストはかなり長い。例えば、アメリカ国務省の中国の人権状況に関する二〇一〇年の報告は、基本的人権概念である「言論の自由の制限、出版の統制の試み」が強まっていることを指摘している。一九八二年のこの国の憲法で、公的に言論の自由が保障されているにもかかわらず、新聞の強制廃刊、事務所の閉鎖、異議申し立てと疑われた運動の監視と抑制、発言を根拠とした公然たる逮捕はまれではない。最近では、主要インターネット・サイトの閲覧停止も始まった。民族的マイノリティの自決権の拡大要求の主張は――それは、チベットでの特別の関心事であるが、それだけでなく、北西部における自決権の拡大要求の主張は――それは、チベットでの特別の関心であるが、それだけでなく、北西部におけるイスラム系ウイグル人の要求でもある――弾圧され続けている。宗教問題は、政治的発言と並行している。ダライ・ラマの影響力を含むチベットの仏教徒の活動やキリスト教徒の礼拝、北西部領土におけるイスラム教徒の宗教活動への中国政府の抑圧がしばしば取り上げられ批判されている。宗教団体である法輪功の宗教儀礼に従事する者に対する逮捕や場合によっては拷問を含む厳しい抑圧は、特別に注

目を集めた。特定の集団、特にここでも法輪功を標的にした大量宣伝が行われた。労働権の問題は第三の領域である。独立した労働組合活動は禁止され、農村労働者の運動に対しては、統制が加えられている。

純然たる残酷さも問題になっている。全世界で死刑にされる人の過半数が中国で処刑されている。二〇一〇年に暴力や脅しによって得られた証拠は無効であるとの新しい規則が作られたにもかかわらず、拷問が行われているという非難が各地で広まっている。最後に、人口増加を規制する目的で、一九七九年に始まった一組の夫婦の間の二人以上の子どもを禁止する政府の政策は、国外の人々から人権侵害だとしてしばしば批判された。批判者たちは、それは、強制中絶や、女性嬰児殺しにつながると主張している。

もちろん批判にはいろいろある。中には純然たる事実関係に関する論争もある。多くのアメリカ人専門家は、宗教活動への制限について憤慨している。中には中国の状況は非常に恐ろしいものだからこの大国との外交関係に条件を付けるべきだと考えている専門家もいる。他の人たちは、ビジネスを続けつつ、より穏やかに嘆いてみせる。二〇〇八年アメリカ国務省は、いくらかの改善があったことなどを根拠に人権侵害国のトップ・テンから中国を外した。それは、二〇〇三年の憲法修正で、「国家は、人権を尊重し、守る」と確約するなどの改革があったからでもあり、また、経済・軍事関係の改善をはかることへの期待からでもあった。しかし、通常の意味で人権に憂慮している人々の中には、中国にはもう問題がないとみなしている人はいない。

繰り返されるこの批判の嵐に対する中国の公式の対応は多様であるが、彼らはけっして黙って受け入れることはない。従来の人権論に対する拒絶にもかかわらず、中国の主要高官は、ときをみて譲歩し、二〇〇三年の憲法修正のときのように和解を求めることがある。彼らは他の目的で、ときをみて譲歩し、西側の指導者たちに懇願したり、国際的な威信の問題として、いくつかの人権基準に合わせる必要性をまじめに表明

したりする。この脈絡で、二〇〇八年オリンピックを主催したときに中国政府は、一部は計算づくで、一部は国際社会から進歩的だとみなされることをまじめに望んで、集会の自由を認めると約束した。とはいえ、人権監視団によれば実際には、当初彼らが約束したことには遠く及ばなかった。そしてもちろん、しばしば中国当局は、根拠の如何を問わず、例えば拷問の事例などでの批判者たちの主張が正確ではないと反論する。本書でのちにまた取り上げるが、中国は、アメリカがイラクで行ったような西側の人権侵害を取り上げ、西側の中国非難者たちは、中国にがみがみ言う前に自分の家をきちんと片づけておくべきだとも主張する。中国の根本的立場は、なだめることでも事実をめぐって論争することでもない。むしろ中国当局者たちは、ときとして彼ら自身の価値観を「アジア的価値」と呼び、いくらかの情熱をもって、自分たちは、いかなる個人の権利よりも社会全体の福祉を上位に据えるのだと論ずるのである。この議論によれば、基本的人権とは、「調和的社会」に参加することであり、個人の利益は、この目的のために犠牲にされねばならないこともありうる。ここでは、公共の秩序と強力で安定した支配の確立が最優先される。

彼らは、人権に心を奪われてきた西側社会は、より大きな公共善を投げ捨てるところまで行ってしまったという。行き過ぎた個人主義と個人の欲望を抑制することができないために、高い犯罪率と家族の崩壊を引き起こしているではないか、「行き過ぎた自由は危険である」。そして実際、社会の安定性と結束を覆し、現実の人権を侵害しているのは、西側諸国なのである、と彼らは主張する。加えて、中国は、経済成長と繁栄の促進こそが、全体としての基礎であり、広く解釈された人権の目標の約束を果たしているとの共産主義の残滓の興味深い結合は、独自の道を生み出した。力点の置き方は時々変わる。あるときには、地域的な文証拠なのだと指摘する。儒教精神における社会秩序の優越性の主張と、より大きな経済的正義を守るのだは中国の指導者たちは、人権に関する別のより包括的国際的定義を打ち出し、あるときには、地域的な文

化の差異を尊重する必要性を強調する。どちらにせよ、このアジアの巨人には、西洋的個人の権利のリストは、ふさわしいものとはみなされていない。

この論争は、それぞれの政府代表がお互いに対立しあう公的な活動の場でだけ闘わされているわけではない。自分たちが特別に選び出されたとは感じてはいない二人の中国人交換留学生との非公式のおしゃべりを通して、私がわかったことは、彼らの意外な認識だった。アメリカの教室でのオープンな議論や意見の不一致の雰囲気にかなり満足していたように見えるこの二人は、中国が欠陥を有していることは認めつつも、中国は、これまでもアメリカ的な人権原理を採用することができたし、今後もすべきだという考え方には、はっきりと異論を唱える。中国社会には、非常に多くの多様な利害集団があり、本質的に自己本位の人々がたくさんいるから、強力な集合的統制なしにはその社会は崩壊するというのである。ここでは最初に秩序の必要性だけでなく、その社会の不安定性の感覚も顔を出す。そして人権への関心は、遠くに追いやられる。学生たちは、他の問題では中国の現状を批判しているのに、この点では、政府の公式見解をただおうむ返しにしているのだろうか。あるいは、彼らには、個人と社会の緊張関係の中で、社会をまず初めに位置づける規範を受け入れる深い文化的影響力が反映されているのだろうか。

もちろん、中国は、地域による人権の受け止め方の差異の一例にすぎない。他のいくつかの東アジア諸国でも同じような論調がみられる。例えば、一九九四年シンガポールで、一〇代のあるアメリカ人が、車の塗装に引っかき傷をつけたことを主な根拠に器物損壊の疑いで逮捕された。彼は短期間拘置所に収監され、四回鞭打たれた。これに、多くの西洋の記者たちは驚き、アメリカ大統領でさえ介入しようとした。野蛮な懲罰とされ、人権に反するとみなされたのである。もちろん、シンガポールを弁護する人々は、法は法であり、それだけでなく、彼らの基準は、ニュー西洋的な人権基準からすれば、これは苛酷な刑であり、ある。

ーヨークのような都市での大規模な破壊行為を生み出す個人主義的行き過ぎを抑止するためのものだと反論した。この小さな事例だけでも、社会秩序と個人の権利のどちらを重視するかの対立は容易には和解できないことが証明された。

東アジアだけではない。ソ連邦時代はもちろん、冷戦終結後のロシアの人権状況に対する批判は、中国に対するものと瓜二つである。一九九〇年代後半以来、マスメディアに対する政府の統制、反対派の政治集会への妨害、政治的反対派の逮捕や暗殺の増加は、表現の自由に対して大きな制限が加えられていることを示唆していた。外部からの宣教活動、特にアメリカの福音派による活動に対する規制は、特定の人々の間でもう一つの憂慮すべき問題となっている。ロシア政府が、中でも外部の人権団体の活動に対して厳しい規制を加えているのは驚くべきことではない。多くのロシア人自身が、政府の政策は抑圧的であることはわかっているが、それを黙認しているようにみえる。そして、ときには公然と、彼らは、秩序ある国家を守る必要がまず優先されるべきであり、それが守られたのちに初めて適切な民主主義は機能するのだと主張する。

中東地域では、権威主義的政権が政治的反対派や個人の発言を圧殺しようとし、繰り返し人権抑圧が表面化したためにたびたび緊張が走った。二〇一一年のいわゆるアラブの春では、抑圧的な政治警察とさまざまな反対派との衝突が各地で発生した。シリアのような場所では、弾圧に軍隊が用いられ、逮捕や殴打が続いた。いくつかの地域では、宗教的不寛容が激化し、イラクやエジプトでのキリスト教徒やスンニ派支配下のバーレーンでのシーア派イスラム教徒に対する新たな攻撃の威嚇が行われた。これらの事態は人権に対する広範な憂慮を引き起こした。多くの地域では、新しい宣教活動（ふつうはキリスト教宣教師の）に対する規制が複雑な問題を引き起こし、例えば、トルコは、既存のキリスト教集団に対しては、寛容を

公言するが、好戦的な福音派による布教活動に対しては敵意を示している。

しかし、この地域の伝統的文化と今日の人権擁護論者たちの主張との対立の中で、最も目立っているのは、ジェンダーと家族の問題である。極端な事例がまず目を引く。イラクやアフガニスタンの宗教裁判所は、今なお姦淫した女性に対して石打による死刑を宣告している。懲罰の野蛮性や、女性の性行動を極めて厳しく規制する不公正さに対する人権団体の激しい抗議は、ときには成功している。しかし、ドバイではゲイの外国人たちが逮捕されている。ここではゲイであるというだけの理由で一〇年の刑が科され、中国の政治的反対派に対するのと同様に、ゲイのウェブサイトは注意深く監視され、閉鎖されている。一〇代のゲイのフランス人何人かが、原理主義者にひどく殴打され、その性的趣向のゆえに逮捕された。しかし、これらの極端な事例は、より日常生活に密着した対立と比べてさほど本質を示していないのかもしれない。例えばイスラム法のもとでは、女性の離婚は、男性の離婚より困難である。しかも離婚した女性は子どもに対する後見権を奪われる。かつてはキリスト教でもこれと同じだった。伝統的イスラム教のもとでは、女性が離婚する可能性はともかくもあるのだが、法の下の平等はキリスト教地域で広まり、二大宗教の伝統に潜在的な権利の格差が生まれた。女性には、自分たちが着る衣服を選択する権利があるかをみてみよう。ほとんどのイスラム諸国では、きちんと決まった規則はないが、イランやタリバン政権下のアフガニスタンは例外だった。また、中東地域の多くのイスラム家族がはっきりした規則を設定している。多くの女性たち自身が、衣服の規則を受け入れなければならないと信じ、地域の個性を守るものとしてそれを賞賛さえしている。原理主義的過激派に反感を覚えているイスラム教徒フェミニストの中には、西洋的価値観をまず優先するのではなく、クルアーン（コーラン）の中での教えにもとづく独自な道を歩むべきだと主張する者もいる。かの女たちは、西洋的な考え方は、あまりにも個人主義的で、女

性を適切に保護するためには、個人の能力向上よりも共同体や家族により大きな力点を置く必要があると主張する。これらやほかの多くの事例では、特に女性にとっての問題は、どこで人権が始まり、どこで家族や社会的権威が終わるのか、であり、政治的調和についての中国での議論よりも答えを出すのが難しい。

論点ははっきりしている。多くの地域的伝統と矛盾する人権の中心的な主張は、疑問の多い優先順位を押しつけようとする外からの破壊的な押しつけにみえる。この問題は、いかなる権威主義的政治体制による小手先の策略よりもはるかに根が深く、その社会的家族的価値観にしっかりと根づいている。

多くの権利の妥当性がただ当たり前のように受け止められている西洋人にとっては、人権擁護論者の主張と地域的伝統の衝突の多くの正否は、もちろんはっきりしているようにみえるだろう。地域文化の擁護者でさえ、しばしば、多少のためらいを示すことがある。彼らは、彼ら自身の価値観を擁護しながらも、自分たちは人権の分野を改善するかもしれないとも暗に口にするのである。最終的には、人権は、グローバルな至上の基準あるいは文明状態の尺度として理解されるかもしれない。そして、多くの人権推奨者たちの道徳的情熱が、この活力を高めている。しかし、地域的な文化への関心を後進的ないし時代遅れだとみなすのは誤りであろう。例えば、中国による社会的調和への深いこだわりが、より個人主義的な人権のとらえ方よりも実際によりよい結果をもたらすかどうかは、誰も確かなことはわからない。逆にこの確かなことはわからないということは、双方が、お互いに注意深く理解しあう必要があることを意味している。そして、多くの権利推奨者が、いくらかのよりよい妥協を少しずつ見出す可能性もある。普遍的権利の究極的勝利を待っていればいいという問題ではないのである。

人権論がほとんど議論の余地がないと思われる分野の簡単な呼びかけですら、予期せぬ複雑な問題を引き起こすことがある。次に示す最後の大事な事例は、人権論が特に強力な説得力があるようにみえる場合

でもなお地域問題があることを示している。

例えば、それは女性器切除として知られる行為である。主にサハラと赤道の間のアフリカの国々で、四三から九七％の女性が思春期の前に、クリトリスの一部かすべての切除（そのやり方は多少異なる）を経験している。これは通過儀礼として行われており、普通は村の年長の女性によって執り行われており、その社会の重要な伝統である。多様な宗教の女性たち――イスラム教、キリスト教、アニミズム、そしてユダヤ教のある宗派ですら――が、これを行っており、この儀式は宗教的な響きをもっているようにみえるが、これは特定の信仰に結びつくものではない。批判的な専門家は、この儀式は、夫が自分の妻の子どもの父親が自分であることを確認するために、極端な場合には、女性の性的快楽の可能性を除去することによって、男性が女性の性行動を統制しようとした結果生まれたと考えている。女性の性的快楽の抑制という点では、この習慣は男性によってばかりではなく、少なくとも女性によっても支持され、結婚前の処女性を含む女性の貞節を守る大事な過程だととらえられている。このような社会に住む大半の少女には選択肢はほとんどないのだが、多くの人々は、社会的規範に合わせるためにこの処置を進んで受けている。多くの場合、女性器切除を受けていない少女は結婚することができず、場合によっては、嫌がる者にも力ずくで執行されている。

女性器切除に対する外部からの認識はゆっくり広がったが、多くのヨーロッパ人行政官がこの習慣に気がついたのは、一九世紀後半から二〇世紀の帝国主義的征服の時期だった。中には、このような女性の扱い方に対して公然と嘆く者もいたが、彼らはいくつかの理由から介入をためらった。関心の程度も必ずしも高くはなかった。ほとんどの植民地行政官は、フェミニスト的関心を抱いてはおらず、これらの問題は、「先住民」の劣等性の表れの一つとして、無視された。もっと重要なことは、村の支配層とうまくやって

いくことを彼らが望んだことだった。ボートを揺さぶれば、抵抗を引き起こし、植民地支配を受け入れにくくし、その維持が困難になるからだった。そのため第二次世界大戦後までは、大きなことはほとんど何も実行されなかった。当時いくらかの植民地政府は、建前としてこのような行為を禁止したが、それを強制する努力はしなかった。そのうえ、アフリカの多くの独立運動家たちは、伝統的な独自性や家族の結束のための一部としてこのような行為を擁護さえした。ケニアの偉大な指導者ジョモ・ケニアッタは、「単なる体の一部の切除」にすぎず、何ら問題はないと主張した。国連の職員が一九五〇年代までに関心を持ち始め、世界保健機関（WHO）が一九五八年に提案した非難決議は、「問題にされている儀式としての手術は、社会的文化的脈絡の中で行われている」との理由で否決された。感染を含む女性器切除による頻繁な健康被害についての情報が広がり、加えて女性の人権に関する議論への認識が強まるに伴って、事態は変化し始めた。一九五九年にアフリカの女性指導者が、発言し始めた。そしてついに一九六二年、世界保健機関はこの処置を非難する決議を挙げた。ただ一九七九年までは、政府への公的な勧告は何もなかった。一九八〇年代に行動委員会が二〇カ国に広がった。児童の権利に関する条約（子どもの権利条約）や女子に対するあらゆる形態の差別の撤廃に関する条約（CEDAW）は、女性器切除についての条項を含めるようになった。一九九五年の北京女性会議（通称）では、「人権侵害」として、明示的にこの行為を非難する言葉が採用された。

それでも変化はゆっくりしか進まず、かつ直線的にも進まなかった。地元の指導者たちは、大衆の抵抗を恐れた。トーゴ出身の若い女性がアメリカに難民として受け入れられた事例のように、個々の女性が避難することはあったが、女性器切除の慣習に反対する人々の盛り上がりはみられなかった。トーゴを含む地域の人々の間では、その行為に対する支持率は男性よりも女性のほうがわずかに高く、これらの国々で

支持率が顕著に低下する兆候は見られない。ただし若い女性の間ではいくらかの変化の兆候はある（スーダンでは、一九七〇年代後半から一九八〇年代後半の間に、支持率が九六％から八九％へ減少した）。厳しい禁止法が施行されているヨーロッパへの移民でさえ、露見されるのを逃れるために若い女性をアフリカに帰して手術を行うことがごく一般的である。性器を切除されていない女性は純潔ではなく、性的に信頼できないという観念がしっかり根づいている。その他に、女性器切除は多産や乳児の健康、男性の性的快楽と関連しているとの観念も浸透している。西洋の団体が繰り広げる人権論は、この脈絡では馬の耳に念仏にしかならないばかりか、即座の抵抗を呼び起こす。女性器切除を経験したソマリアのある女性は、人権論に対して「あの人たちが私たちにやめなさいと命令し、私たちが何をなすべきかを指示しようとするなら、それは黒人に対する攻撃であり、女性器切除を信じているイスラム教徒に対する攻撃なのです」と公然と反論した。性器切除の習慣に反対している女性の中にもこの弁護論に与する人がいる。個々人のアイデンティティは、国際的な権利の基準よりも重要なのだというのである。ガンビアの大統領は、一九九七年にそのような有害な処置には反対だと発言したが、政治的反対にあって後退した。

一九九九年、彼は、女性器切除は「われわれの文化の一部であり、われわれにいかになすべきかを命令することは誰にも許されない」と論じた。恐ろしいことに、彼は、この行為への反対を公言したガンビア人は、「その直後、無事自分の家に帰れるかどうかの保障はない」と警告した。

ここで挙げられた事例は、極端でむき出しなものである。実際には、西洋であれ東アジアであれ、ほとんどの人々は、フェミニストたちの掲げるさまざまな主張にそれぞれどのような態度をとるかにかかわらず、女性器切除は恐ろしいことだとみなしている。たしかに、少数の批評家たちは、西洋の女性たちの中にも、整形手術のような安全とはいえない手術を受けている者がいることを指摘する。視座を変えてみる

のも興味深いことであるが、それは到底同等のものではないし、争う余地のないものである。しかし、指導者であれ一般庶民であれ、多くのアフリカ人は、外部の人間には明白だと思われる人権の観念を順守しようなどとは思わず、外部の干渉だとみなし、これを拒絶するのである。

関係に関する論争でみられたように、少なくとも短期的には、ここでもまた、人権運動が、その集団の良識に反した行動を強制したことがあったことは明らかである。多くの良識ある指導者たちは、対決的運動をさけ、より穏やかな教育的方法を取ることを選んできた。したがって、たとえ進んだとしても、事態は人権論者が望むよりは緩やかにしか進まない。この間にも何十万もの女性が毎年女性器切除の手術を受けているのも事実である。

のちにふれるように、歴史的に主要な人権項目のうち、世界中でさまざまな地域的抵抗を乗り越えて完全に達成されたものはほとんどない。これには、二〇〇年以上も前から続けられたいくつかの努力が含まれる。それなりの成果が確認できない事例はほとんどないし、権利運動は、将来もなお続くだろう。しかし、衝突は苦しみを生むし、複雑である。それは、しばしば苦痛を伴う相互の誤解を生み出し、外交的な結果をもたらすこともある。ほとんどの人権論の論争で、熱烈な論難が一方的な勝利をもたらすことはない。

◆人権対改革

今日の人権状況をめぐる第二の難問は、これまた歴史的前例がある人権の原理と人々の状態の改善を求めるまじめな改革論との予期せぬ衝突である。明らかに特定の事例では、人権擁護論者が、改革の主張と衝突せず、大した争いもなく革新的な改革が進むことがある。しかし、別の場合は、特定の改革者たちは、少なくとも短期間、人々の特定の権利を否定する犠牲を払ってでも、是正が必要な問題があると声高に主

張する。その結果、たしかに、権利に関しての議論が複雑になり、ときには、真剣な抵抗を生み出す可能性もある。

　われわれは、手短にではあるが、すでに一つの重要な難問について触れてきた。中国は、一九七〇年代の後半に人口抑制政策を導入し始めたが、その政策によって、多くの家族が二人以上の子どもをもつことを禁止された。中国国外の多くの進歩派はこれを歓迎した。世界人口の六分の一を擁するこの社会は、共産主義体制の下で、人口は、国民経済と軍事力の源であると確信し、急激に人口を増加させてきた。しかし、その人口増加は、新生児を養うだけの大量の労働力と資本を要し、より基本的な経済成長の資源を流出させてしまったことは間違いなかった。伝統的な人口増加の水準であっても例えば水資源のような必要な資源利用可能性に脅威を与え、中でも未処理の人間の排泄物の増加によって環境の質を悪化させた。地球環境保護の必要性とともに中国におけるより安定的な発展のためにも、人口抑制政策が採用された。そして、もしこの国の強力な政治的伝統を前提にし、政府がそれを解決できるのなら、それはそれで結構なことで、その結果は人々の幸福につながるだろうといわれた。中国のこの分野での断固とした政策は、しばしばインドでの貧弱な結果と対照された。インドでは、政府は同じ程度の人口抑制に人々を導くことができず、なお人口増加は危険な水準で進行している。中国の野心的な計画に対して国連人口基金はいくらかの資金援助を行った。

　しかし、人権の観点からいえば、少なくとも狭い意味で、この政策は誤りである。それは、家族とりわけ女性に、かの女たちの希望に反する選択を強制した。伝統からであれ他の何らかの理由からであれ、家族がもっと子どもを欲しかった可能性がある。予防的抑制は、多くの人々に自分の意志に反する選択を強いた。この政策に対する批判の根拠としてこの政策の特定の結果が提示された。女性の中には中絶だけで

なく、彼らの計画や望みとは違う健康を害する処置を強いられた者がいた。多くの家族が、男児優先を維持し続けたために、人口抑制政策は、性別だけを理由とした選別的中絶を増やし、孤児院に預けられる少女が不釣り合いに多くなった。男子が女子を大幅に上回る人口増加の性的不均衡は、さらに深刻な結果をもたらした。将来多くの男性が、結婚相手の女性の不足に悩むことになったのである。より特定のいくつかの問題とともにこの中国の政策に対して、人権論の立場から批判することは難しいことではなかった。例えば、G・W・ブッシュ政権下のアメリカは、「家族を構成する権利」は、国連で保障された権利の一つであり、それゆえに中国の政策は誤っていると主張した。

重なる部分はあるものの、これは地域差による意見の違いとは異なる難問だった。ここでは、同じ文化出身の改革者たちは、何が進歩なのか、どんな計画が進歩に最も貢献するかについてだけでも対立する。潜在的人口過剰が、環境に有害な結果をもたらし、資源をめぐる暴力的な衝突をもたらすことを深く憂慮する人口専門家は、ただ単に、いかなる犠牲を払ってでも強制を避けるべきだとする人々とは異なった優先順位を選んだ。地域間紛争と同様、この種の不一致は、短期間に簡単な解決はできなかった。

ほかのいくつかの場面では、特定の改革主義者と人権派との重要な論争が起こった。一九世紀以後、ラテンアメリカやアメリカ合衆国、オーストラリアなどで、多くの自由主義的改革主義者たちは、先住民の後進性あるいは独自性のゆえに、彼らを近代的な文明社会に引き入れるためには、強制は避けられないと論じてきた。例えば、アメリカとオーストラリアの政府は、特定の先住民の子どもを家族から引き離して寄宿舎に収容し、そこで、彼らが一般市民として生きていけるように近代的価値や技術を教え込む政策が採用された。先住民からの抵抗が予想されてはいたが、この政策は有無を言わせず実行され、自由主義的改革主義者たちは、長期的な進歩の達成のためには強制は欠かすことができないのだと主張した。

このような乱暴な政策の多くは、信用されなくなった。正当な地方的伝統に対するとんでもない破壊と
軽蔑を含むものだとみなされたのである。今や先住民の子どもを捕囚することは、非人道的だとみなされ
ている。人権の基準は、この意味では進歩したのである。しかし、まだ重要な難問が残っている。例えば、
オーストラリアは、先住民へのアルコールの提供を禁止する政策を長く続けてきた。そこに住む先住民に
何ら相談なく、その地域全体が「禁酒」地域だと宣言された。先住民は不釣り合いにアルコール乱用率が
高く、それは長い間に彼ら自身だけでなく家族にも打撃を与えているというのがその根拠だった。彼らの
行動様式は、明確に破滅的であり、それだけを根拠に彼らには、白人と同じ権利が与えられなかったので
ある。これは原則的な人権論者の理にかなったやり方ではなかった。一九六〇年代以後、改革者たちは以
前の改革論を批判し、先住民にも他の人々と同じ飲酒の権利を認めるべきだと主張した。先住民の
指導者たちも自分たちはその権利から除外されるべきではなく、先住民のアルコール乱用は、白人のそれ
よりも多くはないし、両方のグループに、少数の深刻な問題があるだけだと論じた。一九七〇年代以後、
アルコール販売量が増え、多くの先住民評議会は、より一層、それによってもたらされる収入に依存する
ようになった。その結果、ある報告によれば、飲酒の破滅的増大がみられ、先住民社会の中では、安全と
みなされる量の三倍ものアルコールが消費され、アルコールに関係する暴力事件や健康被害が、飲酒者の
みならず、社会全体に影響を与えている。いくつかの先住民評議会は、その結果、アルコール購入の制限
を取り決めた。しかし、いくつかの政府の抑制策は、権利の侵害だとして実際に国連人権委員会に持ち込
まれた。多くの人々は、規制は、基本的な人間の平等や市民的権利の否定の継続だとみなしている。ある
評論家は次のように書いている。

先住民に対するアルコール政策の立案とその実施にとっての難問は、彼らの例外的に不利な立場や、アルコールがこの人々たちに与えている特別に破壊的な影響を根拠に、オーストラリアのほかの一般人とは別の政策を正当化できるのか、あるいは、問題を生み出しているのが政策の執行方法だけなのか、を判断することである。

言い換えれば、問題は、一律の人権を適用するのか、あるいは、彼らのみを対象とする強制的な手段にたよる改革の方が有益なのかである。

改革論者たちの特定の範疇に属する人々に対する関心は、別のより一層大きな目標と関係している。ここでは、他の革新的展望と権利がしばしば衝突する。例えば、子どもは本質的に難問である。というのは、たしかに彼らはいかなる権利論にも積極的に含まれるべきだが、しかし彼らは十分に主体を形成しておらず、常に自分にとって何が最善かを自覚していない。そして少なくともかなりの期間、重要な問題で保護者に依存している。どこまで彼らは保護され、補導と強制の必要はいつまで続くのか。

子どもの人権は、二世紀の間、人権論争が最も盛んな社会においてすら問題であり続けた。ここでもまた、改革と人権はしばしば衝突した。一八世紀後半から一九世紀初頭までには、多くの進歩派が、教育の普及の重要性を論じ、特定の年齢集団にそれを強制することを主張した。さもなければ、子どもは、あとで近代経済の中で移動の機会や将来の良い仕事を失い、あるいは、最新の市民の知的能力に依拠する社会全体が、うまく機能しないと論じた。なお多くの人々（当時は、大半の人）は女性の義務は大部分家庭の中にあると考えていたが、少女も教育の必要条件を満たすべきだと主張した。しかし教育義務は、人権と両立するのだろうか。多くの伝統主義者たちは、子どもたちが教育を受けるべきか否かを決めるのは、両親

とりわけ父親に任されるべきであり、社会全体が決めることではないとみなされていた。極端な場合は、もしそれが、労働力として訓練し、家族の支えになるのなら、家族は搾取的労働現場で自分の子どもを働かせる権利を認められるべきだと主張した。たしかに教育が家族にとっての最良の選択であると認識する親が増え、義務教育が広がると、次第に親の権利論は弱まった。しかし、嫌がる子どもや親にも義務教育は強制させられるべきだろうか。単に学校が嫌いで、うまくやっていけない子どもでも、登校しない権利はないのか。潜在的な個人の抵抗を押し切ってでも社会的目的を果たすという古くからの問題がここにある。

二〇世紀までには、西洋社会ばかりではなく他の多くの社会でも、厳しい強制を伴う義務教育が実行された。そして義務教育が初等教育だけでなく一〇代の少年少女にまで拡大される傾向にあった。この頃までには、大半の人権擁護論者は、子ども自身の希望であれ、両親の要求であれ、教育の機会は子どもに与えられるべき権利の一つだと主張するようになっていた。進歩一般と特定の人権論との間の最も基本的な緊張がいくらか緩和された。

しかし、緊張はまだ続いており、今日の問題が、重要な新たな論争を引き起こしている。両親には家族の規律を決める権利があるのか、あるいは、虐待についての今日的解釈は、そのままでいいのか。スカンディナヴィアのいくつかの国々では、たたくことは違法になっている。しかしアメリカのほとんどすべての州を含む西洋のほかの地域では、多くの親は、親の固有の権利であるとして体罰を擁護している。子どもは、親あるいは他の大人の権威からどこの時点で独立し、個人としての権利が適用されうるのか。学校で枠をはみ出し、反抗的な態度をとり、あるいは学校の服装規定に抵抗する子どもの権利を擁護するために多くの裁判が行われてきた。まだ理性をもつ大人の年齢に達しておらず、自らの決定が本人あるいは他

人に害を及ぼすかもしれない子どもに対して、家族や社会の知恵の方が勝るという理由で、大半の裁判で子どもたちは敗訴した。しかし、福祉と進歩の定義の拡大と明確に定義された人権項目とのせめぎあいは、常に人々の関心をひき、収まる気配はない。

　子どもの肥満は、最新の事例の代表的なものである。この場合には、肥満の度合いが、人権についてのいくつかの見解を無視して社会的に決定された。一九八〇年代から二〇一〇年までの間にアメリカでは、子どもの肥満率が三倍化したが、多くの他の社会でも同じことが起こっている。多くの専門家たちは、新しい種類の規制が個人及び社会の福祉にとって有益だと考えている。広告や食品奨励の規制など親子に対する教育の試みは、人権を侵害しない正しい努力である。しかし、これだけでは肥満の急増を抑えることはできなかった。アメリカのいくつかの州や、オーストラリア、イギリスなどの地域では、多くの学校で集団的な体重測定が行われ、親子が恥ずかしく感じて治療をするように、その結果を公表する政策が始められた。ここでは、個人のプライバシーの権利は認められなかった。というのは、問題の深刻さのゆえに、より厳しい政策が必要になっていたからである。この方法ですら不十分かもしれない。多くの地域では、社会福祉事務所が、より好ましい選択肢として、適切な食習慣を身につけさせることができそうにない太りすぎの親から肥満児を引き離して、里親や公的機関に預けることを始めた。多くの人権擁護論者は親たちとともに、たまたま家族みんなが肥満であるというだけで、子ども自身の希望に反してそんなやり方で幸福な家庭に介入する権限が誰にあるのかと憤慨した。この古典的人権論に対して、他の改革論者たちは、第一にこの問題はあまりに深刻であり、人権論にこだわっている余裕はなく、より急進的な解決策のみが、実質的な成果を上げうるのだと論じ、第二に、健康に成長し最大の機会を与えられ、健全に活躍できる子どもの権利が人権そのものに含まれると解釈すべきであり、肥満による被害はこの権利を抑制していると

論じた。ここに、個人の権利と高度な改革目標との間の古典的な反目の今日的な姿がある。それには簡単な解決策はなかった。

実際、より一般的には、子どもだけでなく、健康被害は近代社会の人権をめぐる不可避的な難問解決能力の欠如を示している。子どもや先住民、特定の慢性的健康障害のある人々は、基本的権利への配慮とは相いれない一定レベルの社会的統制や指導を必要とみなされることもある。精神疾患（精神障害）の人や喫煙者には、重要な問題が発生している。しかし、肥満もまた、近年最も興味深い緊張を生み出した。

医者を含む専門家の中には、子どもだけでなく大人の肥満の増大に対しては、新しい形での社会的圧力や強制さえ必要だと考える者がいる。多くの雇用者は、自分たちが支払わない健康コストを憂慮し、雇用の際に肥満を採用基準に取り入れる工夫を始めた。なんといっても肥満の人は、平均して、保険コストが高く、疾病のための労働日喪失が長くなることが予測でき、経営者はこれを根拠に判断を下してはいけないのか。そして、もし人々が、肥満には測定可能なコストがかかることを知り、より注意深くその問題に取り組むことができれば、それは社会全体にとってよりよいことなのではないだろうか。し

かし、この種の対応策は人権基準から明瞭に逸脱しているようだ。例えば、カナダの人権法は、「雇用拒否や雇用継続の際に、他の人と異なるやり方で、その人物に不利になるような圧力をかけること」を明示的に禁止した。アメリカでは、一九八五年ニューヨーク提訴院が、ゼロックス社が体重一〇〇ポンド以上の女性の雇用を拒否してきたことを確認して以来、公民権法体系下で、肥満者の権利が法的に擁護されるようになった。イギリスでもアメリカと同様に、個人の権利を第一に考え、肥満者を法的・社会的差別から守ることを特に目的とした擁護団体が次々と生まれた。こうして、連合王国国際体形受容協会が組織された。

喫煙者は一層、厳しい状態に置かれている。というのは彼らの喫煙は、受動喫煙への関心が広まるにつれて、他人の健康に害を与えていることが明らかになっているからである。禁煙は確実に広まり、彼らの権利はますます失われ、彼らはより深刻な窮地に追い込まれた。彼ら自身のためにも、社会全体のためにも、喫煙する人々に対する特別の介入が許され続けている。貧困、健康その他の問題を含むことができるように人権の定義を拡大する改革と、個人の選択と決定の自由の保護に対する関心は、必ずしも同時には進まない。例えば義務教育に関する古くからある対立は、時間と妥協を経て解決されたが、続いて他の問題が確実に現れてくる。ときとして人権は、よりよい将来と福祉拡大への見通しを与えるものだが、常にそうではない。

◆人権リストの増大──見えない終わり

　最後の難問は、改革との関係や地域的異論とも関係するが、人権範疇に人間や社会の行動のより多くの側面を取り込もうとする衝動である。一面では、この拡大は人権論がもつ基本的な力を証明しており、また、何らかの人権侵害が始まったときには、人権論が他の領域にまで守備範囲を広げる必要性が生まれることを示している。正義の定義を拡大し、もっと歴史的な誤りに取り組もうとする姿勢は、人権論がもっている基本的な構想力を立証している。しかし、少なくとも短期的には、この拡大にはコストが伴う。基本権の定義に慎重な人々は、リストが際限なく広がるかもしれないことがわかると、さらに進むことにはためらうだろう。権利集団が、別の要求をもって戻ってきたとき、また譲歩しなければならないのだろうか。基本権に好意的な社会は、少なくとも慣れるまでの一定期間、新たな権利が要求された場合に分裂することが避けられない。そのプロセスが、引き続き複雑で論争含みであり続けることは確実だ。それでも

拡大は、避けがたい。たしかに、人権擁護論者の熱意によって他に重要な大義が依然として存在することが確認され、その大義を引き起こした同じ新たな非道に対する怒りをもかき立てるようにみえる。その過程は、意欲をかき立て、より幅広い企画への挑戦ともなりうる。

基本的人権の見方は、一八世紀以来その用語法の変化にもかかわらず、ほとんど一貫してきた。アムネスティ・インターナショナルが言うように、人権は「国籍、性、民族的あるいはエスニック的起源、人種、宗教、言語その他の属性の違いにかかわらず、すべての人々が享受する基本的権利と自由」である。人間であれば誰にでも適用されうるという約束は、人権の普遍性の中核にある。一九九三年世界人権ウィーン会議の宣言は、「すべての人権は普遍的であり、不可分のものであり、相互依存的であり関わりあっている」と強調した。言い換えれば、もし、人権についての合意された人権のリストがあるとすれば、それはすべて認められるか、すべて認めないかの選択肢しかない。「国際社会は、人権をグローバルに公正かつ平等に、同じ基準で、同じ重みで扱わなければならない」のである。それゆえに、多くの人権擁護論者は、それが昔からのものであろうが、いかなる人権侵害も、高い優先順位に値すると主張した。もちろん、実際には、ある権利を他の権利よりも強調する。例えば、アメリカを含む西洋諸国は、医療サービスを無料で受診するなどの経済的権利よりも市民的・政治的権利に対してより強固な姿勢を示し、別の社会では、政治的権利より社会的権利により好意的である。

概念の拡大はいろいろな形で現れる。二〇世紀のわずか三〇年間に新たに生まれた思想と厳しい経験が結びつき、人権は、国際的外交関係において、まず慎重に取り上げられ、まもなく精巧に練り上げられた定義にまで進化した。一九一九年に採択された国際連盟規約は、「公正で人間的な労働者に対する取扱い」、

そして植民地における「現地住民」に対する「正当な取り扱い」、「女性と子どもの売買抑止の努力」に言及した。しかし、多くの国が、個別にこの道を大きく進んだにもかかわらず、ここでは人権についての詳しい言及はなかったし、日本の人種差別反対のような特定の提案は拒絶された（日本の提案には、アメリカとイギリスが反対した）。国際連盟の短い存続期間に女性の権利の促進、国際労働基準への注目など人権論はかなり進んだ。しかしその範囲は限られていたし、中途半端だった。

それとは対照的に一九四五年に採択された国際連合憲章は、「基本的人権と人間の尊厳及び価値、男女の同権」に関するその信念を再確認した。そして国際連合は、直後の一九四八年、はるかに精巧なグローバルな声明である『世界人権宣言』を採択した。序文はその全体のビジョンを明確に示している。それは、「人類家族のすべての構成員の、生まれながらにもつ尊厳、平等で譲り渡すことのできない権利の承認」は、平和と正義にとって欠くことができないとし、また、基本的権利を無視した結果一九三〇年代と第二次世界大戦の「野蛮行為」を引き起こしたことを踏まえて、この声明をより充実させる必要性があると明言している。諸権利は、人種、性あるいは宗教に関係なく適用されるとされた。しかし、人権概念がいかに大きく拡大したかを最も印象的に示したのは、人権のリストそのものだった。ここでは、諸権利には、法の下の平等、非人道的な懲罰からの自由、個人及び家族のプライバシーの保護、移動の自由、結婚における選択の自由、同一労働同一賃金、公正な労働条件（これは国際連盟のテーゼからとったものであり、より拡張されている）、教育と適度な生活水準（大きな前進）、投票権（もう一つの大きな一歩）、そしてもちろん、基本的重要項目である思想・信条、信教、良心、表現の自由、結社の自由が含まれた。そして何らか権利が明示されずに残されたままにされていた場合には、「その権利と自由の実践の過程で、すべての人は、他人の権利と自由を適切に承認し、尊重するために制定された法律による制限以外には従う必要はない」

と記されていた。

拡張の過程は始まったばかりだった。国際連合は、特に人権状況を監視する機関を設置した。そしてそ
の後の数十年間に、大きく前進し、女性の権利や子どもの権利をも規定するまでになった。少なくとも原
理的には、国際的な保護の傘は非常に大きくなっていた。その過程は活気に満ちたものだったが、それは
同時に非難の的となる可能性があることをわれわれはすでにみてきた。明確に人権を支持する国や団体が、
より厄介な問題に目を向けるかもしれなかった。例えば、結婚における両性の合意や両性に対する平等な
賃金支払いに関する議論を含むジェンダーの領域や、両親の意志に拘束されない子どもの教育に対する権
利にまで進んだ文書の中で、これらの問題が提起されてきた。そして、もし、より新しい問題群の一つに
対する抵抗が避けがたいとみなされた場合、これも、以前の権利項目のいくつかの約束に影響を与えるか
もしれなかった。

人権項目の潜在的可能性とその複雑な質の高まりを簡潔に示す経験が他にある。人権論争は、一八六〇
年代の戦争行為の領域に持ち込まれ始めた。スイス人銀行家アンリ・デュナンは、仏墺戦争中のイタリア
戦線で、軍隊内と捕虜の受難を見てぞっとさせられ、一八六二年に出版した本の中で、国際的な救済を主
張した。彼の憂慮は、戦時における人道的救済のための赤十字創設の基礎となった。同時にそれは、兵士
の正当な権利を保護するために交戦国間の行為に規制を加えることを目的とする最初のジュネーヴ条約に
つながった。その目的は、人は兵士ですら、その尊厳と福祉を顧みられる資格をもっているという人権思
想と、ほぼ完全に調和していた。条約の最初の条項は、敵兵を含む負傷兵に対する医療について触れてい
た。そして捕虜を、物的に保障するだけでなく、拷問から保護するなど人道的に扱わねばならないと規定
した。一八六四年の締結当初からジュネーヴ条約は、繰り返し拡大されてきた。より野心的な目標を設定

するために、より高潔な理想と近代戦のより厳しい現実とが結びつけられた。例えば、のちの合意条項は、軍事占領下の市民の人権保障を確立することを規定した。すでに一九四九年のある修正では、より明示的に女性のレイプあるいは「あらゆる形での見苦しい暴行からの保護」を含む非戦闘員の権利が明示された。二〇世紀後半のより厳しい戦争の現実によって一九七七年さらに権利の保護が拡張された。不必要な負傷と苦しみを与える兵器の使用禁止、内戦中の市民の安全保障の強化が付け加えられた。一九七七年の付加では、どんな紛争であれ、市民を最大限可能な限り保護する重要性について洗練された言葉が付け加えられた。

戦場でも人権が尊重されるべきだとの理想、人権の範疇と定義の着実な洗練化は、ある意味では、人間的価値の勝利をあらわしている。人間が生み出した最悪の状況下でも、行動には、ある明確なルールがあるべきだという考え方である。国家として承認されたほとんどすべての国が、一連の条約にいずれかの時期に署名したのは、何ら驚くべきことではない。どの国も非文明国だとは思われたくない。しかし、条文の拡張は、われわれを人権のこの側面の複雑さに引き戻すいくらかのリスクを高めることになった。最もはっきりしていることは、原理的により多くの権利が確立されればされるほど、特に人間同士の戦いの極限状態での人権侵害の機会が増えたことである。ジュネーヴ諸条約は、囚人の扱い方、人権一般をより全般的な危機に陥高く評価された。しかし、彼らは全交戦国による市民に対する扱い方を大きくは変えなかったし、現代の内戦に伴う市民の恐怖にほとんど何のインパクトも与えなかった。どんなに意図がよくてもそれが意図された結果をもたらさないのならば、対決と無視が標準的な手順となり、人権一般をより全般的な危機に陥ってしまうだろう。問題は、戦時中の戦争犯罪人による人権に対する明白な全般的軽蔑と結びつくむき出しの行為だけではすまない。例えば二〇〇三年イラク戦争中のアメリカによる捕虜の扱いは、この権利意

識の国ですら、ジュネーヴ条約の取り決めを守らないという厄介な問題を引き起こした。彼らの捕虜取り扱いは、アメリカをひどく評判の悪い立場に追い込み、アメリカは、明らかないくつかの違反に対する言い訳や無視の努力をせねばならなかった。だからといって、戦時では、より多くの交戦国がより完全に順守できるような、より短いより曖昧なリストにしたほうがよかったのだろうか。

それにもかかわらず、もっと紛れもないことは、新しい権利の定義によって、それ以前には人権問題で大体協力関係にあった国や集団がひどく分断されたことである。かつての同盟者が、新しい革新について対極の側に回っていることに気がつくことがある。死刑についての考え方の変化は、今日の興味深い一つの適切な事例である。

人権思想が始まった時代から、有罪と宣告された犯罪者に対する死刑の執行を含む、多様な伝統的刑罰についての新しい問題が提起されていた。つまるところ、「生命」に対する権利は、すぐ自由に対する権利と結びついた。一八世紀後半から一九世紀には、死刑が是認される犯罪の範囲についての重要な考察が進み、多くの場合、その範囲は狭められた。公開処刑の伝統的な扱いについての新しい問題も提起された。時代とともに新しい感受性が広がり、それは野蛮なものとみなされるようになった。処刑は、内密にしかもできるだけ苦痛を与えずに行われるべきだが、特定の犯罪にはなおこの刑が必要だとみなされた。一九三〇年代までは、広範な運動はなかったが、しかし、イギリスやアメリカのような国では多様な個人が、死刑の野蛮さや不公正を攻撃し始めた。特に第二次世界大戦後、ホロコーストの恐るべき死の経験が広く知れ渡るに及んで、この問題に以前よりかなり強い関心が注がれるようになった。例えば、一九四八年、イギリスの労働党政権は実験的に死刑を停止した。一九五〇年代までには、ヨーロッパのいくつかの国々が完全に死刑を廃止す

る方向に動いた。ヨーロッパ統一運動は、この感情をはっきりととらえた。指導者たちは、死刑を「人間的尊厳の否定」、別の言葉では人権への敵対ととらえ始めた。二〇〇三年、EUは死刑廃止を加盟条件に設定したが、この年までに、ヨーロッパでの世論の多数は、死刑は野蛮で文明国家にふさわしくないという結論に達していた。この運動の中では、権利に関する議論に前衛と中道とがあった。例えばスイスでは、死刑は、「生命と尊厳に対する目に余る侵害である」（南アフリカでは、一九九五年の死刑廃止にあたって同じ言葉を用いた）と明記して廃止した。多くのラテンアメリカの国々もその条項に署名した。死刑と国際連合の権利文書の厳守及び生命の不可侵性への言質とは両立しえないとの言及によって、死刑廃止の大義が人権綱領の中にしっかりと確立された。

しかし、疑いもなく、より短い人権リストを好んでいるその他の社会は、同調しなかった。アメリカは、その中の目立った存在だったし、なおいまだにほとんど変化がない。いくつかの個別の州が死刑を廃止したが、一九七〇年代になってもアメリカ人の六六％が死刑を支持していた（一九九〇年代にはその数字は八〇％にまで上昇した）。そして裁判所も通常は、死刑は適切に執行されれば、憲法的権利を侵害していないとの判決を繰り返している。極刑に値する罪を犯し有罪判決を受けた子どもの死刑を支持していた国は、しばらくの間、世界でわずか二カ国しかなかったが、アメリカはそのうちの一つだった。多くのアメリカ人は、死刑は犯罪抑止の重要な手段であり、人権問題はそこには存在しないと信じていた。ヨーロッパの個人、公的政府機関、教皇ですら、繰り返しアメリカの行為に抗議してきた。主要な死刑事件がアメリカの人権侵害に対するヨーロッパ人の怒りを引き起こしたことは何度もあった。一方ほかの国々、中国、日本、インド、ほとんどのイスラム諸国は、少なくとも死刑に固執し続けていたが（一九九〇年代シンガポール政府は、はっきりと死刑は人権問題ではないと声明した）、アメリカの行動がとりわけ怒りを呼び起こしてき

たのは、まさに、この国が、最も先進的な人権基準を裏切らないと期待されていたからだった。

死刑問題は、人権の大義に新たに追加された問題が激しい対立を生み出したはっきりした事例だった。

そして、人権の大義の拡大は、少なくともしばらくの間は、いくらかの地域をただ通り過ぎてしまったが、人権綱領の下に団結するためのすべてのグローバルな努力に潜在的により大きな裂け目を生み出した。

同じような亀裂が、一九六〇年代の公民権の興奮の結果生み出された人権の修正によって発生した。例えば、一九六九年ニューヨークのゲイ・バーを襲った警官に対する抵抗は、広範なゲイの権利運動（以前は、ほんの少数の活動家にしか自覚されていなかった運動の拡大）を引き起こした。アフリカ系アメリカ人や女性が法の下の平等の扱いを要求したのと同じように、同性愛者たちは今や自分たち自身の要求を掲げるようになった。同性愛者たちの運動は、反男色法を含むゲイに対する法的差別撤廃に焦点を当てた当初の要求から、結婚や養子縁組の平等な権利要求へと着実に拡充された。

他の国々、特に西洋で、人権基準をそれまで除外されてきた集団や行為に適用すべきとする幅広い論理にここでも従って、同じような運動が発展し始めた。これらの社会の中で慣習的な人権目標に満足していた有力な集団が、新しい参入に激しく抵抗したことは言うまでもない。同性愛者たちは、あくまで境界外の存在であり、彼らの要求は、共通の人間性の一部ではない、とみなされていたのだろう。しかし、自分たちの要求を、結婚のような伝統的ルールの中に含めるべきだという要求は確実に高まり、問題はただ一層大きくなるばかりだった。もう一度ゲイの権利を例にして説明すると、同性愛は、道徳上の罪だと教えられてきた人々にとっては、ゲイの行為に対する寛容を強いられることは、自分が考えてきた権利への侵害にみえるのである。ここで再び、定義の拡張が、新しい分断を生み出し、いくらかの人々にとっては、最新の主張への反対は、人権論全体の受け入れ抑制につながりかねなかった。

人権の大義をめぐる分裂と複雑さをもたらしている以上のような三つの難問は、今日いずれも世界で焦眉の問題となっている。そこでは、主要なグループの人々は、より重要な目標を優先して、取るに足りない人権要求は抑制されるべきだと確信している。人権要求項目の拡大は、それ自身の混乱を引き起こし続けている。

今日の人権要求項目の膨大さは、優先順位を定める能力を萎縮させ、関係者たちを全過程に飽き飽きさせてしまう危険性がある。あまりに多くの集団が、自分たちが被っている不正義について声高に叫ぶと、より些末な主張の大海の中に実際の破局的な苦しみが、飲み込まれてしまうかもしれない。

いくつかの場合には、時間が問題を改善してくれることもある。二世紀以上にわたる人権の歴史の中には、新しい要求が最初は、抵抗を呼び起こし、数十年の間に次第に受け入れられ、だんだん多くの人々がその議論に同調し、初期の論争がすでに解消してしまっているという事例がたくさんみられる。少なくとも死刑やゲイの権利などの重要問題で、この過程が繰り返されている兆候がすでにみられる。例えば、二〇〇五年までに、アメリカの六四％のみが死刑を支持し、国際的な人権基準に適合させようとのはっきりした試みとして、連邦最高裁が知的障害者や子どもの死刑を支持し、国際的な人権基準に適合させようとのはっきりした試みとして、連邦最高裁が知的障害者や子どもの死刑を完全に非合法化していた。日本の世論もまただんだん死刑制度に批判的になりつつあった。この国では死刑は、特に恐るべき犯罪にのみ適用されるようになった。ゲイの権利についてはなお目下の強い関心事であるが、アメリカのような場所では支持を増やしつつある。若い世代の大半が賛意を示すようになっていることが、はっきりしている。インドのような国でも、ゲイの権利立法を導入し始めた。当初からの議論のあるゲイの権利が最終的に勝利したという時期尚早であるが、この間に興味深い傾向が現れているのは事実である。主要な人権論に抵抗しているほとんどの地域が、人

権の大義に多少の配慮を示すようになっていることをわれわれは見てきた。人権論に対するむき出しの拒否は、いまでは普通あまりない。いくらかの人権擁護論者たちは、ここでも疑いもなく、時間が一層の奇跡を引き起こすだろうと信じている。彼らは、中国が世界経済により深い関係をもつようになり、インターネットのようなグローバルなコミュニケーションの仕組みに確実に組み込まれるようになると、異論に対する抑圧を緩めることは避けられないと、論じている。そしておそらくそうなるだろう。しかし同時に、経済成長の成功と世界的影響力の拡大は、中国の独自の政治的な路線への自信を深めさせ、人権運動は、それぞれの地域の中核的価値や個性に対する挑戦から手を引くべきだとの主張を強める可能性がある。歴史的にいえば、一定の地域は当初、人権に対する関心をもつように、だんだん、関心をもつようになった。ラテンアメリカは、まさにそのケースである。しかし、中心的論争で全く譲歩を示さない国もある。明らかに今日のグローバルな人権問題に伴う複雑さと不一致は、将来魔術的に解消されるとみなす理由はない。ニュアンスを含んだ理解の必要性はなお残る。

人権の歴史は、しばしば、崇高な情念の歴史である。二〇〇年前に奴隷制に反対して沸き起こったような感情が、今日、ゲイの権利の擁護や、女性に対するレイプや家庭内暴力からの保護、死刑の廃止を求めて再び高まっている。どんなときにも、人権擁護論者たちは、自分たちは絶対的に正しく、道徳的真実を守る自分たちは、将来必ず勝利するはずだと確信している。

しかし、人権の歴史と今日のその文脈の中には、反対方向に向いた強烈な情念の場面も見出される。独自の地域的価値観を抱いている人たちは、自分たちの大義の妥当性に絶対的確信を抱いており、人権団体がやっていることは、外国からの危険な干渉だと信じている。場合によっては、地域主義の信奉者が外部の攻撃から自分たちの正義を守ろうとすれば、彼らの柔軟性はなくなっていくかもしれない。より崇高な

善のために否定されるべき権利——例えば、肥満児に食べさせすぎないように親を規制する権利——もあると信じている改革派は、道徳的信念の領域でほかの人権論者たちとあえて衝突するだろう。そして、今のところ終わりの見えない人権目標リストの引き続く増大は、分断の新しいリストと反対論の新しい根拠を生み出す。それは、当初の人権論が、最初に根を張った場所ですら起こる。

こういう複雑な状況の下で、人権目標は、常に難しい選択を迫ってきた。多くの人権擁護論者が選択の余地などない、ただ道徳的な道は一つであり、やむを得ない場合にのみ、つらい妥協を強いられるとみなすような分野ほど、難しい選択を迫られるのである。新しい権利が認知されるとき、少しでも聞く耳をもつ人々が現れるまでには明らかに時間がかかる。しかも、そのときにも、受け入れは、ゆっくりしか進まないだろう。今日のグローバルなレベルでのはっきりしたその事例は、ゲイの権利の問題である。

現代世界の最も手におえない論争のいくつかには、人権についての異なった解釈が含まれ、そこには容易な中間コースは見当たらない。これは、まさに、すべての現象を歴史的に理解することが、なぜ魅力的でかつ時宜をえているかの理由である。もちろんその歴史には、グローバルな多様性に対するより深い感受性をもって人権を定義しようという今日の努力が含まれている。人権の理念の誕生やそのグローバルな力への成長だけでなく、これに対する多様な抵抗がいかに喚起されたかについての探求は、今日のグローバル社会の主要な問題の生き生きとした把握に直接貢献する。

参考文献

人権に関する主な学際的研究には Carol C. Gould, *Globalizing Democracy and Human Rights* (Cambridge, UK: Cambridge University Press, 2004); Charles R. Beitz, *The Idea of Human Rights* (London and New York, NY:

Oxford University Press, 2011); Lynn Hunt, *Inventing Human Rights: A History* (New York, NY: W. W. Norton & Company, 2008)（『人権を創造する』松浦義弘訳、岩波書店、二〇一一年）; Jack Donnelly, *International Human Rights*, 3rd edition (Boulder, CO: Westview Press, 2006); Patrick Hayden (ed.), *Philosophy of Human Rights* (Paragon, 2001); Michael Goodhart (ed.), *Human Rights: Politics and Practice* (Bath, Oxford, UK: Oxford University Press, 2009); Micheline Ishay, *The History of Human Rights: From Ancient Times to the Globalization Era*, 2nd edition (Berkeley and Los Angeles: University of California Press, 2004); Samuel Moyn, *The Last Utopia: Human Right in History* (Cambridge, MA: Harvard University Press, 2010) がある。

地域文化と人権についての包括的で多様な解説には、Amartya Sen, *The Idea of Justice* (Cambridge, MA: Harvard University Press, 2009)（『正義のアイデア』池本幸生訳、明石書店、二〇一一年）; Mark Goodale, *Surrendering to Utopia: An Anthropology of Human Rights* (Stanford, CA: Stanford University Press, 2009); Harri Englund, *Prisoners of Freedom: Human Rights and the American Poor* (Berkeley, CA: University of California Press, 2006).

特に東アジア問題については、Lucie Cheng, Arthur Rosett, and Margaret Woo, *East Asian Law: Universal Norm and Local Culture* (New York, NY: Routledge, 2003); Rosemary Foot, *Rights beyond Borders: The Global Community and the Struggle over Human Rights in China* (London and New York, NY: Oxford University Press, 2000); James Seymour, "Human Rights in Chinese Foreign Relations," in Samuel S. Kim (ed.), *China and the World: Chinese Foreign Policy Faces the New Millennium* (Boulder, CO: Westview Press, 1984); Lynda Bell, Andrew Nathan, and Ilan Peleg (eds.), *Negotiating Culture and Human Rights* (New York, NY: Columbia University Press, 2001); Peter Van Ness (ed.), *Debating Human Rights: Critical Essay from the United States and Asia* (New York, NY: Routledge, 1999).

より特定な人権問題は、女性器切除問題については Frances A. Althaus, "Female Circumcision: Rite of Passage or Violation of Rights," *International Family Planning Perspectives*, 23 (3) (September, 1997); Myres McDougal,

Harold Lasswell, and Lung-chu Chen, "Human Rights for Woman and World Public Order: The Outlawing of Sex-Based Discrimination." *American Journal of International Law*, 69(1975), pp. 511-516; Bolanle Awe et al. (eds.), *Women, Family, State and Economy in Africa* (Chicago: University of Chicago Press, 1991); Donald R. Right, *The World and a Very Small Place in Africa: A History of Globalization in Niumi, the Gambia* (Armonk, NY: M. E. Sharpe, 2004). 先住民の問題については' David Martin, "Human Rights, Drinking Rights? Alcohol Policy and Indigenous Australians." *The Lancet*, 364(9441) (October, 2004), pp. 1282-1283. 肥満については' Naeomi Priest et al. "A Human Rights Approach to Childhood Obesity Prevention," in Elizabeth Waters et al. (eds.), *Preventing Childhood Obesity: Evidence, Policy, and Practice* (West Sussex, UK: Blackwell Publishing, 2010), pp. 40-48; Sander Gilman, *Fat: A Cultural History of Obesity* (Cambridge, UK: Polity Press, 2008); Heather Keating. "Protecting or Punishing Children: Physical Punishment, Human Rights and English Law Reform." *Legal Studies*, 26(3) (September, 2006), pp. 394-413.

死刑については' Amnesty International, *The Death Penalty in America: Study Guide* (2006); Michael Radelet and Marian Borg, "The Changing Nature of Death Penalty Debate." *Annual Review of Sociology*, 26 (2006), pp. 43-61; John Peck. "Japan, and the United Nations, and Human Rights." *Asian Survey*, 32 (1992), pp. 217-229. 次も見よ° EU Memorandum on the Death Penalty, http://www.eurunion.org/legislat/deathpenalty/eumemorandum.htm, accessed August 3, 2011.

第2章　前近代の世界史における人権

全面的な人権概念（はっきりしたラベルがついていたわけではないが）は、一八世紀までは、姿を現さなかった。しかし、すでに何世紀も前にその重要な先行物は発生していた。学者たちは、いくつかの主要世界宗教やローマ社会、その他の世界で現れた自然法の中に権利に関する重要な言及があることを見てとり、そこに近代的主張の起源があると論じてきたし、今も議論し続けている。論争は、単なる学問上の議論だけではない。例えば、クルアーンは女性にとっての重要な権利についてはっきり言及していると主張する最近の研究者は、西洋の思考を起源とする近年の人権理解は、唯一の選択肢ではないし、歴史を正確に理解し、今日の多様性を受け入れるためにも、より広い視野をもつことが本質的に重要であると盛んに論じている。

というのは、人権の起源についてのすべての論点が、西洋的価値とこれに対するグローバルな反応についての非常に重要な論争と直接関係しているからである。人権の推進の普及に熱心な研究者が、より大きな歴史的軌跡に関して声高に主張するのは理解できる。例えば、ある人は一九八八年に「人権の概念の起源は、人類の起源そのものまでさかのぼることができる」と論じた。彼はさらに、すべての主要な哲学と宗教は、人権の理想を抱いていたと主張している。これはおそらく誇張であり、私は、その起源はより最近のものだと考えており、その点で立場が異なってはいるが、私は、その論者がより普遍的な生まれなが

らの権利を主張している点には共感している。異なった時代と場所に人権の思想の「諸要素」がさまざまな形をとって姿を現すというのが真実なのであり、これらの特質をきちんと位置づけることが大事である。そうすれば、歴史的背景を正確に把握できるばかりか、より広く人権を理解しようとの主張を少しでも検討してみることが可能になる。

本章では、読者により広く、またより古くまでさかのぼってその起源について認識してもらえるように、十分に詳しく、人権の前史の主要な発展過程に焦点を当てたい。ここでの鍵となる論題には、法律という形をとった思想が出現したことの潜在的重要性、それに加えて、それと直接に関連する主要宗教の貢献、さらに自然法に関するいくらかの興味深い信念、人類全体に適用されうる規範も含まれている。これらは、近代のはるか以前に登場していた。しかし、その基礎と明確な人権の上部構造との間には、いくらかの重要な相違が残っていたことについてもここで論じるつもりである。

しかし、本章では、人権の実現に対する多様な伝統的障壁についても扱わなければならない。それは、難しい課題である。というのは、そのためには、過去の大変異なった社会について、近代的基準で判断せねばならないからである。大半の前近代社会の中核的特徴――例えばジェンダーに関する前近代的思考――は、今日の大方の人権論者が繰り返し唱えていることと明らかに一致しない。さらに、いくらかの社会では、政治的社会的調和の重要性を強調する代表的なアプローチを開発し始めた。それは、近年、中国で現れたようなアプローチであり、今日の人権グループとの緊張の起源からすでに存在していたものである。それゆえに、一八世紀以前のパターンに焦点を定めれば、人権にはっきりした基礎を提供した法律や哲学、宗教における決定的な歩みを明らかにできるだけでなく、それを阻止してきた重要な障壁や反動も

明らかにできる。すなわちほとんどの学者が、一八世紀以前には完全な人権綱領は確立されていなかったとみなす理由、そして、いくらかの地域やその他の特定の問題が今日でさえ無視できない問題を引き起こしている理由を説明することが可能となる。

◆「類」の必要性

　人類がこの種のほかの構成員の権利を正式に定める能力のある唯一の種であることは疑う余地がない。そして、近代的権利への関心が形成されたのと同じ数世紀の間に、いくらかの動物の権利さえ肯定しようと試みた者もいた。しかし、人類は、著しく暴力的で、広範な攻撃を同じ種の構成員、単に虚弱な構成員に対してだけでなく〈いくらかの他の種の場合には、新生児や老いた者に対して攻撃することがある〉普通の大人に対しても仕掛けることがある。人類は、極端な場合、殺人や同じ種の者と公的な戦争をする唯一の種なのである。多くの種は、性的対抗やジェンダー関係の過程で、相手を威嚇するための闘いや努力をすることはあっても、殺すことはほとんどない。哺乳類の中ではチンパンジーのみがこの点では人類と似たり寄ったりである。中には人類は、類人猿の仲間よりも多少抑制されているとみなす専門家もいる。ある理論家は、およそ七万年前に人類はチンパンジーが経験しなかった相互のより融和的関係に向かう発生学上の異変を経験したのではないかと考えている。人権への関心は、この社会的礼節への生まれながらの愛着にもとづいて発生したのではないかと思われる。にもかかわらず、仲間の人類を虐待する人類の性癖は、その度合いを高めることがあり、それは、今日もなお、われわれの周りのあらゆるところで目にする。そして、明らかに、人類は、他の種とは対照的に、独特の才能を用いて社会を構成したように、必ずしも殺人だけではない虐待の方法を少しずつ開発してきた。例えば、人類史のさまざまな時点で、人類は新

しい武器を作り出し、他の一般市民に対して優越する兵士やその他の政府役人を含む特定の集団を訓練し、彼らに利点を与えてきた。人類だけが、自分たちの仲間の一部を広く犯罪と認められる行為はもちろん宗教的政治的異論を唱えたことさえも理由にして監禁する能力を身につけた。人類は、拷問という手段を早くから開発していた。

最近の数世紀の間に抑圧の手段は一層ひどくなった。前世紀により洗練された銃が発達し、プロの戦闘員と一般市民との間の武器の差は、確実に広がった。古くから囚人のための監獄はあったが、多額の資金と組織的能力を必要とする広大な刑務所制度が台頭したのは、この二、三〇〇年の間のことである。例えば、西ヨーロッパでは、犯罪者やその他の人々を罰するために刑務所が入念に作られ利用され始めたのは、一六世紀後半以後だった。そこで、近代人権運動について考える際に心に留めておくべき重要なことは、彼らが立ち向かわなければならなかった新しい抑圧の範囲の広がりである。というのは、前近代世界では、乱用の機会が多くはなかったので、それほどその必要がなかったからである。

しかし、例えば、殺人は別にして、人類の残酷性の形態の一つである拷問は、非常に古くから発達したものであり、高度に発達した技術や政治組織に依拠していない。人間社会は、これまた古くから、ジェンダーや財産の所有にもとづく特定の社会集団の間の差別を確立することに関心を示してきた。この状態の下では、法律やその他の規則は一律かつ均一には適用されない。これは、さまざまな社会が今なお取り組んでいるもう一つの人権の課題である。

次に、われわれが、人権のいくつかの要素を定義するために初期の人権の成長過程に目を向ける際に、この人類という種を取り巻く背景を心に留めておくことが重要である。人類は自動的にお互いに尊重しあうものではなく、権利獲得のための多くの努力は、前近代でも現代でも、明らかに種の内部の何らかの深

い衝動を抑え込むことを目的としてなされた。

◆法　律

数千年の間、農業が始まった後でさえ、人類は、「正規の国家なし」社会は近年になるまで残っていた。もちろん、狩猟・採集民は、農業開始の前も後も、制度的な政治機構なしの小さな集団の下で暮らしてきた。

いうまでもなく、これらの社会の多くの人々が、暴力その他の虐待の対象だったことを、われわれは知っている。とりわけ法医学人類学者は、人々がたたかれたり殺されたりしたことが、発掘された多くの骨から証明できると論じてきた。

他方で、より小さな社会は、個人を保護するための多くの仕組みを備えていた。例えば、狩猟・採集社会では、概して、女性が重要な機会に恵まれていた。種や実の収集者としての女性の経済的貢献は、しばしば男性の狩猟者としての経済的貢献をしのいでいた。女性は分離された存在とみなされたかもしれないが、ときには非公式の会議に参加し発言の機会が与えられた。

初期人類社会が、曖昧であれ人権思想に類似した思想をどの程度もっていたかについて、われわれはほとんど知らない。しかし、小さな集団間の相互交流と不平等に対するある程度の規制の存在を前提とすれば、少なくとも特定の人間集団の中では、虐待はまれなことであり、萌芽的ではあったとしても権利についての観念が実際に意味があり必要だったことも、ありうることである。

この脈絡の下で、権利という観念への明確な第一歩は、より大きくてより組織された社会が増え、形を

もった成文法が成立したときに踏み出された。明確な記録が残っている最初の法制度は、紀元前一八〇〇年頃中東のバビロン王ハンムラビによって確立されたものだった。ハンムラビ法典の条項は、形をとった法律における事実上すべての努力が、保護的規則の形をとるべきだとの観念がなぜ生み出されたのかをはっきりと説明しているだけでなく、この当初のアプローチが、現在理解されている人権原理とはなぜ、異なっていたかをもはっきりと示している。

その法典は、文字通り「目には目を」の原理にもとづいて、主に、いかなる犯罪行為に対してもそれに匹敵する傷を明記することによって暴力からのさまざまな保護を規定している。こうして、「もし人が自由民の目を取り出したなら、その自由民は加害者の目を取り出せる」と規定した。同様の懲罰が、骨や歯を折る行為に対しても適用された。単なる殴打に対しては多少複雑だった。「もし人がその人と平等な地位にある自由民のあごを殴打した場合には、彼は銀一マネ（三・五〜三ポンド）を支払わねばならない」。

しかし、「その人が自分より地位の高い自由民のあごを殴打した場合には、公衆の面前で、牛の皮の鞭で六〇回鞭打たれねばならない」。そして、もし奴隷が自由民を殴った場合には、その奴隷は耳をそがれる。

「自由民」は明らかにエリートだったが、地位の低い庶民は、暴力から保護されてはいなかった。というのは、彼らは支払いを受け取るだけで、犯罪者と同等の暴力は極的には保護されてはいなかった。奴隷に対する暴力は罰せられたが、財産としての奴隷への損傷の代償として奴隷主に支払う義務があるだけだった。保護に対しては、その他に興味深いいくらかの制限があった。もし自由民が喧嘩で殴打されても、攻撃者がそれは事故であり、意図していたわけではないと誓えば、彼はその傷を治療した医者に対する支払いで切り抜けることができた。たとえ相手が死んでしまった場合でも、犯行者が自分は意図してやったわけではないと誓えば、彼は被害者の家族に銀で支払いさえすればよかった。

懲罰に複雑さや多様性があるにしても、ハンムラビ法典は、刑罰の制度が許容する範囲で、人々を暴力から保護すべきことをはっきりと意図していた。近代的な言葉でいえば、人々は暴力から社会的保護を受ける「権利」をもっていた。ただし、厳密にいえばその権利は、社会的な地位によって異なっていた。

法典には、多様な財産保護規定も含まれていた。王宮から物を盗んだりすると、死刑になる可能性があった。それはしばしば「目には目を」の原則よりも厳しいものだった。家屋に押し込む行為に対しては、侵入が起こった家の前で絞首刑が執行された。例えば、召使が家畜とかボートなどのより平凡なものを盗んだ場合、盗んだ物の値段の一〇倍の罰金を科せられた。そして「もし盗人が支払うだけの財産をもっていない場合は、死刑にされる」。もし、家が火事になり、ある者がそこに飛び込んで物を盗んだ場合、「その男は火の中に投げ込まれる」。法典の別の条項には、重い罰金を科すことによって借家人による財産破損から家主を守る条項、犯罪犠牲者の命を救う手術をした医者に一定金額の支払いを保障する条項すら含まれていた。興味深いのは、もし強盗が発生し、その後でその人物が逮捕されなかったなら、その地方の政府が、犠牲者に補償をすることが規定されていた。これは、現代社会ではなお確立されてはいない社会権である。最後に、法典は、配偶者や両親の死に伴う相続のルールを定めるのに、たいていは、かなり長い時間をかけた。

このようにハンムラビ法典は、その場では、「権利」という言葉を用いてはいないが、権利という言葉を用いてもおかしくない財産に対する権利と生命に関する権利を保護している。極端な懲罰は、積極的な保護を意図していた。組織だった警察・刑務所や苛酷な復讐のない初期文明社会の大部分では、潜在的犯罪者に見せしめの事例を提示することが不可欠なように見えた。その他の保護は、おそらくこれらの基礎の上に進んだのだろう。その真偽を調べるための弁護士や警察

の調査官をあてることができない社会で、ハンムラビ法典は、間違った告発から人々を守ることに多大な努力を傾けた。そのために、もしある者が、他の人を殺人で告発し、その訴えを実証できなかった場合には、告発者が処刑されることになっていた。それが他の重罪だった場合、その同じ決まりが、その告発にも適用された。物損の申し立てに対するうその証言も、もしその申し立てが却下された場合には、同等の弁償金を科せられる可能性があった。性的な世間体が極端に重要な社会では、女性も誤った告発から守られていた。「もしある男性が、既婚女性を告発し、その告発の正当性が証明されなかったとすると、その男は判事の前で鞭打たれ、髪の毛を半分そり落とされること」になっていた。人々は、自分を法的危険に巻き込み、あるいは単に評判を傷つけるかもしれない不正確で悪意ある行為から、今日の言葉でいうところの権利があったのである。

何らかの類似の根拠をもとに、この法典は、信頼できない的外れな判断を避けるための試みを行っている。判決をひっくり返したり訂正したりした判事は、罰金を科せられたり辞職させられたりする可能性があった。これは、この法典が、近代的人権定義の基本的特徴である国家そのものからの保護の明示に最も近いところまで進んだことを示している。それは、この法典の拡張の興味深い一例だった。

最後に、ハンムラビ法典は、家族に保護を与えることを意図していた。不義をはたらいた女性は、応分に罰せられ、男性は女性の性的貞節を期待することができた（しかし明らかに性的二重基準を受け入れている社会で、男性は同等の規則には縛られなかった）。しかし、妻たちは、いくらかの性的な保障も与えられた。夫が妻を遺棄し、あるいは妻を経済的に支えなくなった際には、妻は夫から自由になる権利があった。ここでも、近代的な言葉でいえば、妻は扶養されることを期待する「権利」があり、そうでなければ結婚の取り決めは破棄された。

より単純な社会で地域社会によって守られてきた規則は、緩やかに解釈されていたかもしれないが、そ
れによって人々は保護されてきたし、成文法体系は、必ずしもそれより手厚い保護を与えたわけではなか
った。しかし、成文法は、多様な保障をきちんと法典に編みこんだ。もちろん、これらの保障は、けっし
て完全な安全弁にはならなかった。もし懲罰による脅しが抑制機能を果たさなければ、窃盗や暴力、家族
の中での悪行は、なお発生する可能性があった。しかし、法典編成によって、少なくとも原理的には、人
や財産に対する損傷やその他の不公正を、法やその他の家族成員による裁きによって、抑制する必要があ
ることがはっきりさせられた。

　そして、もちろん、世界の他の地域で正規の国家が台頭するに伴って、これと同じ基本的なやり方は、
他の組織された社会と類似の法律の中にも見出された。ユダヤ人の十戒の基本的な類似の条項——殺すな、盗む
な——は、近代の言葉でいえば、生命と財産に対する「権利」を確立するための類似の努力なのである。
インドの古典にある文章には、ハンムラビ法典のように、国の役人による恣意的な行為からの保護を求め
るものがある。紀元前三〇〇年頃のある政治小冊子は、法律にきちんと規定されていない罰則を加えては
ならないとのべていた。またインドの法律は、古代ヒンドゥー教の価値観を反映して、特定の人々を拷問
してはならないと定めていた。バビロニアでそうだったように、拷問によってであろうとなかろうとここ
でも死刑は暴力犯にだけでなく、多くの窃盗罪にも適用されていた。拷問は、自白を引き出す手段として
肯定されていたが、聖職者、聖人そして子ども、妊婦、肢体不自由者に対しては禁止されていた。それは、
近代の人権論が大きく発展させるこの種の取り扱いに関するわずかばかりの配慮の存在を示唆していた。
古代インドでの拷問に対するこのような部分的な規制や、うその証言に関するハンムラビ法典の相対的に
詳しい記述などにみられるように、特定の規則については、社会によって多様であることは驚くにあたら

ない。しかし、この法体系は、バビロニアですでに手短に説明した領域の多くを広く含んでいる。暴力と窃盗の抑制は、広範な人間的関心を反映し、ここでもまた権利という言葉を使わず、人々は、他人による暴力と損害を回避できるようにすることが必要だと暗黙に了解していた。エジプトから中国、ロシアに至る初期の法令は、その執行にあたって極端な懲罰やその脅しを広範囲に用いる同じ方法を提示している。しかし、初期の法令が、普通、はっきり権利という言葉を用いなかったのは驚くべきことではない。それとは別に初期の法令は、近年の方法とははっきりと異なったいくつかの特徴をもっていた。今日の人権擁護論者たちが当然のこととして含まれることを前提としているすべての種類の問題が、ここでは欠落していた。確立された保護は、それ自体は大事だが、単一社会内部でさえ、その保護は、共通の人類を措定せずに、社会的地位やジェンダーによって異なっているのである。少なくともある集団、すなわち奴隷は、通常まとめて排除されていた。

ハンムラビ法典のような初期の法体系と現代のいくつもある権利宣言との大きな違いは、はっきりしている。この法典は、表現、信条あるいは集会の自由についてはのべていない。その法体系には、裁判における見事な誠実さと一貫性は別にして、政府の権力乱用からの保護が比較的わずかしか含まれていない。ただし、少し付け加えれば、インド人の拷問への関心は興味深い。また、教育の権利や社会福祉の権利に係わることは何ものべられておらず、要するに初期の法典は、大変異なった（そしてとても狭い）目的意識を映し出していた。少数の権利史家たちが、これらの初期の法典を詳しく調べ批判的に検討してきたが、すでにのべたように、その領域の大きな相違については、ほとんど長々と論じる価値はないように思われる。

とはいえ、その相違は、少なくとも検討すべき次の一連の疑問を生み出す。この法典が限られたことし

か定義していなかったのは、ただ単に現実社会に問題が存在していなかったことを表しているだけなので
はないのか。

　最初のある事例は、このことを明瞭にしている。かなり最近までの法典では、まだ出版はなかったので、
出版の自由が含まれていなかった。ほんの少数の人しか理解する能力がなかったが、もちろん、著作はあ
った。そして、表現の諸問題が持ち上がった。しかし、よりまとまった一連の機会がなければ、現代の
「出版」やメディアが提供する一貫した力の存在を確認し、関連する問題群の存在に気がつくことは、困
難だった。これとは別の領域である農業社会では、教育を受ける法的条項を意味あるものにする考え方が
なかっただけではなく、それをもたらす情報の供給源がなかった。中国は最も注目に値する例外であり、
このような例外はまれにはあるものの、大半の人々にとって、子どもの労働力需要がどんな学校制度の機
会にも優先する社会の経済制度の下では、教育はむしろ家族や宗教の問題であり社会問題だとはみなされ
ていなかった。文献がなかったので、出版の自由も特に意味はなかった。宗教的自由の条項がないことさ
えも、想像されるほどには多くを物語ってはいないかもしれない。もちろん、これらの初期文明社会には
宗教があり、しばしば、国家は宗教的行事と密接に結びついていた。ハンムラビ法典自身が、支配者に対
する神の助けを祈願する言葉で始まっている。しかし、宗教的一体性を強制しようとする初期文明社会は
それほど多くはなく、実際には、多くの集団が共存していた。ローマ帝国は、初期キリスト教を彼らの政
治的忠誠を疑い繰り返し攻撃したが、日常的には大変寛大だった。どんな古典的法典でも宗教的自由への
言及がないことは、たしかに、近代の人権思想との現実の考え方の差異を示してはいるが、多くの場合は、
問題が存在しなかったことを反映していた。こういった場合には、法典は、公的な枠組みによってではな
く、実際にその社会でそれがどのように機能していたかによって説明されなければならない。

他方、いくつかの違いは実際に重要である。犯罪で告発された人物に対する拷問の禁止が一般に存在しないことは、その事例の一つである。前近代の指導者や法律家は、この問題について、近代の人権論者と明らかに異なった考えをもっていた。警察力が欠如しがちだったことを前提とすると、住民の多数が警察権力から遠く離れたところに住んでいる農村で、集会の禁止が実際に人々の行為を規制したかどうかは疑わしい。

要するに、初期の法典編成者は、社会とは一体何であるのか、何が特別に注目に値するのかについて、今日と比較してはっきり異なった観念を抱いていた。初期の法典編成者たちは、独自の一連の必要性にも直面した。法案に何を含めるかの違いは、社会観や注目すべき課題の違いの双方を反映しており、いくらかの明らかな欠如が、人間生活の実際の質にとって、どの程度重要なのか、単純には説明できない。

これらの法典は、それぞれの主題を列挙し、普通は社会的不平等を前提とし、それぞれの保護を特記した。バビロニアでは、例えば、人々の生命と財産は、それぞれ暴力や窃盗から守られることになっていたが、見せしめのための懲罰は、社会階級によってかなり違っていた。一般農民や職人を対象とした犯罪に対する鞭打ちの懲罰よりは、「自由民」を対象とした犯罪に対する懲罰の方がはるかに重かった。奴隷の生命・財産の保護は一層軽視されていた。いくつかの核心的権利を共有し、ともに享受する共通の人間性という観念がなかったので、権利についての統一した定義がなかった。同じような不平等はジェンダーにも適用された。初期の法典が女性に何らかの保護を与えたことは本当に重要なことだった。かの女たちは少なくとも原理的には、完全には除外されてはいなかった。しかし、かの女たちの安全と義務は、男性のそれとは全く違っていた。男性支配の家族は、かの女たちの運命を完全には決定することはできなかった。今日の人権論は、なお、階級とジェンダーの格差と闘っているが、その努力は、原理的に平等主義的であ

り、前近代の大半の法典はそうではなかった。

たしかに社会それぞれには違いがある。インドのカースト制度は、バビロニアよりもさらに多様な法律に支えられていた。地中海社会もまた奴隷法典を備えていたが、奴隷には他の大多数の住民とは比べものにならないほどわずかの保護しか与えていなかった。これとは対照的にユダヤ法は階級の壁を越えたより多くの義務や保護を規定していた。中国法もできるだけ社会階級によって異なった適用ができないように工夫して作られていた。しかし、中国法もユダヤ法もハンムラビ法典よりは、女性に対して一層わずかな公的保護しか与えていなかった。それぞれの社会集団には、別々の法的規定が必要であるという考え方は、前近代世界に広くみられ、それは、特定の事例による多様性があるものの、今日の人権論の普遍的な論理とは明らかに対照的である。

最後に指摘せねばならないのは、伝統的法典の大部分で、いくらかの特定集団が完全に無視されていたことである。ここでは、性的指向は、一つの範疇とはみなされていなかった。たしかに、多様な集団が存在していなかったことを意味するわけではないし、あるいはそのマイノリティが必ずしもひどい扱いを受けていたというわけでもないが、範疇そのものが存在しなかった。もっとはっきりしていたことは、教育の権利という概念が全くないどころか、子どもに対する言及がなかったことである。伝統的な社会では、子どもは社会全体から取り出されて独自に法律文書の中で扱われることはなく、家族内の問題として扱われた。極端な事例でいえば、ユダヤ法では、両親は原理的には、不服従の子どもに対して死の罰を与えることが許されていた。これは、実際に子どもたちが保護されていなかったことを意味しているわけではない。公的な法の下で、人々がどのように暮らしていたかをみることが肝要である。多くの歴史家たちは、伝統的な

社会、特に農村社会では、しばしば共同体による監視に頼っていたと論じてきた。共同体が、子どもたちのふるまいを監視し、注意を与えたばかりではなく、親たちに自分たちの子どもを集団的規範から逸脱しないように、可能な限り躾けるように仕向けたのである。その結果、今日起こっているような子どもに対するむき出しの肉体的虐待は少なかった。しかし、これらはいずれも日常的な習慣として行われたことであり、ここでは、特に法律を作ろうという考え方はなかった。伝統的法典は、後世のそれと比べ、明らかに包括的ではなかった。

人権概念が究極的に登場するための条件ができ上がるためには、前近代社会のさまざまな要因が必要だったのであり、法典だけが前近代社会の唯一の貢献だったわけではなかった。しかし、たしかに、法典が明記していた基本的な保護は、認知しうる歩みを表していた。それは、全く異なった社会環境の下で、生命自体の保護の努力から始まる人権論になっていく。近代よりはるか以前から法典の下で積み重ねられてきた経験は、異なった二つの変化をもたらし、より公的な権利の理念への大きな歩みが実現した。人間の本質や自然法を理論化した主要宗教も、いくらかの哲学的伝統も、ともに、法典が意味するところに気づき、さらにその水準を超えて進んだ。双方ともに、そこに含まれる変化は、その努力を完成させることはなかったが、人権への道を準備することを助けた。特に主要宗教の場合には、その変化もまた、前近代社会が最近の明確な人権活動が実現しようと求めてきたことに対する現実的な対案だったのではないかという新たな疑問を提起している。

◆ 哲学の貢献——自然法という考え方

世界史における基本法典の発展とその洗練の過程は、何世紀もの長きにわたって続いてきた。ロシアの

国王たちは、早くも一〇世紀に入ると地域法以上の普遍性をもった法典を作り始めた。この先で触れるように、一八世紀に人権という考え方が形成され始めたとき、最初のきっかけになったのは、伝統的法典の修正という独自の試みだった。例えばそれは、極刑にすべき犯罪の数を削減し、より一般的には、収監を増やし肉体的懲罰を減らすことだった。しかし同時に、権利という考え方は、人間の生命を保護し、裁判官の公平なふるまいを確かなものにする基本法典の確立の上に生まれた。言い換えれば、これらの試みとは重要な点で異なってはいたが、前近代法典の長い歴史は、人権という考え方の形成への試みの土台を築いた。

紀元前六世紀から五世紀にかけて、いくつかの主要文明において、一連の哲学が、正義と法に関する理念を取り上げ始めた。それは、初期の法典の実践を基礎としたより広い抽象的な思考にもとづくものだった。最も顕著なのは古代のギリシアとローマであるが、いくつかの事例では、政治哲学が、個人と社会政治制度との関係の発展に新しい要素を付け加えた。これが、究極的に人権という考え方に到達する基礎を生み出す要因となった。哲学的な努力の最初のきっかけが何だったかを確定することは容易ではない。そればには法典ほど、国家と個人との間の直接的な接触を生み出さなかった。しかし両者の間には何らかの結びつきがあった。少なくとも原理的には、多くの哲学者が、法典のさらに先を行って、公平の本質について一般化し、人間性そのものについて考察したことは疑いがない。

多くの古典古代社会では、哲学者たちは、しばしば特定の法的規定から離れて、正義や道徳的ふるまいについていかに考えるべきか、盛んに論じた。例えば、中国古代の孔子（紀元前五五一〜四七九年）は、指導者たちに向かって、人民に対して哀れみ深くあれ、また教育によって、他者を愛し、わが身を犠牲にして尽くすことを通じて道徳を高めよと説いた。彼はまた、より広く「人類」の中には基本的に共通の善良

な性質があると考えていた。中国で地域的な戦争が頻発していた政治的混乱期に、儒教は、しっかり安定した社会関係と長続きする政治秩序の構築が重要だと強調した。彼は、より大きな社会全体の善に貢献するために、諸個人は教育と自我の目覚めを結びつけなければならないと説いた。ある人物が「敬虔に、誤ったことをせず、他人を尊重し、しきたりを守るなら」、その人物は、社会全体の仲間とうまくやっていけるはずである。より具体的には、儒教は、特権的な「家柄の良い人たち」に、普遍的善を考慮し、一般人が欲していることに注意を払うように説き、その代わり庶民は、公平な扱いと彼らに対する配慮への心遣いに応えて、社会的上位者に敬意を払い、自らは生産的労働に身を捧げなければならないと説いた。人間的尊厳は、この関係にある双方によって尊重されねばならない。儒教は、社会は構成員によって地位が異なるが、お互いにそれぞれの義務をもち、整然とまとめ上げられ序列化された家族と類似のものだとみなしていた。その結果は、支配者の思いやりを強調する一方、彼らの行動に対し規制を課すものとはっきりとみなすことができた。中国では歴史的に、支配層の利己主義や腐敗は、指導者が交代すべき根拠とされ、繰り返し人民の蜂起が発生した。儒教の規範によれば、悪い指導者に反抗し、あるいはまともに応えようとしないエリートに物申すことは「権利」だとみなすことがあった。しかし、この規範が存在している限り、権利という言葉は生まれず、服従と秩序に力点が置かれていた。今日の中国の理論家の中には、儒教や中国の政治的伝統をより広い視点からとらえ、それは、直接的に人権への努力、特に広く人間全体に対する思いやりをもった接し方につながるとみなす者がいる。同時に、儒教の考え方は、明らかに、個人の権利をはっきりとさせるよりは、社会の善と個人的情念の抑制を強調した。儒教が中国の政治手法の本質的部分を構成し、長い政治的成功に大いに貢献してきたことは疑問の余地がない。近年の儒教と人権論との関係に関する論争は、中国的価値観と国際的基準をめぐるより広い議論を反映していることは何ら

不思議ではない。

　儒教にもとづいて編成された初期中国法の明確な特徴は、容認される規範が、どんなものであれ権利という考え方とが対立していたことである。死刑を宣告された囚人は、上訴することができたが、これは、彼らが権利をもっていたことを示していたともとらえることが可能かもしれない。しかし、上訴は、権利という言葉では表現されておらず、それは、社会あるいは共同体の善の分け前（分）とみなされていた。

　囚人は、社会に対して恩恵を施してほしいと懇願していたのである。この分け前は、社会が彼に何を与えるかに全面的に依存していたのであり、彼には、譲り渡すことのできない、生まれながらの権利はなかったし、あるいは気まぐれの懲罰からの本来の保護でもなかった。この下では、支配者は、何ら妨げられることなく死刑を実施することができた。一般的にこれが古典文明でのパターンだった。

　かなりの多様性があったものの、地中海の哲学は、秩序ある政治制度の一部として個人の倫理的行動を重視するという点で共通していたが、中国の政治はどうまくはいかなかった。繰り返し混乱の時代が到来し、国家組織の形態に関して厳しい闘争が繰り返された。しかし、哲学のレベルでは、ギリシア人と勃興期のローマ人は、法律と人間性に関する思考に重要な革新をもたらした。

　哲学者プラトンをはじめとする紀元前五世紀のアテネの思想家たちは、自然法の考え方を構想し始めた。それは原理的に、どんな人間社会にも適用しうる法的規定だった。もちろん、すでにギリシア人たちは現実の法には非常に多様性があることを理解していたが、彼らは、純粋に地域的な枠組みを超える確かな法的規定に関心を抱いていた。プラトンやアリストテレスにとっては、人々が住んでいる宇宙は基本的に秩序正しいものであり、それゆえに人間理性に理解されうる合理的基礎の上に展開されているはずだった。

プラトンは理想的な社会は、「自然に従って確立される」と言った。アリストテレスは、この考え方をさらに進めて、自然法の考え方とそれにもとづく確立的な自然権の考え方の最も明晰な創始者になった。彼は、この自然法が何を含むかはなお曖昧で、この時点では自然法は、政治制度にとって最善の基礎ではないと仄めかしてはいたが、理想的な政治共同体は、この「普遍的な」自然法を反映したものになるだろうと考えていた。ギリシアとローマ双方に根をもつストア派と呼ばれる思想家集団はさらに進んだ。

ストア派の哲学者たちは、理性と目的意識的秩序を宇宙に適用しうるとの確信を、広く適用しうる不変の法の領域にまで拡張した。この不変の法によって理性的な人間は、調和の下で生きることができるというのである。キケロのようなローマのストア派哲学者たちは、アリストテレス以上に、自然法の考え方を推し進め、各地域の政治体制の違いだけでなく、社会階層の違いをも超え、すべての人間の本来の姿の基本的共通性にまでその論を進めた。キケロは、法律の目的は、「市民の安全、国家の護持、人間生活の安寧と幸福」を保障することにあるとみなしていた。この考え方には、自然法が人間社会一般に適用されるとの原理を超えた言外の二つの意味が含まれていた。その第一は、中国の儒教と同様に、社会全体の善との原理を超えた言外の二つの意味が含まれていた。その第一は、中国の儒教と同様に、社会全体の善と自分の仲間と手を組み思いやりつつ暮らしていく善のために、自然法は、諸個人が努力する義務を課しているという考え方である。その第二は、自然法は、現実の諸地域の法律を評価する際の基準となるはずだという考え方である。

自然法を用いれば、どんな法律が、自然の普遍的原理との調和を欠き、実際には「邪悪かつ不正義であり」、「法律以外の何もの」なのかを判断することができるというのである。

このような考え方は明らかに人権概念の中に含まれている。法律は全人類に適用されうるものであり、自然に由来し、現実の人間の法律を評価する正義の基準となる（そして、欠落していれば非難される）という考え方は、原理的な大転換だった。ギリシアやローマの思想家たちは、共通の人間

性について議論することを通じて、自然法の論理を拡大した。例えば、ギリシア人は、しばしば「博愛」という言葉を、人間一般だけでなく共通の善意の価値に注目して探求した。ローマの思想家たちは、人文主義に注目した。自然法と同様に、この二つの言葉はともに政治行動を評価する際の基準として使用された。あるギリシア人哲学者は、博愛と矛盾しない平等や言論の自由を根拠にいくつかの都市国家を礼賛したが、いくつかの国家が、「諸民族に共通の法律」に反して、「すべての人間に共通の権利を侵害」して、罪のない外交使節団の殺害に関与したことに注目している。ギリシア人、そして、とりわけキケロを含めたローマ人の考え方は、疑いもなく、人権概念の形成を助け、一八世紀の西洋思想家たちに広く知られ引用されてきたことは驚くべきことではない。時代を超えたその結びつきは、事実であり重要である。前近代における経験そのものはどうだったのかという問題の解明は、この考え方の多くが、ギリシアやローマの社会で実際にどれだけ影響力をもったかを理解することから始まる。それは、当時、人権の方向への動きを示すものだったのだろうか。その答えは、複雑で議論の多いものになることは避けられない。しかし、おそらく、答えは「イエスだが、完全にではない」に落ち着くだろう。自然法に関するアリストテレスの考え方は重要ではあるが、彼はこの考え方にもとづいて、奴隷制は社会の運営にとって必要不可欠なものであるとしてこれを称賛した。大半の古典古代の指導者と同様に、社会の隅々にまで広がっていた不平等は、支配的なエリートたちに機会を与えるものとして当然視されていた。特にギリシアでは、徹底したジェンダー差別が当然だとされていた。言い換えれば、自然法思想は、社会階層を縦断した確固たる権利が存在するという積極的な意識を生み出しはしなかった。ローマにおける奴隷制度の広がりは、自然法の考え方の中に潜在的に存在する人権とみなしうるものと、当時の現実の社会構造との乖離を示していた。それは、農業社会でより一般的だった法的地位の格差を反映していた。

もちろん、中国でそうだったように、確立された法律とその原理は、不適切な政治的な取り決めや、恣意的または不正にふるまう指導者を批判し、規制するいくらかの力を備えていた。このように用いることは可能だったが、ギリシア・ローマの人々も、法律に関心をもっていた可能性があった。例えば、ローマの歴史家たちは、自分たちの初期共和政における法律の起源について論じ、それを支配者が法典によって制約されることがなかった以前の「専制政治」と対比した。結果的には権利に関する特定の観念を生み出すには至らなかったが、法律は指導者たちを抑制して、彼らに説明を求め、彼らの恣意的行動や残酷なふるまいを非難する根拠を与えた。

ローマでは、共和政時代でも帝政時代でもともに関連する哲学と法律の結びつきがさらに進んだ。ローマの指導者たちは、法律を発展させ、多くの時間を費やして法律について考察した。ローマの法律家は、抽象的に考えてばかりいたわけではなかった。彼らは、自分たちが、法的状態に非常に現実的に対応していることに誇りを抱いていた。この時代には、経済状態を改善し、紛争を解決するために、法律を明確に定めることが可能だった。ローマが拡大するに伴って、法律は多様な人々に適用されるように作成される必要があるという考え方が強くなった。ローマ人たちは、特に彼らの帝国内の多くの外国人にも適用される「レクス・ゲンティウム（*lex gentium*）」あるいは、「万民法」という範疇を生み出し、忠誠心を確実にするために、領域内のマイノリティの個人に市民権を付与し、これに習慣法と特権も与えた。何ら権利についての特定な観念は生まれなかったが、恣意的行為を規制し、公平という共通の感覚を生み出すために、法律は正義であり、広く適用されうるものでなければならないという考え方は存在していた。こうした発展とローマ法自身の名声は、（自然法哲学のように）古典的遺産の一部となり、のちのヨーロッパの思想形成を助けた。

全体として、より整然とした政治哲学が登場し、それが発展すると、それによって明らかに法典の運用が補われた。法典の運用の過程で、あるべき社会が人々に対してどんな保護義務を負っているのかという問題意識が生み出され、さらに特定の国家や政府の枠を越えた共通の人間性という何らかの考え方が表れた。その結果、実在の指導者や地域に対する批判ができるようになった。中でも容認されえない手荒な扱いを定義し、断罪することに役立った。自然法の思想の理解には、特にギリシアやローマでの哲学的発展に注目することが必要である。それによって、のちに人権に関するより整然とした思想といくらかの社会での哲学的努力とを結びつけることができた。しかし、同時に、最も寛大な理論と実際の法律及び社会秩序との関係にはなお乖離があり、人権との結びつきを過度に評価したり、歴史的にあまりに早急に進んだものと理解することには警戒する必要がある。最も興味深い理論が、常に広く運用されていたわけではなかったからである。

◆いくつかの大宗教

紀元前一〇〇〇年から紀元七世紀にかけて、アフリカ・ユーラシア大陸の多くの社会で重要な新しい諸宗教が勃興した。それらはいずれも、より伝統的な多神教的世界に取って代わったり、これに挑戦したりしながら台頭した。仏教、キリスト教、イスラム教をはじめとするこれらの宗教の多くは、宗教地図を大きく書き換える積極的な宣教活動を広く展開した。

前近代だけでなく今日でもなお、これらの宗教は多様であり、人権の成立にとってもそれぞれの宗教の貢献の潜在的重要性は多様だった。しかし、総じて、基幹となる宗教は、人権思想の根本的基礎に二つの主要構成要素を付け加え、それらは、二つ合わせて、本来的に複雑である第三の構成要素となった。

①　第一の要素は程度は異なるが、宗教が霊的関心の第一義性を強調し、しばしば、政治的目標に取って代わりうるか、あるいは少なくとも競合しうる霊的探求を強調したことである。イエスもムハンマドも、政治の救済について心配すれば、彼らの注意が基本的宗教的義務からそれてしまうため、信徒たちに不正義の国家さえ受け入れるよう説いた。宗教的な深い傾倒によって、信徒たちは人権問題から距離を置くことができたし、それは、今日でもなおそうである。現実には、忠実な信者たちは、彼らの支配者が、宗教を支持し敬虔さを披瀝するために何をしたかによって彼らを判断したのであって、人権基準のような他のいかなる原理によっても左右されたわけではなかった。

②　第二の要素は、異なった方向を指し示した。主要宗教のほとんどは、人々が政治的社会的境界を越えて共通の霊的資質を共有しているとみなしていた。われわれは、すでにバビロニアとは対照的な中東におけるユダヤ主義のインパクトについて言及していた。ここでは、共通の宗教のおかげで法と懲罰の適用に際して、社会的不平等（ジェンダーの不平等は別だが）は抑制されていた。多くのユダヤ教学者は、「隣人を愛せ」とのユダヤ教の教えを、それぞれの人間の平等な価値の約束にまで拡張した。より普遍的な諸宗教は、共通の人間性という理念を拡大した。三大布教宗教は、人間には、明らかに次のような能力が潜在的に備わっていることを期待していた。すなわち、人間には、宗教的真実を受け入れ、共通の宗教的努力に参加することができる共通の性格があるはずだというのである。イスラム教もキリスト教も男・女、奴隷・自由を問わずすべての人間は、魂をもっていることを明文化していた。仏教は、女も男もすべての人間は、共通の宗教的目的を分かち合うことができるし、分かち合うべきだった。この観点からすれば、すべての人は、宗教的神髄を共有していると主張した。自分が扱われるように他者を扱うという「他者に施せ」の観念は、霊の共有と同じ観念から生まれたものであり、潜在的に政治的関係に置き換えられうるものだった。

た。とはいえ、実際にはこの種の思想は、社会的不平等を取り除きはしなかったし、われわれは結果として重要な問題が生じることについてのちに論じる。しかし、共通の人間性、あるいは、少なくとも共通の宗教的宇宙という新しい意識が、そこには存在していた。この新しい意識は、今度は、共通の人間性とは、現世の何らかの共通の最低基準を示すはずだとの確信につながった。一八世紀以後の宗教思想家たちは、人権概念形成に直接貢献することができた。その発展は新しいものだったが、その関係は偶然的なものではなかった。

近代以前でも、主要宗教の大半は、一つの重要な文化的変化を推進していた。彼らは、子どもも魂をもっているとの確信にもとづいて強く嬰児殺しに反対するようになった。ここでも権利という言葉で語られてはいないが、この論理には、同じ不変の保護的趣があり、古代ギリシアのような場所でのそれまでの習慣と比較して、その結果は、傷つきやすい脆弱な人間集団の利益を守るうえで真に重要なものになりえた。

③第三の要素は、新しいより大きな宗教の勃興とその緩やかな広がりが、しばしば、日常的な政治的領域を越えた新しいコミュニティを生み出したことである。しかし、同時にそれらは、新しい障壁と緊張をも生み出した。イスラム教徒は一五世紀までに活発な宗教的近親関係の意識を、モロッコからインドネシアまで共有するようになった。メッカへの巡礼のような経験は、各地から集まった同じ宗教徒が話題や関心を交流し、この大規模なコミュニティに純粋な実在感を与えた。同様に一つの地域のキリスト教徒は、他の地域のキリスト教徒が直面していた諸問題に悩まされることがあった。これらの大きなコミュニティの多くは、目的や宗教的秩序についての何らかの共通の感覚を生み出すことができたのだが、同時に、主要宗教は、自分たち自身の宗教的真理に関する理解に固執した。アフリカ・ユーラシアにおける宗教的マイノリティに関する新しい問題ばかりではなく、相互の境界地域における主要宗教の相互関係に新しい問

題が浮上することは避けがたかった。人間の歴史における宗教的共存の問題は、新しい問題ではなかった
が、この問題はますます重要性を増すようになった。これはまた、のちに人権論争を活発化させ、複雑化
させることになる。

さらに、多くの宗教は、しばしば法典のいくつかの共通の条項を繰り返し、殺人や窃盗、その他の略奪
行為からの保護及び、そのような行為に対する宗教的懲罰を支持した。人類は天与の要素を共有しており、
神の姿に似せて創られたとの信念は、人間の生命の保護への情熱につながった。宗教的拘束力を法典の標
準的基礎にまで拡張する一般的衝動、すなわち神による処罰の可能性の拡大は、十戒以後の初期ユダヤ教
の顕著な特徴であった。ペルシアのゾロアスター教にも、類似の規定があった。宗教は、その特質上、そ
の神性に帰す名誉と義務である神の権利についての付加的な規則を生み出した。しかし、これらの規定は、
多様だったたため、異なった宗教の間の共存の問題にそれらが付け加えられることがありえた。

④最後の第四の要素は、ユダヤ教を含む多くの宗教が、人々に、特定の聖なる都市などの場所に安全な
避難所を与えたことである。奴隷が避難所を求めるかもしれなかったが、国家当局と面倒を起こしている
人々も同様だった。避難所が与えられることは、明らかに神の是認が、単なる人間の当局者の支配に勝る
との観念を示唆していた。特定の状態の下では個人にとってそれは、意味がありうることだった。同時に
そこには、明らかに一般化されうる権利は含まれていなかった。

おそらく、イスラム教は、最も明確な自己主張をしたが、宗教における変化は、人権をめぐる情景を一
夜にして変化させはしなかった。しかし、一八世紀よりずっと前に、宗教は、人権の領域に意味ある影響
を与えた。宗教が永続的な諍いの種をつけ加えたのも事実だが、主要な法典と政治哲学に並んで、宗教は、

人権論に発展する基礎の確立に寄与した。

◆ヒンドゥー教と仏教

ヒンドゥー教は、権利に関し一般化して論じることはなかったが、インドでヒンドゥー教が発展するにつれて、法的原理を次第に採用するようになった。特別な保護が、集団ごとに一つひとつ拡張された。例えば、子どもを誰かに贈与したり売却したりすることはできなくなった。奴隷は、日常の食事に関する権利を与えられた（ただし、夫は、妻とその子どもから食事を取り上げることができた）。より広く言えば、特定のカーストに生まれた息子は、そのカーストにふさわしい職に従事する権利があり、また、親に対する「罪を犯さなければ」その財産を相続する権利があった。紀元前二〇〇年から紀元後二〇〇年の間に作られたマヌ法典は、財産権を保障した。支配者は孤児の財産を保護し、彼らが成人した際に完全な所有権を彼らに与えた。「正当な王」は、盗人を厳しく罰する義務があった。暴力からの自由は、ヒンドゥー教のもう一つの強調点だった。言い換えれば、ヒンドゥー教の思想は、大半の複雑な社会での法律による保護の多くを正式に認めた。しかし、マヌ法典には、すべての人に適用される条文がほとんどなかった。人間一般という思考よりも、カーストによる区別、男女間の大きな格差が常に優先していた。女性はけっして独立しておらず、常に父親、夫、あるいは寡婦になった場合は、息子に従属していた。すべての個人に課せられた道徳的義務であるダーマですら、それぞれのカーストにそれぞれ独自の義務を課した。現代インド思想家の多くが示唆しているように、ヒンドゥー教は、欠乏からの自由にはじまり寛大さまで、多くの点で人権条項と矛盾がないとみなしうるが、今日までこの宗教が、基礎的人権論に何かを特につけ加えたことはなかった。

仏教の場合はより複雑である。仏陀による初期ヒンドゥー教に対する反対には、カースト制度に対する攻撃が含まれていた。そして仏教は共通の人間性を措定することが疑いもなく可能だとみなしていた。神の本質に人間が関与しているとの信念の中には、女性の霊的能力の力強い擁護がしばしば含まれていた。しかしそのこだわり方は、多様で、時を経て次第に弱まったようである。インドにおけるマイノリティ宗教としての仏教は、宗教にもとづく差別に反対し、一般的に広く他の宗教に対して寛大だった。それは、東南アジアや東アジアの特定の地域で多数派になってからもそうだった。仏教の指導者たちは、法的な志向性をもつことはなく、宗教的自由の権利に関する宣言はなかったが、他の宗教とは違って仏教はその宗教的自由の原理との確かな親和性があった。仏教徒の暴力回避は、他の宗教よりずっと徹底しており、そ

れは人間の生命保護だけでなく、残酷な肉体の懲罰への反対においても神聖な教えとして引用された。このれらの考え方は、いくらかの現代人が、仏教の中に人権の「胚芽的概念」を見出す根拠になっている。

しかし、仏教の二つの側面は、お互いに矛盾することなく、その結びつきを制限した。第一の側面は、仏教徒の主な義務は、自己否定であり、自己と世俗の快楽を瞑想と修行によって克服することだったという側面である。政治的不正義に対する抵抗を含む現世の権利といったどんな事柄よりも、精神的目標が優先された。女性にも精神的機会を与えると頻繁に約束した重要な特徴ですら、何らそれ相応の政治を生み出しはしなかった。それは、宗教に直接関連しないからだった。

第二の側面は、仏教が、少なくとも部分的に現世の日常生活における階級やジェンダーの線を越える平等の意味を含んでいる保護を約束している場面では、その約束（ダーマの仏教版）は、普通は、権利ではなく義務の言葉で語られていたことだった。その点では、仏教は、儒教やユダヤ教を含む初期の法的及び宗教的制度の多くと共通している。仏教のダーマは、「夫は妻を支えなければならない」とのべ、妻は、彼

らの夫によって扶養される「権利がある」とはのべなかった。今日の研究者の中には、明らかにその義務は権利を意味していると論じる者もいる。しかし、特に権利なしには、他人（例えば夫）がその義務を全うしない場合、是正することは難しいので、そこには、現実的な差異があると主張する者もいる。多くの仏教社会で権利の初歩的な観念すら欠如していたことは印象的である。例えば、一八七〇年まで、日本には権利の観念にあたる言葉が存在せず、このときにようやく、西洋の手本に倣って新しい語彙を生み出す必要が生じた。

◆キリスト教

キリスト教は仏教のように、マイノリティの宗教として誕生した。彼らは、国家とは分離し、その初期の数世紀の間、定期的に国家の迫害を受けた。しかし、伝統的キリスト教は、一貫して宗教的自由を抱き続けたわけではない。コンスタンティヌス帝が、三一三年にこの新しい宗教を公認したとき、彼は、「すべての者は、自分自身の希望に従って礼拝してもかまわない」と約束した。そして、キリスト教思想家の中には、自らその宗教的自由を擁護した者もいた。「自由は、宗教の中にとどまることを選んだ。なぜならば、宗教ほど自由意志が大事なものはないし、誰も礼拝したいとの意志をもたないものを礼拝することを求められることはありえないからだ」とのべたのはラクタンティウスだった。しかし、全体としては、キリスト教指導者は、のちのローマ皇帝による宗教的異端者に対する迫害に同調したり、それを求めたりさえするようになった。聖典の宗教としての正しい信仰に熱心に傾倒するキリスト教徒は、盛んに他の宗教を攻撃し、自分自身の宗教における逸脱や異説を監視した。しかしキリスト教には、マイノリティ起源の宗教としての支柱があった。すなわち、そこでは、宗教的原則は単なる政治的争点とは区別され、ある

いは超越しているとみなされていた。国家や支配者が、適切な宗教的価値観や規則に反した場合には、非難されることがあったが、それは、権利の概念に即座に結びつくものではなかった。しかし、そこに、特定の環境の下で、個人を国家から保護する必要性を認める基礎があった。とはいえキリスト教の指導者たちは、宗教的目標から逸脱することがあってはならないので、平常は国家への服従を主張した。そして長い時代を経て、キリスト教を公認した多くの国家は、この宗教と分離するよりも、むしろこの宗教を奨励することを積極的に推進してきた。ビザンツ帝国や東ヨーロッパのあらゆる地域で、すべての正教会会派は、政治的権威に反する権利が規定される可能性を避けるためにはっきりと教会と国家を結びつけた。

初期キリスト教の聖典には、人権の領域に進むような言葉はほとんどない。すべての人間は、神のイメージに即して創造されているというキリスト教の主張は、人間の基本的な平等を示唆していた。それは、明らかにギリシア、ローマの法思想に影響を与えた社会的階層秩序観とは異なっており、キリスト教のもとでは、信じる者は神の下でみな平等だった。たしかに新約聖書は、「ユダヤ人もギリシア人もいない、奴隷も自由人もいない、男も女もいない。というのは汝らは、みなイエス・キリストと同一なのだ」と主張している。しかし、この約束は、現世には適用されなかった。奴隷は奴隷のままでいることを期待され、妻は夫に服することを期待された。とはいえ、キリスト教の教えは、それがのちに権利としての平等のように直接的な主張に転化する可能性があった。

そして、キリスト教の思想家たちは、奴隷制を制度として系統的に攻撃しなかったが、このような極端な不平等に不快感を表明していた。彼らは、特に同等の価値をもつ者同士という前提に立ち、キリスト教徒によるキリスト教徒の奴隷化については、不快に感じていた。奴隷制は、キリスト教世界ではローマ帝国崩壊以後、数世紀のうちに衰退したと一般には信じられている。しかし、奴隷制は消滅せず、農奴制の

ような新たな不平等が躊躇なく受け入れられた。そして、のちに奴隷制を拡張する際に、ヨーロッパのキリスト教徒が指導的な役割を果たしたことは言うまでもない。彼らは、アメリカ大陸を奪い取り、アフリカからの黒人の大量輸送を担うことによって奴隷制を拡大したのである。自然法が男性は平等だと規定していたにもかかわらず、キリスト教の思想家たちは、大西洋奴隷貿易が始まる前に世襲的奴隷制からの自由を主張する権利は存在しないと説明するために長い時間を費やした。実際、キリスト教の戒律が概して財産の保護を確認しているように、そのキリスト教の戒律を、奴隷を所有する権利の保持という意味でその根拠として示すことが可能だった。それでも、実際にはある種のためらいがあった。それは、一八世紀における初期の人権論争で再登場することになる。

一一世紀以後、キリスト教の戒律が特に西ヨーロッパに広がっていくにつれて、キリスト教による個人の魂の尊重の約束をめぐっていくらかの緊張が走った。キリスト教では、個人はそれぞれ洗礼の儀式を経て信者になり、この儀式ののちにキリスト教共同体への参加者に与えられるすべての権利がその個人に認められた。他方、洗礼を受けなかった個人、ほかの宗教の人々、あるいは、どんな理由であれ教会から破門された人々は、いかなる保護も受けることができず、むき出しの懲罰を受ける可能性があった。そして、たとえ洗礼されたとしても、子どもにはキリスト教徒としての恩恵を受ける権利がなかった。両親は、子どもにキリスト教を教え、神の恩恵にあずかるための儀式に彼らを導く義務があった。そして子どもには、前近代世界の大部分と同様に、親の権威から独立した権利は認められていなかった。

一〇世紀、一一世紀のキリスト教思想家たちは、政治的暴君に抵抗する「権利」について論争した。そのれは、自然法の考え方だけでなく自己防衛の権利についての考え方の流用でもあった。そして、それは、子どもにキリスト教を教え、神の恩恵にあずかるための儀式に彼らを導く義務があった初期キリスト教とも関係していた。国家を評価するより高位の原理を明確に定める可能性をはらんでいた初期キリスト教とも関係していた。

すでにみてきたように、儒教を含むいくつかの文化システムは、不正な支配者を非難する根拠を提示してはいたが、キリスト教が権利という考え方を受け入れることは例外的だった。

キリスト教律法学者たちは、また、生存の「権利」についての議論も始めた。両親と主人には、子どもや召使に対して人間共同体の一員として経済的な暮らしを保障する義務があった。こうして、法的当局者は、ひどく厳しい状況の際に、貧しい者や必要のある者は、盗みを働くことなく、他者の財産から自分たち自身の生活を支えるに必要なものを取得することができると主張した。この考え方が現実に受け入れられた形跡はないが、この観念は興味深いものである。より現実的には、奴隷であれ、子どもであれ、サポートなしに放置されたなら、自分自身の義務から解放されるはずだと考える権利が認められた。

キリスト教の思想家たちは人々には、原理的に誰と結婚するかを決める自由があるべきだという考え方を擁護した。特に女性は、実際には多くの場合、親に結婚を強いられたのだが、キリスト教の戒律では、積極的な合意が提示されなければならず、そうでない場合には、結婚の取り決めは、法的な妥当性を欠くことになるとされた。これは、キリスト教徒個人は、男性であれ、女性であれ、この種の選択において保護に値するとの信念を反映していた。しかし、この議論は、権利という言葉では語られなかった。当局者たちは、より実践的に「強制された結婚は不幸な結果をもたらす」と主張した。ところが、もっと大事なことは、権利についての確たる言及がないために、強制的な取り決めによる結婚に抗議して裁判に訴える可能性が、普通は極めて限られていたことである。

要するにキリスト教は、人権に対して何ら新しい約束をもたらしはしなかった。その目的は、人々を宗教的な正義に改宗させ、彼らを救済することだった。それは、この宗教の目的ではなかった。キリスト教徒

て説明しなおされたが、当時はこの文書は、あまり影響力をもたなかった。この文書の大半は、財産の没

で国王の権力が抑制された。その意味するところは、のちに復活し、より近代的な立憲君主制の一部とし

五年、イングランドの貴族と国王の厳しい対立の結果、マグナ・カルタという文書が作られ、多様な方法

控えめな変化だけでなく、より伝統的な概念の重要性も一三世紀のイングランドに立ち現れた。一二一

「権利」という言葉は、同じ言葉（*droit*）となって表れた。

い関心と、ローマ法の研究の復活によって、何らかの権利の観念が形成された。フランス語の「法」と

不正な暴君に抵抗する権利についての何らかの新しい思考に進むことができた。キリスト教の戒律への深

彼らは、宗教生活が国家の手から切り離されていることに気づいていた。そして、少なくとも原理的には、

を平等な価値の魂をもつ個人とみなし、結果として彼らに何らかの保護が与えられるべきだと教えられた。

自然法と結びついたときにそのような動きがみられた。キリスト教徒は、少なくともキリスト教徒の仲間

それでも、少なくとも原理的に何らかの変化の様相があった。特に、キリスト教の思想が初期ローマの

財産権の概念を投げ捨てた。

陸での利益に目がくらみ、先住民はヨーロッパのキリスト教徒と違いより劣っていると信じ、この伝統的

奪い始めた一六世紀、先住民の財産権を根拠に抵抗したキリスト教徒がいた。しかし、彼らはアメリカ大

いう典型的な前近代的観念は、正面から再検討されることはなかった。スペインがアメリカ大陸の土地を

なかった。多くの奴隷が奴隷のままであり、全体として社会は不平等な構成員によって構成されていると

くが財産の取引として取り決められていた社会では、自ら合意の意志を示す機会があった者はほとんどい

げた。何らかの人権理念を示唆しているようにみえる議論の多くは、なお抽象的なままだった。結婚の多

ではない人々、そして特に異端と疑われた人々の生命や財産に対する攻撃は、新しい迫害の歴史を積み上

収やその他の手段による専横な王族に抵抗する貴族たちの権利の明記に当てられ、一般的な権利が意図されていたわけではなかった。階層化された社会における上流階級の利害が明記されていただけだった。また、少なくとも原理的には、教会の権限は保障されていた。これは、キリスト教の伝統の一つの興味深い側面である。同等の社会的地位の者との間でのみではあるが、子どもに結婚を強いることができた（しかし、なぜか未亡人に結婚を強いることはできなかった）。殺人の場合、殺された女の夫でない限り、女性の証言を逮捕につなげることはできなかった。これははっきりした形に現れたジェンダーによる不平等だった。ユダヤ人金貸しの財産所有権は制限されていた。それは、おそらく権利を意味していた（しかし、貴族はなお特別に扱われていた。彼らは、彼らの仲間以外からは罰を与えられえないことになっていた）。判事は法律を知っているはずだし、「それをしっかり維持することを心掛けている」はずだということになっていた。

マグナ・カルタは、伝統的な社会で広く発達してきた保護を大部分、確認した。それは、教会を国家から保護するとともに、注意深く、階級やジェンダーの階層秩序を映し出し、それに伴う慣習を擁護していた。しかし、これらすべての文書を立案する過程で、マグナ・カルタの言語は、もう少し多くのことを示唆していた。それは、恣意的な逮捕からの保護についてのより広い権利を示唆する言葉、あるいは、自由、権利、特権のような言葉への具体的な言及を含んでいた。それらは、「わが王国内の男性とその相続人すべてに、すべての事柄を全面的に、すべての場所で永久に」与えられると書かれていた。マグナ・カルタは、近代的な権利の宣言を全面的に、西ヨーロッパの政治的状況とキリスト教の何らかの変化を反映しており、完全に伝統的な文書だともいえない。

◆イスラム教

　紀元六〇〇年以後に始まったイスラム教は、キリスト教と同様に、宗教的真実を伝え、ふさわしい礼拝を確実に実行し、信者の救済という根本的目的に導くことに力を注いだ最も重要な主要宗教だった。しかし、その拡大とともに、特にムハンマドとその後継者たちが政治的役割を担うようになった。その過程で、この宗教は、多様な種類の人々に与えられるべき保護を定義する新しい細則を張り巡らすようになった。いくつもの異なった宗派と法典がイスラム教内で生まれ、普遍化が困難になったことに注目しておくことが重要である。しかし、特に多数派のスンニ派にとっては、いくらかの主な輪郭は明瞭である。

　イスラム教は、すべての人間の尊厳を強調した。クルアーンは、「われわれは、アダムの子どもたちに尊厳を与え」、そして人間社会に神聖な義務を課したとのべていた。クルアーンから引用すれば「アラーへの証言と同様に、相手が金持ちであれ貧乏人であれ、正義の側に断固として立たなければならない」のである。

　クルアーンはまた、信仰の自由を主張した。「宗教においては強制があってはならない」。イスラム教を拒絶し、その信仰を攻撃する人々は、敵として扱われた。しかし、信じないからといって罰せられることはなかった。この後でみるように、この考え方をめぐってはいくつかの複雑な問題があるが、イスラム教は、少なくとも一七世紀までは、キリスト教よりも非信者に対して寛大だった。

　イスラム教の保護規定の拡張は、特に女性に対して適用された。この点については、ムハンマドは、そ

れ以前のアラブの慣習にはっきりと重要な改革を施した。クルアーンやその後の法典では、多くの条項で、両親からの相続を含む女性の財産所有権、離婚と再婚の権利、さらに場合によっては、小さな子どもたちに対する後見権が明示されていた。財産権の問題では、イスラム教は、標準的なキリスト教の規定よりも先に進んでいた。「男性は自分たちが稼いだものの恩恵を受け、女性は彼らが稼いだものの恩恵を受ける」。

ただし、二つの但し書きが極めて重要である。第一は、たしかに類似した方向を示す条項が入り込んではいるが、はっきりした権利という言葉が使われていないことである。第二は、男女は法律で平等に扱われていないことである。女性にとって離婚することは男性にとってよりはるかに難しく、男性の遺産相続の割合は女性より大きかった。女性にとって離婚することは男性にとってよりはるかに難しく、男性の遺産相続の

ンダーの問題についてのイスラム教内部での論争には、キリスト教の論争を鏡に映したものもあった。例えば、結婚に女性の同意が必要かどうかなどである。

奴隷制は、すべての人間の尊厳を保護するイスラム教の確信と緊張関係にあり、イスラム教は、これに明確な不快感を示してきた。しかし、結局は、イスラム教は、この制度と財産としての奴隷の扱いを支持してきた。原理的には、イスラム教徒を奴隷として所有することに強く反対していた。しかし、実際には、輸入された奴隷がいろいろな理由でしばしばイスラム教に改宗したりしたので、イスラム教徒の奴隷化禁止は現実的だとは思えなかった。その代わり、イスラム教徒の奴隷を売る際には、家族が分断されないことを確認することが慣習となっていた。所有者が亡くなった際には、解放することが奨励された。所有者の子どもを出産した奴隷女性に特別な法的保護が与えられた。そのような女性を売却することは法的には一切できなかったが、その女性から生まれた子どもも売却できなかった。そして、所有者が亡くなった際には彼らは全員自由になった。これらの規定が常に守られたわけではなかったこと

に関する初期の理念と結びつけられた際に増幅されたのだろう。

え方を劇的に転換することはなかったが、世界宗教は、紀元六〇〇年以後、女性や奴隷のような集団に影響を与える多様な方法で何らかの新しい政策への道を切り開いた。変化への誘因は、宗教的衝動が自然法界宗教のさらなるインパクトと、特にキリスト教とイスラム教に取り入れられた考え方は、それ以前の考では、他の種類の保護が現れた。しかしそれは明らかに人権といった線上に現れたものではなかった。世あれ人権の体系的前進を指し示すことは難しい。儒教が重要な政治的変化を導いてきた中国のような場所

基本法典の確立から、偉大な古代帝国が終焉したあとの紀元六〇〇年頃までの間の世界史の中で、何で臣民とみなされる個人よりは共同体の正義に力点を置いていた。多様な社会的差異を認めており、全面的な権利要綱を約束するには至らなかった。オスマン帝国自身は、女性の財産権が保護され、女性に対する特別の権利が保障されていた。しかし、伝統的イスラム教もまた、が示されていたし（有罪だと証明されるまでは、被疑者は無罪だとみなされていた）イスラム基本法に従って、オスマン帝国のようなイスラム国家の研究によれば、ここでは、公正な裁判を実施するための広範な配慮を利用した経験を積み上げ、いくつもの原理を確立してきた。それらの原理は単に抽象的な原理ではない。イスラム教は、人間の尊厳に言及しているばかりではなく、不公平や権力の濫用からの保護を求めて法律

今日の多くの研究者は、イスラム教の基本的特徴は、人権条項と十分に互換性があると主張している。

の内部で発達した型とはいくらか異なっていた。等を認めていたが、同時に特定の種類の奴隷にそれに代わる権利を提供していた。それはキリスト教社会はほぼ確実だが、これらの規定は、それなりの影響力をもっていた。要するにイスラム教は、法的な不平

◆ 自然法再訪

イスラム教学者もキリスト教学者もともに、自然法論争への関心を復活させるうえで重要な役割を果たした。「自然」の背後には、究極的には宗教的な権威が存在しているとの確固たる確信に、自然法論争が加わることによって、いくつかの点で部分的に自然法論争の枠が拡大された。

すでにギリシアの学問が特に学者たちに影響を広げるに従って、多様な哲学者や科学者たちが自然法問題を考慮し始めた。自然法はジャングルの法であり、容赦なく抑圧的だとみなし、神の法によってのみ克服しうると論じた者もいたが、他方、別の人々は、すべての社会では、殺人や窃盗の無法性を含む特定の自然的原理に合意しているというギリシア思想の理念を採用した。この意味で自然法は、けっして完全にではないが、イスラム教と両立しうるものであり、特定の害ある行為を咎めていると判断することができる。言い換えれば、理性のみが人の行為を評価し、善悪の判断を下せるのである。

このようなイスラム教の哲学的成果は、一二世紀までにヨーロッパで新しい支持者を得た。当時の学者たちは、イスラム教の事例や、ギリシア・ローマの原理の復興から学びながら、複雑な問題に関心を抱くようになっていた。この脈絡の中で、初期のあるキリスト教解説者は、自然法と神の法は、単に同じものだと論じた。それは、その相互関係を単純化したものだったが、ギリシア人やローマ人が意図したものとはずれる考え方だった。一三世紀に入ってからキリスト教神学の大家トマス・アクィナスが、自然法は、人間理性の機能であり、神の法に匹敵するものではあっても神の法とは別のものであることをはっきりさせた。アクィナスは、さらに人間の法は、それと自然法との関係で評価されねばならず、その欠陥を見出

しうるものであることをはっきりさせた。両者が食い違っているところでは、人間の法が間違っていたのである。不正義の法は、全く法ではなく、「法の悪用」である。アクィナスは暗黙裏に、ある国家、例えば暴君によって提示された法は、それを根拠に拒絶される状況がありうると示唆した。理性にもとづかない暴君の法は、法ではないと断言するこの考え方は、人権思想のわずかな兆候以上のものである。アクィナスは、そのような法律に対して何がなされるべきかについて明快にはのべてはいないし、たしかに市民が従順であることの重要性に力点を置いていたが、矛盾があることは明らかだった。正しい法律は自然であり、共通の善を促進すべきである。しかし、彼は次のように言う。

法は、人間の善に逆らうことによって、不正義となることもありうる。……例えば、当局が、共通の善ではなく、自分自身の欲望と虚栄心を満たすために臣民に耐え難い法律を課す場合である。……それは、法律というよりは暴力というべきだろう。……したがってそのような法律は、道理にかなっていない。この類の法律は、守られないに違いない。このような場合には、人はそれに従う義務を負わない。

この一三〜一五世紀に、自然法思想は、イングランドの法的伝統に深い影響を与えた。例えば、一三世紀にヘンリー・デ・ブラクトンは、支配者の意志が法律であるというローマ帝国の考え方とは対照的に、国王は、法の支配下にあると論じた。ブラクトンは、あるイタリアの法律学者の「正義とは、各人にそれぞれの権利を与える一貫した揺らぐことのない意志のことである」との言葉を引用するところまで進んだ。トマス・ジェファソンのような一八世紀の思想家たちが、ブラクトンや初期イングランドの伝統への関心を復活させたのは驚くべきことではない。中には、自然法は、国王への恭順を主張していることをより重

視する者もいたが、イングランドの多くの法思想家たちは、いかなる現実の法よりも自然法が優先すると論じ続けた。

それでもなお、ヨーロッパ人の思想が、少なくとも原理的には、人権思想が台頭した地点にすでに近づいていたとするのは、あながち根拠のない飛躍ではない。当時のヨーロッパ人の思想は、自然法への確信の復活と拡張に助けられ、また、キリスト教による国家と教会の分離及び、貴族階級による君主の権限抑制の努力によって一層高められていた。結局一七七六年のアメリカ独立宣言自体が、イギリス国王から分離する必要性の根拠の一つを、「自然の法と自然の神の法とにより付与される独立した平等の地位を」革命家たちに与えたことに求めた。ここでは、統治の正統性の根拠と、同一基盤の下での権利の根拠として、はっきり自然法が打ち出されている。

たしかにこの結びつきは現実に存在したのだが、しかし、その実現の前に、この西洋のパターンは中断されてしまった。自然法に関する学問の中には、一四世紀から一六世紀の間に、例えばイタリアのいくつかの中心地で、継続されたものもあったが、大部分の関心は他に移ってしまった。イタリア・ルネサンスの政治は、君主の権力を強調する傾向にあった。そして、よく知られているように大政治学者マキアヴェッリは、君主が権力を確保し維持するためにすべての方法の正統性を特に主張した。フランスやヘンリー八世のイングランドのような国々で君主がその権限を拡張しようとするにつれて、彼らはまた自然法思想を否定するようになった。一七世紀のフランスやその他の国々で「絶対王政」と呼ばれる体制がさらに進んでいく中で、国王が、自分が思うように支配する権利は神から与えられたものだという新しい考え方が確立された。ルイ一四世の有名な名言「朕は国家なり」には、自然法のもつ謙虚さは全くなかった。自然法の考え方は、実際には死滅せず、同じ一七世紀に復活したが、それは、二〇〇年から三〇〇年もの

間、一時保留されたままであり、アクィナスからの人権までの飛躍は、まだ決定的に未成熟のままだった。

なぜなら、イングランドとオランダを中心にヨーロッパ各地で、自然法の考え方が、古代ギリシア・ローマとキリスト教の考え方を融合し、特に個人と国家の関係についての新たな分野にまで推し進められて全面的に復活したのは、ようやく一七世紀に入ってからだった。例えば、オランダの法律家ヒューゴ・グロティウスは、一七世紀初頭、普遍的な自然法は、人間の理性を反映しており、世界中のすべての人に共通するものであるとの立場に立ちもどった。現存する国家の慣習法は、どんな個人でも所有している本能的自衛権をはじめとする自然法の原理によって抑制されなければならない。グロティウスは、初期の考え方を繰り返し、理性的な人間の間で確立された社会と矛盾することは、すべて不正義であると論じた。彼はさらに先に進み、権利の概念について一層詳しく徹底的に論じ、権利を自然法によって明確にされた正義の一部だとみなすようになった。グロティウスは、財産についての権利や他者に対する権限（子どもに対する親、召使に対する主人のそれのような）など異なった種類の権利について語った。しかし、彼は、平等な立場にある人の間での権利に関心をもち、「国家とは、自由な人間が、共通の権利と利益を享受するために結束する完全な組織体である」と近代的な響きのする言葉を生み出した。彼は、この類の自然法の概念は、現行の法律が大きく異なっていても、誰にでもどこででも適用されるべきだと論じた。古代の中国などでは多くの初期

グロティウスは、戦時中の人々が享受すべき保護についてさえ語った。ただし、思想家が、例えば、捕虜を慎み深く扱うべしと主張するなど戦闘中の自制について強調していた。しかし、グロティウスは、暴力に服従させられない権利や、不要な虐殺を防ぐために守られるべき制限についてものべている。彼は特に戦時のレイプについて糾弾した。戦場では、犠牲者にとっての被害とその行為の「抑制されない欲情は、ともに注目される

それは、権利としてではなく、賢い戦術としてであった。

べきである。レイプは、それゆえに、平時よりも戦時によりきちんと罰せられなければならない」とのべた。グロティウスは、この領域では、一九世紀後半になって再び公的な人権努力によって取り上げられるまで、誰も話題にしなかったこの主張をすでに前に進めていた。

たしかに、一七世紀の思想家たちは、自然法が適用されうる領域とは何か、あるいはその論理は、すべてに適用されるべきなのかについての活発な議論を展開した。例えば、彼らは、王権神授説についてのトマス・ホッブズの次のような考え方と比較しながら議論した。すなわち、ホッブズは、人間は本質的に非抑制的であり、個の生存を求めて戦いあうものであり、したがって、人民をその意志に従わせ、秩序を維持するためには必要とされることなら何であれ政府の行動は正当化されるべきであると信じていた。この論争の過程で、少数の思想家は、自然法の主張をさらに推し進めた。例えば、リチャード・カンバーランドは、ホッブズに異を唱えて、幸福は、「最も広範な善意」のうちにあるのであり、「われわれ自身の幸福の追求」は、われわれの隣人の幸福の希求に直接つながると論じた。ここには、一八世紀により全面的に花開くことになる不当な支配に対する障壁としての自然権の利用と並行して、もう一つの発展のための種が埋め込まれていた。この不当な支配のもとで、新しい人道主義が、より直截な人権の定義と直接結びついていたのである。一七世紀の終わりには、ジョン・ロックがさらに進み、自然法を順守し、「生命、自由、財産」を保護するのが支配者の務めであるとし、もしそれをしない支配者がいた場合には、人民には、実在する国家を転覆させ、新しい国家を作り出すことが正当化される、と論じた。自然法思想は、より明確にこれと一致する自然権の理解に導かれ、今や、はっきりと人権の領域にまで進みつつあった。しかし、これらすべては、活発な議論の一部にすぎず、一八世紀までは、まだ支配的なものではなかったことを確認しておく必要がある。支配者のすべての行為を自然法と関係なく正当化することに熱心な人々がたくさ

んいた。そして、一六〇一年、極めて明快に次のように語っているピエール・シャロンのような興味深い懐疑論者もいた。彼は、自然法が、人間の理性にもとづく何らかの普遍的な敬意を当然のことと仮定していたのに対して次のように言った。

そうではなく、矛盾もなく反駁も受けず、（多くの国による）拒絶されないことなどこの世には、存在しない。そして、多くの国で肯定されず習慣によって是認されていない奇妙で（多数意見では）不自然なことなど存在しない。

自然権思想は、一七世紀の最も傑出した政治思想の中に基礎を固めつつあったが、それは、制限のない王権の主張と宗教的不寛容の強い劇薬による事実上の支配の時代にあって、なお険しい上り道の途上だった。

最も重要なことは、活力はあるもののなお抽象的な思想にとどまっていた自然権思想が、現実政治において何らかの重要性をもつ思想に転換したのは、一七世紀の終わりになってからだったことである。それは、一六八八～八九年のイングランドでの名誉革命で始まった。この転換は、ジョン・ロックによる自然権の一層の明確化とともに少なくとも人権の歴史にとってはっきりと近代とされる時代、一八世紀へと、われわれを上手に導いてくれる。

◆前近代の遺産

近代以前の長い世界史、すなわち、はっきりした人権思想が登場する前の世界史の評価は、極めて難し

い。もちろん全面的に展開されていない歴史は、どんなものであれ常に思考を刺激するものである。例え

ば、人権に関する完全に明晰な思考の欠如について語ることは妥当だろうか。次のようなことが言

えそうである。大半の前近代農業社会では、権利を分かち合うことよりも、むき出しの社会的性的不平等

の見地から物を考える傾向がはっきりしていた。君主制が最も特徴的な統治形態だった当時、大半の君主

は、少なくとも原理的には、完璧な権力を要求する傾向があった。主要宗教は現世の権利について考える

よりは、超自然的目標について考えるよう人々を鼓舞してきた。そして、大半の哲学や宗教は、少なくと

もほとんどの場合、国家への忠誠を強調する傾向があった。しかし、人権思想の欠如の原因を誤りなく正

確に指摘することは明らかに不可能である。それゆえに、あまり先走って結論を急ぐべきではない。

人権への根本的な関心という視点から前近代史を評価する際には、多くの人が、両極端のうちの一つを

選ぶ傾向があった。おそらくその二つとも、今日の判断からすればあまり有益ではない。一方では、中に

は、前近代には現在の人権のかすかな兆候に到達し始めてさえいなかったことを指摘して満足してしまう

者もいる。それは、あたかも前近代の人権の歴史を語ることはひどく的外れだと非難しているかのようで

ある。他方では、他の人たちは、すべての主要な伝統の中に希望の光を見出すことに熱心で、それがその

後の人権とはどう違うのか、人権運動を生み出すのに何らかのより一層の大きな変化が必要とされていた

ことを曖昧にしたまま、あらゆるところに人権の起源の証拠があったという。

聖書の予言が現に進行しつつあるとただ信ずるタイプの最初の考え方は、同性愛の権利のリトマス試験

紙を通せば、わかりやすい。論理的にゲイの権利は、より幅広い人権公約の最も微妙な今日的尺度の一つ

になった。われわれは、のちにこの問題をさらに論じなければならないが、これは大変新しい課題であり、

まだどこででもしっかり確立しているわけではなく、多くの文化の下で激しく論争されている。この脈絡

に立って、同性愛を認めない前近代社会を詳しく検討してみると、単純に明瞭な結論は導き出せない。前近代社会がそれを認めなかったのは事実である。例えば、イスラム教は、明らかに女性の保護について明瞭に注目しているが、異なった性的指向については、何も明示していない。アメリカ大陸におけるバーダッチ〔女のようにふるまう男〕のような特定の性的自己認識集団を認めた社会もあった。しかし、これは、同性愛の権利や、個人の権利と同じものでは全くない。もし、同性愛の権利が、その社会が人権をどの程度受け入れているのかを測る指標であるとすれば、前近代の歴史は、ほとんど一律に否定的である。

しかし、たしかに前近代の社会は、同性愛に対する特別な法的保護を明示してはいなかったが、多くの社会では実際には、同性愛行為がかなり寛大に受け入れられていたことは注目に値する。キリスト教は概してそうではなかったが、イスラム教は寛大だったし、いくらかの東アジアの社会でもかなり寛大だった。

そしてこの事実は、一面では、第二の極端な見解に導く。主要な地域の歴史的伝統の中に人権に好意的な要素を見出そうとする誘惑である。ヒンドゥー教や儒教のような体制を考察して簡単にわかることは、すべての伝統社会は、何らかの正義の定義を発展させ、何らかの人間の尊厳の承認を求めてきたことである。とはいえ、それは、社会階層秩序のそれぞれに置かれた位置によって大きな差異があった。すべての高度に組織された社会は、原理的に罪を告発された者に対して何らかの保護を認める裁判所制度を備えていた。またこれが意味しているところは、主要なすべての伝統社会は、少なくとも理論的には、今日もなお人権項目の一部であるいくつかの特徴を示し、少なくとも何らかの調整を加えれば、すべての主要な伝統社会は人権基準と両立しうることが証明されるかもしれない。儒教や仏教の中に、人権基準と融合しうる諸要素を見出すことはたしかに可能である。しかし、ここで効果を発揮するのは、「融合された」という言葉である。これらの思想は、本質的に人権の文化ではなかったし、ひとりでに人権の文化そのもの

になるものでもなかった。それらは、修正され、付け加えられなければならなかった。そして、このこと
は、人権の種をどこにでも見出そうとする過剰な寛大さは、おそらくは歴史的事実を覆い隠してしまうこ
とを意味している。

多くの伝統社会はうまく機能していただけではなく、多くの点で寛容な社会だったことを認めることと、
明確な人権の公約とはいくらかの違いが残されていたことを認識することとのバランスをどうとるかが、
ここでの課題である。儒教は明らかに、何世紀にもわたる中国の政治形態と政治的原理の基本的な永続性
の要因だった。それは相互依存性と大衆の保護を強調し、政府と上流階級を一定の抑制の下に置いた。そ
して、すでにみてきたように、この原理は、状況がひどく悪化した際には、抵抗の論理として援用された。

しかし、人権を擁護するために個人が取り上げられることはなかった。共同体の利益が優先され、個人は、
個人の権利という言葉を引き合いに出すのではなく、主に共同体による保護に訴えて自らを救った。個人
の権利という言葉は、どんな場合でも利用不可能だった。多くの前近代社会が達成した成果と柔軟性は、
近代的レベルの人権への傾倒とは違っていた。われわれがのちに権利と呼ぶようなものに当てはまる確固
たる保護をもつ伝統社会はほとんどなかった。例えば、政治囚に対する取り扱いでは、支配者の個人的性
向や倫理観に多くを依存していた。この気まぐれな要素は、今日でも消えてはいないが、人権原理によっ
てより具体的に保護が規定されているため、多くの場合、それほど顕著ではない。

多くの伝統社会では、近代社会でのように人権が脅威にさらされることが少なかったのも確かである。
この点はしばしば無視されてきた。しかし、それは伝統社会が、人権規定などなくとも、過度な不正義な
しに機能しえた理由なのである。大きな警察権力と洗練された情報技術以前の時代に、最強の政府権力で
さえ、手の届かない範囲があった。それでも例えば、支配者は、明確に自分たちに忠誠ではないと疑われ

た人々を抑圧するために恣意的にふるまうことができたのは確かである。しかし、圧倒的多数の庶民は、普通は関係がなかった。また、われわれはすでに、多くの伝統的政府が強制的な宗教的統一をあまり積極的に追求しなかったことをみてきた。ここでもまた例外があったが、良心の自由の保護を正式に唱えた社会はなかったとはいえ、多くの場所でマイノリティの宗教は栄えてきた。われわれは次の第3章で、人権への関心の高まりについて検討する。この関心の高まりには、多くの原因があるのだが、それが前近代の世界史には特徴的ではなかった新しい問題への対応だった面があったことを、そこで説明するつもりである。

多様な伝統的政治文化と、今日的な人権の定義との類似性を見出そうとするのもう一つの複雑な事情は、表向きの原理と現実とのズレが多々あることである。これは、今日の人権を評価する際にも後々まで残る問題である。人権の主張の最初の中心地を含めて、多くの社会では、全面的には約束が守られていない。

しかし、前近代社会にあっては、基本的にその複雑さが前面に現れる。一三〜一五世紀に西洋で自然法に関する精緻な議論が展開されたにもかかわらず、ルネサンス国家の台頭とともに強力な逆流現象が起こったこと、さらにその議論が、いわゆる絶対主義的専制国家の台頭も抑制できなかったことをわれわれはみてきた。

自然法思想は、的外れなものではなかったが、それはなお現実的というよりは、理論的なものにとどまったままで、対抗システムが優勢になることを阻止できなかった。同様な事例は他の社会にも散見する。ギリシアとローマの自然法への関心は、暴君の頻繁な登場や、後期ローマ帝国の国家と皇帝が圧倒的に優勢なものになることを抑え込むことはなかった。中国における儒教は、まもなく、厳格な法治主義と絶対君主制を提唱した法家の思想と対抗せねばならなくなった。法家の思想家たちは、強力な国家は、

政治的秩序を確立し、維持するために、本質的に利己主義的な多くの臣民をしっかりと抑え込んでおかねばならないと主張することが多かった。しかし、法家思想は、たしかに法家思想と儒教は、安定した強い国家の第一義性に関しては一致している。しかし、法家思想は、儒教の相互依存性と人間的尊厳への関心には無頓着だった。両者の政治的アプローチの競争によって重要な時点で儒教は弱められただけでなく、現実には、中国の国家は、両者を合併させて、可能なときには儒教的抑制を強調し、人民の忠誠が揺らいだ際には、より力ずくの法家思想の潜在力を発揮させた。他の領域、例えば多くのイスラム教指導者は、誠実に宗教の自由な選択の重要性を宣言した。イスラム教は、一般に、中東のキリスト教やユダヤ教のような宗教的マイノリト教よりはまれだった。ここでいう法的不平等とは、ィに対するいくらかの寛容と明確な法的原理とを結びつけていた。この社会では、このマイノリティがその存在を認められる代わりに、かなり高い税金を支払うよう求められたことを指している。宗教の自由は法律上では、その後も長く続いたが、人権擁護論者たちが受け入れるような形においてではなかった。

ここで話を元に戻してみよう。人権の唱導は、前近代世界史での多くの発展によって準備されたが、実際にはそれはその歴史には存在しなかった。主な文化社会では、適切な保護を提供するために、しばしば、はっきり容認された不平等の中に存在する他のメカニズムに頼った。そして、例えば中国の法家の思想、あるいは王権神授説のような、人権とのギャップを拡大する対抗的諸力がしばしば存在していた。前近代の発展と後の人権の努力の間にある最も顕著な重複のいくつかは、自然法の場合のように、しばしば現実的意味よりは、理論的意味にすぎず、ローマやイングランドの法の運用原理の中にいくらか表出してはいたが、現実的な政治的枠組みというよりは、知的な歴史の領域での問題だった。

主要な社会によって、その政治文化の力点が異なっていた事実もまた、見落とせない。例えば、ギリシアやローマの政治思想に影響を受けた聖典の宗教であるイスラム教とキリスト教は、ともに仏教よりも法的原理により強い関心を抱いた。例えば、仏教のより全体論的な接近法とは違って、イスラム教が女性に対する確かな法的保護を約束していることには、実際的な意味があった。それは、のちの人権への対応と関連がありえたかもしれない。政治秩序とこの秩序を支える社会関係への強い関心は、歴然としている。東ヨーロッパの正教会のように国家の監督と密接に結びつくようになるか、西ヨーロッパの教会のように少なくとも原理的には、宗教と国家とのより大きな分離を維持するかによって、キリスト教は、究極的な人権綱領に異なった意味合いを与えてきた。伝統社会での奴隷制は極めて多様であり、常にひどく抑圧的というわけでもなかったとはいえ、奴隷のいる社会は、明らかにその他の社会とは異なった社会組織を備えていた。西ヨーロッパにあった広範な農奴制も、人権に関係があった。農奴には、例えば、法的には財産の分与権が与えられていたが、彼らには、特別な法的義務もあった。この体制の下では、奴隷制の場合と同じように、慣習的な階層秩序から人権論にもとづく開かれた社会に転換するためには、何らかの変化が絶対的に不可欠となるだろう。前近代における政治社会制度の多様性のゆえに、人権綱領が示唆していた変化を推し進めるためには、それぞれ異なった努力が求められた。そして、新しい特定の要求リストに対する異なった反応が準備された。グローバルな運動としての今日の人権の拡大過程は、グローバル性と地域性の相互作用の複雑さを反映せざるを得ないのだが、この過程で定着した伝統は、重要な役割を果たす。

最後に、一八世紀までの長い時代と、人権に直接言及しうる時代の間にどう変化が起こったかという問題がある。われわれは、複雑な農業社会と初期の法典の形成以降の長い前近代の間に、人権に関連する時

期区分をはっきり設定することは難しいことをすでにみてきた。例えば、中国では、儒教に続く法家の思想の登場とともに変化が起こったが、一貫した全体的な軌道に沿って起こったわけではなかった。（イスラム教の台頭を含む）世界宗教が広がった紀元六〇〇年以後、何らかの転換が確認できるかもしれない。宗教間の新しい対立と、現世における不平等が引き続き受け入れられたため、変化の意味が曖昧になってしまったとはいえ、人類が何らかの根本的な霊的平等を分かち合っているとする観念は、多少より一般的になり、少なくとも原理的には、潜在的な展望を転換させた（中国の外の世界での）嬰児殺しの減少や新生児を保護するための一貫した努力などの特定の発展でさえ、同じ方向に進んだ。しかし、イスラムでの女性の新しい権利（平等の権利ではないが）の明示的にはなかった。女性保護のためのグローバルな潮流は存在しなかった。

　このさまざまな要素が混在した前近代の情景が多少ともよりはっきりしてくるのは、ようやく、イスラム教とキリスト教の学者が、自然法に新たに注目するようになり、それを共通の霊的人間性への関心と結びつけ始めたときだった。この結合によって、国家が生み出す不正義を客観的に評価し、人間は、正義の社会においてどんな保護が期待できるかについて理解を広げる新しい思考を生み出すことができたのである。進歩は、現実の改革というよりは哲学的考察の領域にとどまっていた。しかし、西ヨーロッパの多くの指導的政治思想家は、一七世紀に自然法と自然権をさらに高いレベルに進めるべく論争の用語法を転換しつつあった。前近代社会は、すでに法典を生み出し、国家の中の相互関係を安定させるためのさまざまな努力をしてきた。自然法への探求が加速され、近世ヨーロッパでの他の重要な発展と結合したとき、今

や、これらの基礎は、より実質的な再定義の寸前に至っていた。世界史における真の人権時代の第一局面は、欠陥を残しながらも明らかな進歩を伴い、まさに姿を現し始めていた。

参考文献

一八世紀以前の人権論に先立つ宗教・哲学思想の背景については、Richard Bauman, *Human Rights in Ancient Rome* (New York, NY: Taylor & Francis, 2000); Brian Tierney, *The Idea of Natural Rights: Studies on Natural Law, and Church Law, 1150-1625* (Grand Rapids, MI: Wm. B. Eerdmans Publishing/Emory University Press, 2001); Richard Tuck, *Natural Rights Theories: Their Origin and Development* (Cambridge, UK: Cambridge University Press, 1998); Francis Oakley, *Natural Law, Laws of Nature, Natural Rights: Continuity and Discontinuity in the History of Ideas* (New York, NY: Continuum, 2005); Micheline Ishay, *The History of Human Rights: From Ancient Times to the Globalization Era* (Berkeley, CA: University of California Press, 2004); John M. Peek, "Buddhism, Human Rights, and the Japanese State," *Human Rights Quarterly*, 17(3) (August, 1995) pp. 527-540.

その他の教科書や論集には、Micheline Ishay (ed.), *The Human Rights Reader: Major Political Essays, Speeches, and Documents From Ancient Times to the Present* (New York, NY: Taylor & Francis, 2007); John E. Lewis (ed.), *A Documentary History of Human Rights* (New York, NY: Carroll & Graf Publishers, 2003); Patrick Hayden, *The Philosophy of Human Rights* (St. Paul, MN: Paragon House, 2001); Paul Gordon Lauren, *The Evolution of International Human Rights: Visions Seen* (Philadelphia, PA: University of Pennsylvania Press, 2003); Berdal Aral, "The Idea of Human Rights as Perceived in the Ottoman Empire," *Human Rights Quarterly*, 26(2) (May, 2004), pp. 454-482.

宗教的人権論についての情報としては、John Witt, Jr. and John D. Van der Vyver (eds.), *Religious Human*

94

Rights in Global Perspective: Religious Perspectives (The Hague, Netherlands: Kluwer Law International, 1996); Liam Gearon (ed.), *Human Rights and Religion* (Brighton, UK: Sussex Academic Press, 2002); Arvind Sharma, *Hinduism and Human Rights: A Conceptual Approach* (New York, NY: Oxford University Press, 2003); Damien V. Keown, Charles Prebish, and Wayne Husted (eds.), *Buddhism and Human Rights* (Surrey, UK: Curzon, 1998); Carmen Meinhert and Hans-Bernd Zoller (eds.), *Buddhist Approaches to Human Rights: Dissonances and Resonances* (Bielefeld, Germany: Transcript, 2010); Michael J. Broyde and John Witte, Jr. (eds.), *Human Rights in Judaism: Cultural, Religious, and Political Perspectives* (Northvale, NJ: Jason Aronson, 1998); and John Witte, Jr. and Frank S. Alexander (eds.), *Christianity and Human Rights: An Introduction* (New York, NY: Cambridge University Press, 2010).

第3章　人権に向けての新しい推進力

この章では、一八世紀の西洋における文化的・政治的変化の一部である人権への明確な関心の起源について扱う。その目標は、第2章で扱った時代と何が変わったのかを確認し、その変化の原因を探ることである。この時期は、人権の歴史における極めて大事な瞬間だった。われわれは、その中身とともにその根拠を突き止める必要がある。この時代には、多様な新しい哲学的な主張が登場し、それだけでなく、新しい宣言や政治運動が台頭し、さらに、人間の奴隷化に対するかつてない怒りの高まりを示す最初のグローバルな運動が広がった。

二つの予備知識が不可欠である。第一は簡単なことである。人権の歴史に関する記述、特に非歴史家による記述の多くは、第二次世界大戦後の数十年間にすべての運動の起源を見出している。たしかに、この戦争の終結とともに、人権運動の飛躍的発展が起こったのは事実である。その結果、より長期的な人権運動の全歴史の中に、はっきりした新しい小時代区分が生み出された。われわれはこの問題をのちに適当な場面で扱うつもりである。そうすれば、この分野における最も重要な革新がいつ起こったのかを、読者に自分自身で判断してもらえるだろう。しかし、一八世紀に近代的人権の起源があることは、かなりはっきりしており、われわれはこの問題をめぐってくどくどと時間を費やす必要はない。引き続く発展については、のちの章で考察する機会が十分ある。

ただ一つ複雑なのは、近代的な人権理念が生まれたこの一八世紀には、「人権」という言葉は使われなかったことである。この言葉が流行し始めたのは、ようやく一九四〇年代に入って以後のことだった。用語上の区別は、のちに見るように、ある程度の重要性をもっている。しかし、基本的な理念はすでにそこに存在しており、今日の言葉で表現されなかったとしても、そこに大きな混乱があったと理解する理由はない。ジェンダーという大きな問題を脇に置くとしても一八世紀には、「人の権利」は人権の理念とほぼ完全に重複する意味で使われていたので、用語のことでこまごまと議論することはかえって混乱させるだけである。

第二の不可欠な予備的知識は、西ヨーロッパとアメリカ大陸での革新をどう位置づけるかである。何よりもまず、人権史に関する議論の中には、西洋の美徳を誇張する途方もなく馬鹿げた不快なものがあったことは疑いない。一つの見本は、西洋には間違った認識があるが、「政治的、経済的、道徳的な誤りを正す手段を備えているがゆえに、世界史の中で唯一、近代西洋は、特別である」というものである。これはひどい慢心であり、単に誤っている。というのは、多くの社会や伝統が、改革の潜在力を今日にももたらしているからである。とはいえ、最初の人権論を西洋に見出すことは、西洋と世界の他の地域との関係をひどく誤って伝えているわけではない。

その前提に立ったとしても、教育と研究の重要性が増すに伴って、特に世界史分野にはいくつかの問題がある。ここ数十年以上の間、大半の世界史家たちは、二〇世紀前半の歴史研究の多くが囚われてきたヨーロッパ中心主義的誇張をただすために、純粋にグローバルな視点を取り入れることに多大な時間を割いてきた。全体として明らかになってきたことは、西洋は、古代ローマの崩壊から近世までの長い期間、必ずしも他の社会ほど重要ではなかったことである。少なからぬ人権史家が西洋の起源と西洋のより全般的

な世界的重要性の高まりとを結びつけた一八世紀においてすら、多くのほかの社会、とりわけアジアの社会は、なお大きな力を維持し、独立した正統性を維持していたのであり、たとえ新しい人権論が形成されたとはいえ、「西洋の台頭」というテーマを強調しすぎてはいけない。最終的に、世界史家たちは、西洋による怪しげなイニシアティブに正しく注目し、世界における西洋の位置を再度均衡させることに貢献してきた。大西洋奴隷貿易をはじめ、かつてなかった引き続く戦争や帝国主義による不正義を先導してきたのは西洋だった。こういうことを考慮に入れれば、人権の最初の波を西洋と結びつけることは、非難を引き起こす挑発にさえみえるかもしれない。

それについては、いくつかの点を指摘することが有益である。第一に、人権の最初のイニシアティブは西洋にあるとする議論は、われわれがすでに指摘し、のちほど再び舞い戻って議論する重要な争点を提起している。人権綱領の西洋起源論は、いくつかの人権要求は、外来的なものであるとして非難する中国やロシアのような国々の根拠になりうる。少なくともはじめは、人権論は、他の異なった政治文化から持ち込まれたものであり、西洋起源説は、多様な前近代の文化的伝統を背景にして注意深く検討することが求められる。最初に西洋人の手で始められたその議論が現実にどれだけ新しかったのか。善かれ悪しかれ、新しい西洋の立場の特徴は何だったのかを慎重に検討する必要がある。

また、西洋と新しい人権努力との関係を単純化する必要はない。西洋はそのための取り組みに向けて一致して突き進んだわけではない。西洋の中だけでなく明らかに全世界で、西洋の指導者たちが行い、なお続けていることの多くは、露骨に人権とは矛盾している。われわれは、後の章で、いくつかの死活的緊張について論じる予定である。人権がときとして厳しい事態に直面する理由の一つは、それが西洋に始まったからだけではなく、西洋がしばしば自分自身の規範に従わなかったからでもあった。また、最初の人権

の理念が西洋で始まったことは、（いくらかの論者は明らかにそう信じているが）けっして、西洋が他の社会に対して道徳的に優越していることを意味しない。われわれは、この類の結論を暗示する前に、人権の全運動と、その他の社会との全時代を通しての複雑な関係に関する一層の検討が必要である。さらに西洋に起源があることは、その努力と定義をめぐる独占権が西洋にあることを意味していない。われわれは、ここでは、世界史における新しい局面での第一歩について論じるだけであり、その恒久的性格について論じるつもりはない。人権の主張は、西洋起源説をはるかに超える範囲にまで進み、事実上世界のあらゆる地域の熱心な集団によって重要な点が追加され、再定義されてきた。

最後に、世界史における重要な革新が、その特定環境のゆえに、特定の一つの社会で始まったとする考え方は、けっして目新しいものではないことを忘れてはならない。世界史家たちは、何世紀にもわたって中国が、製造技術で世界をリードし、他の世界はそれをまねし、長い間不利な立場に置かれてきたことを指摘している。インド人が、平和推進の原動力として、特に注目に値することを指摘することは、けっして衝撃的なことではない。アショカ王からガンディーに至るまで繰り返し現れたインドの平和推進の指導力は、インドの文化と政治のいくつかの特徴とつながりがある。中東は、長期にわたって、新しい型の商業活動と対外進出の先駆者だった。このような事例をさらに挙げることができる。特定の社会は、究極的により広くインパクトを与えた革新の出所であり、時代とともに彼らはそれがよりグローバルな現象となる過程に対する統率力を失う。これはおそらく人権についてもいえる。われわれは、その理由を探求せねばならない。一つの場所でこの運動は始まったが、この事実に注目することは、世界のほかの地域を軽視することではない。究極の問いは、世界の他の地域が、イニシアティブをとるために何を選択するかである。われわれは、実際どんな意味のある新しい発展が西洋

もちろん、究極的に、それは事実の問題である。

で起こったかを、具体的に示すことができるだろうか。われわれは、その新しい発展が最初は西洋的だっ
たこと、そしてどうしてそうなったのかの根拠を示さねばならない。次は、いよいよ具体的なデータに目
を転じよう。

◆変化の諸兆候

　一七世紀の末から一八〇〇年の間に、最初は西洋で、究極的にはより広い範囲で、人権時代の幕開けを
告げる相互に関連したいくつかの変化が起こった。何らかの主要な変化は、それ以前の思想家あるいは他
の社会での政策や法律によってすでに予見されており、すべてが新しかったわけではない。しかし、変化
の積み重ね、人権思想の新しい地域への広がり、そして人権の急テンポでの発展は、それ以前の世界史で
は前例がなかった。

　第一に、ジョン・ロックに始まる一連の思想家たちは、彼らの政治哲学の中心として、権利論を採用し
た。イギリス、ベルギー、オランダ、ルクセンブルク、フランス、イタリア、ドイツその他の学者や政治
評論家の貢献により、人権論は、一八世紀の啓蒙思想で極めて重要な役割を果たした。これほど短期間に
このような成果が次から次へと実現したことはかつてなかった。その上多くの新しい見解は、単に哲学の
領域にとどまらなかった。多くの啓蒙思想家たちは、同時に活動的な政治評論家でもあった。彼らは、聴
衆に人権論を受け入れるよう説得し、当時の君主制や教会の中の悪弊のもととなる諸要素を積極的に批判
した。

　第二に、中核的な権利論自体が、生命や財産の権利のような従来の議論だけでなく、それを越えた新し
い領域にまで広がり始めた。今や、信教の自由が中心的な目標となった。新しいトピックというわけでは

ないが、奴隷制は今や、単なる宗教的疑念のもとというだけでなく、権利の侵害としてはっきりと非難さ
れるようになった。出版の自由や政府に物申す権利が前面に現れ、中心的な要求となった。議論が進むう
ちに、拷問や過酷な懲罰がもう一つの人権論の中心的課題となった。基本的人権の概念が定着するに従っ
て、一連の課題が、見直されるようになった。

第三に、知識階級のみならず、新しい理論の聴取者の間でも、いくらかのより広範な革新が始まった。
人権に関するより厳密な定義は、西洋文化における個人主義意識の成長と結びついた。人道主義の新しい
感性も台頭し、全人類に適用しうる何らかの最小限の正義の基準を適用することへの関心が高まった。

第四に、人権の主張は、不正義に対抗する積極的な運動を活性化させた。反奴隷制運動の台頭は、真の
意味で、グローバルな関連性をもつ最初の人権活動だった。そして、その一層の発展は一八〇〇年以後に
起こるのだが、その苗は、一八世紀に植えつけられた。

第五に、人権の主張は、直接的に政治の領域にもち込まれた。一六八八〜八九年イギリスで起こった名
誉革命の中にこの新しい関係の兆候が見て取れる。人権への注目は、今や革命を直接的に正当化し、人権は、ひと
った大西洋両岸の革命の波の中で現れた。しかし、より明瞭な兆候は、一七七〇年代以後に始ま
たび権力を握った革命家たちにとっての最初の政治行動の目標となった。

これら関連した発展のすべては一層の結果をもたらし、新たなレベルの抵抗が生み出された。一八〇〇
年までには、進歩派と保守派は、人権に対する態度で区分けされるようになった。それは、一八世紀最後
の一〇年間までに新たな哲学的な見解をもたらし、人権論にもとづくフェミニストの論理が台頭した。こ
れらは、のちの章で扱うより広範でグローバルな煽動と適用のエネルギーを生み出した。人権は、動き出
した。

この章では、五つの相互に関わりあった変化について焦点を当てる。そしてその後で、一八世紀と一九世紀初頭以後の西洋での変化について検討する。われわれは、まず、この新しい人権に関する考え方には、どんな基本思想が含まれているのかに力点を置きながら、ロック以後の新しい理念から始める。次にわれわれは、権利論が適用され始めた宗教の自由に転ずる。続いて、新しい心性全体についてのより大きな命題に進む。次に因果関係についての疑問を追求する。人権論への新しい思考とより広い開放性の背後には何が横たわっているのか。なぜ一八世紀なのか、なぜ西洋なのか。そして続いて、われわれは、さらに進んで最初の人権運動の分岐点と特に新しい政治的、社会的運動について取り扱う。その運動は、重要な道徳的な力になりつつあったものの基礎の上に展開された。

◆人権論の広がり

初期の自然権をめぐる議論と個人の権利についての新しい厳密な議論とが結びつき始めたのは、一七世紀の末のことだった。一六八九年ジョン・ロックが匿名で『統治二論』『政治論』松浦嘉一訳、東西出版社、一九四八年（初の日本語訳）、『完訳　統治二論』加藤節訳、二〇一〇年（岩波文庫の新訳）〕を出版した。第一論では、国王権力を神の権威によって正当化する理念が論破されている。第二論では、自然権にもとづく社会の理論と、統治する者と統治される者との間の暗黙の契約の存在が、より肯定的に論じられている。この作品は、それまでの二〇年間のイングランド政治の経験の中から生まれたものだった。イングランドの内乱の後にスチュアート家の再帰によって復活した君主たちは、少なからぬ権限を主張しただけでなく、今や大部分がプロテスタントのこの国を、カトリックの方向に転換させようとしているようにみえた。ロックは、はじめは、復古後二代目のスチュアート家の国王にジェイムズ二世が就任することに反対するグループに

属していたが、これに対して政府は、ロックの追放で応えた。一六八八年本質的に平和的な「革命」によってジェイムズは退位させられ、代わって、スチュアート家出身のメアリーとその夫オランダ総督ウィリアムとを国王に就任させ、同時に議会に明確な権限を与え、統治の責任を分かち合うことが承認された。

危険をはらんだ政治状況のゆえにロックは匿名のまま活動し続けていたが、ロックの作品は、基本的に、正当な統治は、支配者の恣意によってではなく、被統治者の同意がなければならないことを根拠に、新しい政治体制に理論的正当性を与える目的で書かれた。

ロックの政治哲学は、権利の問題に最も明瞭に焦点を当てていたが、彼はより一般的に人間の知識の問題をも考察した。ロックは、もって生まれた罪という信念をはっきりと否定し、人々は基本的に理性的であり、教育と彼らの感性の経験を通じて、新しい知識を獲得する能力があると論じた。人間の潜在的能力についてのこの楽観主義と、個人の能力についての含意もまた、人権思想に結びついた。

しかし、人間社会に関する論争の新しい時代を実際に切り開いたのは、ロックの『統治二論』であり、それは一八世紀の啓蒙思想の時代を通じて継続した。ロックは、人々が完全に自由であり平等でもあった自然の始原状態が、政府が作られる以前から存在したと断定した。

そこでは一切の権力と権限は相互的であり、何人も他人より以上のものはもたない。同じ種、同じ地位の被造物は、生まれながらにすべて同じ自然の利益を差別なく享受し、同じ能力を発揮しうるものであるから、すべての人間は互いに平等であることは明々白々である。

政府は、自由な人々の間の争いが簡単には解決されえない場合にのみ必要となる。そして政府は、人民

の合意にもとづいてのみ適法的に運営されうる。このような政府が自由を恣意的に侵害しない限りにおい
てのみ、その運営は、首尾よく進められうる。何人も、生命、自由、財産の権利を適法的に放棄させるこ
とはできず、人々は、専制的な政府当局に逆らう権利のみならず義務がある。

ロックの自由に関する言及は、強力なのに曖昧である。自然状態の下の人民は、「完全な自由」を保持
しているが、国家を形成するためにその一部を放棄する。しかし、国家は、本来、個人の「自由と財産」
を十分に保護することを意図している。ロックにとっては、権利は、どんな人によっても放棄させること
ができない自己保存の絶対的な権利から始まる。それゆえ、ロックは財産所有権に大きな関心を注いだ。

彼は、財産権とは、その所有者の労働の成果に対する管理権だと広く解釈した。これを越えた権利の長い
一覧表は存在しない。ロックの貢献は、別のところにあった。第一に、彼は、社会は個人の集合であると
みなし、個人はまた、政府がきちんと自分たちのために約束を果たしているかどうかを評価せねばならな
いと考えていた。「政府の下の人の自由とは、その社会のすべての人に共通の持続的な規則の下で暮らす
ことである」。法律さえ適切に解釈されるならば、抑制のための規定とみなされてはならない。「法律の目
的は、自由を廃止したり抑制したりすることではなく、それを維持し、拡大することである」。革命権は、
明らかに、これと同様の考え方にもとづいており、権力の乱用を定義し、その定義にもとづいて行動する
ことは、可能であるばかりでなく、必要不可欠なことである。そして、ロックは、すべての人間の基本的
共通性に力点を置いており、それは、彼の哲学的枠組みのもう一つの鍵となる要素だった。

ロックのアプローチは、奴隷制に対する論駁のように読み取ることも可能であるが、彼の原則論と現実
の奴隷制に対する彼の考え方との関係は複雑だった。しかし、人間が生まれながらにして自由であり、社
会の下で、いかなる意志の支配下にも置かれることがないとするなら、奴隷制の正当性は現実には成立し

えなかった。ここに、半世紀後に多くの人々がロックの考え方を引用しながら育て始めたもう一つの種子があった。最後にロックは、別々の著書においてではあるが、むき出しの無神論を除き宗教的寛容の重要性をも擁護した。

ロックの主要な考え方は、イングランドの名誉革命で生まれた新しい君主制と結びついていたのだが、その当時は、広範な影響力はなかった。しかし、一八世紀中葉以後、復活し、大きな影響力を発揮した。その時代に、系統的であることはまれだったが、多様な思想家たちが人権の哲学的基盤に新たなものをつけ加え始めた。

フランスの哲学者ルソーは、一七六〇年代の著作の中で、ロックの主要な論点を慎重に繰り返しながら、抑圧からの自由擁護に直接関連する言語といくらかの概念をより鋭利なものにした。ルソーは、「人は生まれながらに自由であるが、あらゆる場所で束縛されている」と宣言した。彼は、国家は、力によって支配の正当性を獲得したのだとするどんな考え方にも反対し、「暴力は、権利を創出せず、われわれは唯一正当な権力にのみ服従する義務がある」と主張した。奴隷制は、絶対的に正当化されなかった。人間には自分自身の自由、また、同じく自分の子どもの自由を譲渡する権利はない。子どもは他のすべての人と同様に「生まれながらに自由である」、「彼らの自由は、彼ら自身に所属しており、父親の正当な権威さえ、「自然に反して」その子どもにまで及ぶことはない」とのべた。

ルソーは、社会で大きな力をもつ「一般意志」について語った。歴史家は、正当にもこの観念の中に、個人に対する巨大な権力の前例を見出した。それは、革命家が繰り返し要求したものだった。そして彼は、権利の項目について詳細にはのべなかったが、それが正当なものである限りいかなる社会でも自由と平等は、偉大ソーは、社会は、個人に対して不必要な権限を行使するべきではないと断言した。しかし、ル

な目標であり、どんな国家であれ、個人に対するいかなる権利侵害も規制されねばならないと主張した。

そして、彼にとっては、基本的な平等は疑う余地がなかった。いかなる正当な社会でも、個人は、みな平等に基本的な義務を守ることを誓い、それゆえに「すべての人が同じ権利を享受する。そのような平等が生み出す権利の平等と正義の理念は、人間の本性に由来するものである」と彼は主張した。

ロックとルソーは、ともに洗練された知的な調合物を紡ぎ出した。彼らが人権の基礎に何を新たにつけ加えたかは、見失われやすい。もちろん、彼らの考え方は、少なくともけっして同じではない。しかし二人は、生まれながらにして、自己保存の権利に始まる広範な諸権利を享受している人類社会の姿を鮮明に描き出した。国家は少なくとも潜在的には、人間の同意によって存在してきた。国家は基本的権利を保障する限りにおいてのみ道理にかなっていた。もし彼らがこの目的に沿わなかった場合には、その国家は不正となり、正当性を失う。そして、人々の間の特定の事実上の不平等は、許されたかもしれないが、原理的には、人々は生まれながらに平等であった。特に平等と自由に大きな歪曲を生み出す奴隷制は、全く間違っており、弁護の余地がなかった。

この考え方には、強力な支持があり、それに刺激され手本にしたいと思う多くの人がいた。ロックの考え方は、トマス・ジェファソンなどのアメリカ植民地の政治指導者に採用され、ルソー型の理念は、フランスの中産階級の文学や芸術分野で広まり、さらに口伝えで、政治世界、しばしば文字どおり革命的な政治の中に流れ込んでいった。

最終的には、このような対話は、一八世紀の終わりまで続いた。フランス革命の進行中の一七九一～九二年に、イギリス人トマス・ペインのパンフレット『人間の権利』〔西川正身訳、岩波文庫、一九七一年〕が出版された。それは、人権に関する啓蒙思想の基本理念を多くの大衆によりわかりやすく説明した。この

時点で、保守派の理論家たちは、旧来の政府の神授説はもはや通用しないことを認め、方向転換して、変化を求める不断の個別の要求や主張ではなく、国家の継続性と伝統がいかに必要であるかを強調し始めた。

ペインは、すべての人間（あるいは少なくともすべての男性）に適用される自然権の承認と擁護の基礎の上にのみ、政府は正当性を保てるという今や標準化された議論を繰り返した。彼はまた、実質的に一世紀にわたって繰り返し系統的に政治思想に積み重ねられてきたことを踏まえ、伝統的な思想家たちが適切な証拠を挙げて論証できなかったこと、及び彼らの自然法に関する観念は、途中まで真実に近づいたもののなおギャップが残されていることをはっきりさせた。そのうえで「平等権についての明瞭で神聖な原則」を強調して、ロックとルソーの自然状態では自由が中心にあり、最大限、政府は彼らの自由を保障する義務があるという考え方を繰り返した。そして、この考え方は新しいが、自然の精髄は、古くからあったものであり、人間の平等は、今日の原理どころか、記録のある限り古くからあるものだったと論じた。

しかし、人間の自然状態は、始まりにすぎなかった。人々は政府のより大きな保護を期待して、最終的に政府を受け入れた。そして、ペインは、先人たちよりも前に進む重要な構成要素を列挙した。彼が挙げたのは、自然権は、その過程で彼らは自分たちの権利をあきらめる意志はなかった。

第一に、「すべての知的権利、あるいは、おそらく表現や信教の自由を含む心の権利」である。おそらくそれには、何らかの財産に対する保障だけでなく、より広い内容が含まれる。社会は、特に法律や裁判を通じて単に保護するだけであり、何ら別個の価値を生み出しはしない。個人は、社会の妥当性の物差しであり、政府はそれを基礎にして判定されねばならない。

ペインの業績は、広く注目され、称賛された（皮肉なことに、ペインはのちにありとあらゆる人生の難問に遭

遇し、ニューヨーク州北部で、貧しい人生を終えた）。アメリカ革命の指導者たちは、『コモン・センス』〔小松春雄訳、岩波書店、一九七六年〕と呼ばれる彼の初期の作品を称賛した。『人間の権利』もフランスの革命家をはじめかなりの支持者を得た。ペインは、フランスでしばらくの間、国民議会議員に選ばれた。重要な点は、一八世紀の終わりまでに、少なくとも識字者の間では、人権思想は、ごく普通に通用する考え方になっていたことである。そして、この思想に対する批判と反撃が始まったが、これから触れられるように、庶民の中には、その思想の基本的な前提を自分のものと考え、あたかも彼ら自身が多様な権利をもっているかのように考え行動する人がかなりいた。この議論の普及は、新しい現象だった。

そして、主にこの思想が広く受け入れられるようになったために、権利についての最も包括的な哲学的議論は、次第に姿を消していった一方で、重要な作品がこの思想の流れを引き継ぎ、一層、先に進めた。ドイツのイマニュエル・カントは、自然権に関するいくつかの議論を洗練させ、ジョン・スチュアート・ミルに率いられたイギリスの多様な自由主義的思想家たちは、最終的に一九世紀中葉までに、人民は他人を害さない限り、自分が欲することを何でもする権利をもつべきだと、その主張を拡大した。二〇世紀の政治哲学者たちは、今では、はっきり普遍的人権という言葉を使って語っているのだが、彼らの主張の根拠の一部として、同じようにロックやルソーのような古くからの出典にはっきりと立ち戻って、人権論を取り上げた。

◆適用領域

哲学の盛り上がりを基礎にして、一七世紀後半及び一八世紀の多様な著作家たちが、特定の主張を取り上げた。その主張をめぐる議論を通じて、洗練され、しばしば情熱的な個人の権利の定義が確立された。

彼らの作品は、一般的な哲学書よりもしばしば注目を集めた。そして、彼らの主張によって、伝統的社会が人権侵害を生み出していたとの認識が広まったことは極めて重要だった。人々は、この人権侵害の是正を求めて声を上げるようになったのである。それぞれ重要な次のような三つの事例は、より広い思考様式が誕生していたことを示している。

一七世紀以後ますます多くの人々が、言論・表現の自由を擁護し始めた。たしかに、それ以前にも散発的に、その努力はあった。ソクラテスは、紀元前三九九年のアテネの裁判で、政府が彼に話してほしいと望んでいることよりも、「自分自身の心を話す」彼の権利を雄弁に弁護した。初期イスラム国の第二代正統カリフのウマルは、七世紀に、初めてイスラム教での言論の自由を宣言した。ルネサンス期のキリスト教徒エラスムスは、一五一六年、この問題を「自由な国では、舌もまた自由でなければならない」と簡潔に説明した。しかし、体系的に関心が高まるのは、一七世紀末になってからだった。この時期に、イギリスの多様な著述家たちは、いかなるものであれ、出版される前に国家の了承と免許を得ることを求める政府の政策を特に批判した。この制度を無視した詩人ジョン・ミルトンは、「良い本を破棄する者は、理性そのものを圧殺する者である」と断言した。ヨーロッパ大陸側の多くの哲学者たちは、表現の自由及びその延長上にある出版の自由の重要性について、広範な議論を重ねていた。興味深いことにジョン・ロックはこの論陣の中には加わっていなかった。彼は、無神論者には、ものを言う資格がないと論じていた。しかし、さらに幅広い運動が進んだ。一六八九年のイギリス権利章典は、控えめではあったが言論の自由を擁護していた。これは、議会の中だけの話だったが、しかし、章典が出されたこと自体が言論の自由を擁護し始めたことを示していた。

一八世紀に入ると、言論の自由は、全西洋世界の思想家たちによって議論されるようになり、啓蒙主義

の主要な論題となった。著名なフランス人哲学者ヴォルテールは、自らの欲するように話し書く権利につ
いて熱心に語った。「私はあなたの言うことにはすべて反対であるが、命を懸けてあなたが話す権利を擁
護する」との有名な言葉で、彼は、その思想を要約したと長いこと信じられてきた。彼がこの言葉を発し
たことを確認した人はいないことがのちにわかったが、この考え方は、ヴォルテールの思想に合致してお
り、彼は、実際に政府や教会がその発言のゆえに人々を罰していることを激しく批判していた。時ととも
に、言論の自由を求める主張は広がった。個人の表現の自由の権利を常に主張してきた擁護論者たちは、
今や、この権利は個人にとってだけではなく、社会にとって極めて重要であるとも論ずるようになった。
考え方の自由な競争を通じてこそ真実を知ることができるのであり、どんなに突拍子もない不人気な意見
でも、抑圧すれば、その社会に資源の喪失をもたらした。

　言論の自由の問題は、現実政治でも目立つようになり、単なる議論の問題ではなくなってきた。あるデ
ンマーク摂政は、のちにわずかながら制限を加えはしたが、一七七〇年に最初に完全な言論の自由を宣言
する勅令を発した。フランス革命の「人および市民の権利宣言」（一七八九年）は、言論の自由は譲り渡す
ことのできない権利だとはっきり宣言した。その第一一条は、「思想及び意見の自由な伝達は、人間の最
も貴重な権利の一つである。したがってすべての市民は、自由に発言し、記述し、印刷することができる。
ただし、法律によって規定された場合における自由の濫用については、責任を負わねばならない」とのべ
ている。そして二年後のアメリカの権利章典では、言論と出版の自由が謳われた。この時点で、この言
論・出版の自由は、基本的人権の実際上の一覧表の標準的構成要素となった。

　明らかに言論の自由と結びついている信教の自由は、同じ時期に大きく発展した。もちろん、これもま
た完全に新しい観念ではなかった。われわれは、多様な宗教指導者による少なくとも原理的な宗教の自由

の主張をみてきた。歴史的に、多くの国家が、一部はとても長い間、宗教的自由を是認してきた。一七世紀、一八世紀の西ヨーロッパでは、それ以前に支配的だった体制に反対し、人権の試み全体と結びついた宗教的自由を求める一貫した試みが登場した。究極的には、この試みによって、人間には良心の自由があるという考え方がより広く普及しただけではなく、単なる宗教的寛容を超えて、改宗や無宗教の選択が容認されるようになった。

すでにみたようにジョン・ロックは、公然たる無神論は容認しなかったが、神の前に正しい社会では、寛容が認められねばならないと主張した。ロックは、自分が信じることを実際に決めることができるのは、個人だけだと論じ、「真の宗教の生命力と影響力は、精神に内在するのであり、完全な心からの納得によって実現する」、人は、「自分自身の心の中で満足させられねばならず」、外部からの強制や政府の力では実現できない、と論じた。

一八世紀に入り啓蒙主義が高まるとともに、ますます大きな声が沸き上がった。ヴォルテールは、この問題では積極的で、カトリック教会による無神論者への攻撃に断固として反対した。彼は、過去の宗教紛争において、特定の宗教的熱狂の名のもとに非常に多くの人々が死んだあらゆる災難を列挙した。「宗教」についてのあるエッセイで、彼は、「抽象的な論争のために仲間から殺害されたキリスト教徒の遺体が、数世紀ずつそれぞれが、うず高く積み上げられたいくつかの層をなしている」と書いた。この類の証拠から、彼は、全面的な宗教的自由こそが「野蛮と狂信」に対する唯一の解毒剤であることは明らかだと主張した。デイヴィッド・ヒュームやアダム・スミスのようなイギリスの哲学者も同様な結論に達した。スミスにとっては、宗教的自由は、社会的不穏を抑制する決定的に重要な手段だった。なぜなら、宗教間の競争は、極端な議論を抑制するからである。その社会で一つの宗教しか許されないときには、熱狂的な宗教

教育は危険かつ厄介なことになる。宗教的自由によって保障された競争は、虚心坦懐と中庸を身につける
ようそれぞれの宗教指導者を仕向ける。一方、ドイツの劇作家にして哲学者であるゴットホールド・レッ
シングは、力強い戯曲『賢者ナータン』(磯田英雄訳、岩波文庫、一九五八年)を著し、一つの宗教をあまり
に忠実に信ずると他の宗教が攻撃されることになるかもしれず、それは愚かであるとのべた。「それぞれ
の人に自分の宗教は正しいと信じさせよ」。しかし、力によってではなく、善行と慈愛によってその信念
の価値を示せというのである。ここまでくると、明らかにともに両立しうる二つの論拠が登場していた。
宗教的自由は、個人の権利だった。またそれは、しばしば不寛容を昂進させる暴虐から社会を守るうえで
ある。なぜなら、そうすることによってのみ良心が満足させられうるからで
宗教的
自由と密接につながっている言論と出版の自由の唱導が、全体の目標の標準的部分となった。その他の自
由と同様、言論と出版の自由は、一八世紀末の一連の革命的憲法という新しい水準の政治的表現だった。
一八世紀における人権思想拡張の第三の領域は、これまでとは異なった拷問や懲罰に関する問題だった。
前近代社会の人々は、ときとして懲罰の適切性に懸念を感じた。すでにわれわれがみてきたように、これ
は特にインドで繰り返し懸念されてきたことであるが、別の環境の下でも起こる可能性があった。そして、
環境や個々の支配者の個性によってどんな懲罰が採用されるかは、非常に多様だった。しかし、前近代社
会では、苛酷な肉体的懲罰が広範に執行され、拷問は多様な囚人や捕虜に対して広く行われてきた。法典
や自然法に関する議論では、生命を維持することの大切さが繰り返し議論されてきたが、それまでは、こ
れらの問題全体を人権問題に集中して議論することはなかった。
　今やこの状況は変化した。その変化は、ここでも一七世紀、特に啓蒙主義時代に、よりはっきりと始ま
った。イギリスの哲学者トマス・ホッブスは、一六五二年、人間の生命を維持する社会の義務について特

に注目した。その義務がないのなら、諸個人は、正式な政府に主権を譲渡する根拠がないのである。権利論一般に関心を抱いていたというよりは、生存権の保障の必要性を主張したホッブズは、この分野で新たな地平を切り開いた。一七世紀の他の著作家たちは、行き過ぎた懲罰と専制政治の他の側面とを結びつけ始めた。

しかし、人権のこの新しい視角を充実させたのは、一七六四年に『犯罪と刑罰』［風早八十二訳、岩波文庫、一九五九年］を出版したイタリア人法思想家チェザーレ・ベッカリーアだった。ベッカリーアは初めて刑法裁判と刑務所管理の根本的改革の必要性に関する議論を展開した。それは、人間の理性はこの長い伝統に適用されるべきだとの一般論と、人々はそもそもなぜ国家を設立したのかに関するより広い自然権思想から直接的に引き出されたものだった。ベッカリーアは、体系的に死刑を糾弾した。その根拠は、第一に、国家には生命を奪う権利はなく、個人の自己保存の権利が優先されるべきだというものである。「誰が他人に自己を殺害する権限を他人に譲るだろうか」。そして第二に、死刑は何ら有益な目的を実現しないからである。社会のあらゆる構成員は価値ある存在であり、社会的な懲罰が犯された犯罪と釣り合うことをきちんと約束してもらう必要があり、また、拷問を受けないことも請け合ってもらうべきである。必要性を超えたいかなる懲罰も「もはや正義ではなく、虐待である」。ここでも、この問題には二重性がある。第一に、ベッカリーアは、絶望的な犯罪者は、犯罪によって利益を受けており、一瞬の苦しみに耐えればいいのであるから、その人物にとっては、死刑を無視することは容易である。それゆえ、収監の方がよほど抑止効果があると論じた。しかし、第二のそしてより人権の視点に近い議論は、「死刑は、人間に加えられる残忍な見せしめであるがゆえに、有益ではない」、どんな人間も、またいかなる組織も他の人間の生死に関する権力をもつべきではないというものだった。

拷問に反対する議論は歴史の本の中ではあまり書かれていないが、実際には、少なくとも死刑について
の議論と同じように興味深いものだった。人々は、有罪とされるまでは、社会の保護を受ける権利がある。
しかし、もし拷問が有罪判決前に自白を迫るために用いられるなら、それは端的に言って権利の侵害であ
る。さらにベッカリーアは、常識的な補足を付け加えた。拷問は、真実を得るための悪い方法である。な
ぜならば、強い人物は、もし有罪であってももちこたえてしまい、潔白でも弱い人は、苦しみを終わらせ
るために何でも話してしまうからである。拷問は、無益で残酷な行為であり、それは全部やめるべきである。

出版の自由や信教の自由の運動が進むとともに、啓蒙思想家たちの情熱とその明確な主張は、即座に結
果となって表れた。ベッカリーアの著作は、イタリアで多くの版を重ね、ほとんどすぐに各国語に翻訳さ
れて広く読まれた。イタリアのある統治者は、死刑は権利の侵害にあたるという理由からではなく、犯罪
を抑止するために有益ではないからという議論に説得されて、まもなく死刑を廃止した。より広く言えば、
死刑を当てはめる犯罪数の削減と拷問の規制は、一八世紀後半以降、多くの社会の目標となった。それは、
今日でもグローバルなレベルで、人権に対する努力の主要な要素であり続けている。

より包括的な人権綱領の中で、特定の諸権利を規定する意欲的な計画が始まったことは、重要な発展だ
った。それは新しい問題を提起しただけではなく、より多くの人々に、さまざまな権利侵害を是正させた
り、やめさせたりする必要があることを納得させ、彼らを行動に駆り立てた。それは近代人権運動の全般
的な開始の重要な一歩だった。生命及び財産の保護のための伝統的な社会的義務の訴えよりも、また、自
然状態における人間の自由に関する重要だが一般的な議論よりも、新しい独自の具体的目標の方が、はる
かに明確にエネルギーの方向性を与えたかもしれない。

もちろん、新しい計画は、それ自体の複雑な状況を引き起こした。それは新しい抵抗を顕在化させた。

一世紀以上にわたってカトリック教会は、宗教の自由の近代的理念をののしり続けた。また、拷問を止め
させ寛大な懲罰を求める新しい動向に対する反撃が、社会秩序の乱れを恐れる人々によって始まった。議
論の仕方は多様で、あらゆる場所で、この問題に関する論争は今日まで続いている。そして基本的権利が
与えられていた場所においてすら、解決困難なあらゆる種類の細かな問題が存在していた。言論の自由は
結構だが、それが他人の権利を侵害したときはどうなるのか。安全と秩序を保護するために社会はどのよ
うなときに介入する権限があるのか。言論の自由は子どもにも適用されるのか。子どもとの関係で相殺さ
れる大人の権利はどうなるのか。ベッカリーアが主張した肉体的懲罰よりはるかに効果的な対案としての
収監は、人間的尊厳あるいは犯罪防止の観点から、本当に、より好ましいのだろうか。

一八世紀における発展は、これからの議論の門戸を開いただけであり、明らかにそれらは、多くの地域
でさまざまな方法で、活発に議論され続けた。重要なことは、はじめは西洋社会で、思想の変化によって、
例えば出版の自由のような権利があるかどうかを人々が心配しなければならない状態から、その権利を当
然視し、ただ、その厳密な範囲はどこまでなのかを議論するところまで進んだことである。これが、実際
に起こった変化だった。

同様な発展は、最終的には、人々の世界観を大きく転換させた。多様な歴史家たちがその変化を明らか
にしようと努力してきたが、それは、より体系的な人権アプローチへの転換と密接に結びついていた。大
きな文化的変容を正確に指摘することは容易ではないし、それはまた、けっして西洋のすべての人に当て
はまるわけではなかった。しかしこの変化は、ますます多くの人々に影響を与えることになり、それだけ
で十分注目に値することだった。その表層の下には、哲学者の特定の議論や、より具体的な権利の概念の
再定義の試みがあったのである。

◆広範な文化の変化はどんな影響を与えたか

何人かの歴史家たちは、啓蒙主義とおそらくその前後の時代に、西洋人の文化に大きな転換が起こっていたことを指摘してきた。例えば、科学が新しい支配力を得て、それ以前の魔術への信仰を時代遅れのものにしてしまったことを、われわれは知っている。この変化と人権思想の台頭との関係はなお明確ではない（のちに間接的な結びつきについてのべるつもりである）が、これは魅力的な変化である。同様に一八世紀には、消費主義や物への執着心が一気に肥大化し、これらは、新しい水準のロマン主義の期待とも結びつけられるかもしれないもう一つの大きな文化的変化だった。ただそれは必ずいつも人権と直接関係していたわけではない。

他の文化的変化はより直接的に関連があり、それをより広い流れの一部として、手短に探求してみる価値がある。それは、一八世紀に人権への注目が高まっただけでなく、それが継続し、その新しい議論が政治的変化と改革のための新しい運動を一気に生み出したのはなぜか、その理由を理解するうえで手助けとなるだろう。啓蒙主義的哲学者などの知識人たちは、新しい人権論を明快に説明しただけでなく、本人たちが意識していたかどうかは別として彼らも、より広い文化的転換の一部だったのであり、この文化的転換は、これらの知識人たちの思想の広範な受容者たちをも、刺激し活気づけた。

一七世紀の後半と一八世紀の初頭は、多くの点で、ヨーロッパと北アメリカでの思潮の大変革期だった。もちろんすべての人が変わったわけではない。自分の見解を変えた多くの人々でさえ、なお古い思考様式の多くを維持し続けていた。しかし、重要な全体的変化があった。その一部は、子どもの名前のつけ方や、あるいはなくした物を見つけ

たいと思った際に人は何をするかなど人々の日常的行為にさえ現れた。学者や政治評論家たちが広めた考え方を、広範な大衆が受け入れるようになったことを含めて、新しい人権へのアプローチは、この変容の一部だったといっても言い過ぎではない。多くの人々が自分のことを個人だと考え、より広い人間性を含む諸問題に新しい接し方で共鳴するようになると、人権のアプローチの諸要素を受け入れる用意が十分できるようになった。これらの日常的大衆文化の新しい傾向は、人権の動向を説明している。その傾向もまた、どんな要素が次々と変化を引き起こしていたのかに関するより明快な見方を提供してくれる。純粋に知識人の知的活動の歴史の枠の外側で、人々の個人の権利やその保護についての考え方を変える準備をさせたのは何だったのか。

それぞれが複雑で、確認することは容易ではないのだが、次の三つの変化が注目に値する。第一に、一八世紀までに西洋世界のより多くの人々が、自分自身を、第一義的に家族や共同体の一員ではなく、むしろ個人だと考え始めたことである。明らかに個人主義は、この時点では生まれたばかりではなかった。多くの異なった社会で人々は、昔から、心理的もしくは社会的な根拠のどんな組み合わせからであろうと、自分を個人として目立たせようとした。はっきりした例でいえば、強力な国王たちは、その自己賛美のために自分のための記念碑を建てようとした。一八世紀に入る頃の西洋で、個人の独自性や業績を新しい価値だと歴史家たちがみなしてきたものをルネサンス期のイタリアやその他の知識人が大声で吹聴していた。イタリアの詩人ペトラルカは、自分がフランスのある山に登ったとき、自分自身の業績をためらうことなく大いに自慢し、彼やその他の人々は、常識的な価値観や過去のスタイルから自分自身を解放した自分たち個人の能力を讃えた。

しかし、個人主義はさらに発展し、一八世紀には、虚栄心の強い支配者やルネサンス期の知識人たちの

ずっと底深くにまで浸透した。急激に変化する経済の下で、より多くの個人起業家たちが、ギルドのよう
な集団組織からの解放を求めるようになった。これらの組織は、長いこと、個人の活動を集団的規範の下
に従わせてきた。他の領域では、例えば、親は、それまでは、自分の子どもに名前をつける際に、年を取
った親類の名前をとったり、聖書の登場人物から名前をとったりしていたが、この時代に入ると、より個
人的な親類を探し始めた。亡くなった子どもの名前を再利用する古いしきたりは、今や流行遅れとなった。
それぞれの子どもには独自性があり、家族が一つの名前を使いまわして、個々の子どもをひとまとめにす
べきではないことはもはや常識となった。

　新しい個人主義の兆候は容易に見出された。経済学者たちは、物質的進歩の主要な動因としての個人の
自己利益の優位性について書き始めた。ルソーのような他の著作家たちは、新しい形の教育によるそれぞ
れの子どもの教化が重要であると論じた。例えば、新しい消費主義は、より豊かな表現スタイルを求める
点で、強い個人主義的傾向をもっていた。そして明らかに、社会や国家の抑圧から個人の思想や表現の自
由を保護しようとする人権への新しい関心には、強い個人主義的要素が表れた。

　西洋人の文化に浸透した第二の変化は、苦痛に関する新しい考え方である。ここには明らかに鶏か卵か
の問題がある。拷問と肉体的懲罰に関する新しい考え方は、苦痛に関するより広い再評価を引き起こした
のだろうか、あるいは、この再評価は、ベッカリーアとその他の改革者たちの議論よりも先に始まってい
たのだろうか。一例を挙げれば、哲学者たちの業績とはずっと離れた場所で、庶民が出産の際の女性の苦
痛を再評価し始め、共感を広げていた。一般人向け小説が普及し、読者が他人の痛み（精神的であれ肉体的
であれ）と苦しみについて考える新しい機会が生まれた。それは、新しい関心を人権のレベルにまで導く
可能性があった。特定の社会では、伝統的なキリスト教的信念が後退し、苦痛は神によって人間の罪深さ

に応じて人々に割り当てられ、（救いがたい不信心者にとって）来世は地獄での終わることのない苦痛に耐えねばならないという観念が考え直されるようになっていた。このような傾向は一九世紀に入ってさらに進行し、より広範な苦痛に関する議論が進み、一八四六年には麻酔が導入され、具体的な手段による新しい対応の可能性が開かれた。しかし、その過程はもう少し早くから始まっていたのかもしれない。

とはいえ、人権への関心に新しい道を切り開くことに最も貢献したのは、一般人の文化における第三の革新だった。ある歴史家は、それを人間の共通性への感性の革命と呼んだ。人々は、宗教や民族その他の結びつきのゆえの共感ではなく、単に同じ人間であるがゆえの共感によって他の人間の特定の苦労を知り、真に心情的な苦痛を感じることができるようになった。一八世紀には、遠方ではあっても壊滅的な地震のニュースが、ひどい悲しみを引き起こしうるようになった。一八世紀独自の問題としては、奴隷制の問題が第一の関心事となったが、このような特定の問題によって、地理的、人種的境界を簡単に越える道徳的責任感の存在がはっきり自覚されるようになった。これは認識論だけでなく情念の変化でもあり、苦しんでいる他人、あるいは不正義への人間としての感情移入の新しい水準の高まりをわかりやすく示している。単に近隣のことについてだけではなく、共通の人間性について考え、全世界における特定の社会的誤りを深く感じ取る能力は、人権についての新しい考え方が生み出されるにあたって決定的に重要なことだった。一八世紀中にどれ

これらの西洋文化の新しい特徴は、もちろん、均等に共有されていたわけではない。一八世紀中にどれだけそれが広がっていたかを正確に知ることは不可能である。奴隷制を批判する際に適用された共通の人間性への感性が、非常に広範な注目を集めることができた証拠については、のちに触れるつもりである。しかし、すべての人がそれに含まれたわけではないし、それに影響を受けた人々も、継続的に関心をもっていたというよりは、時々意志を表明しただけだった。また、この新しい思潮は、非常に選択的だった。多

くの人々は、奴隷制の悪に憤慨し、奴隷制のもとにとらえられている個人の権利を主張したが、工場労働者や自分の家の召使の苦しみは無視した。しかし、一八世紀における人権の流れを勢いづかせたより広範な文化的変化は、全面的な革新をしっかり定着させるうえで重要な役割を果たした。

◆ 因果関係

新しい人権の主張は、繰り返し起こった広範な文化的再編の過程で現れた現象であるが、それは、重要な政治的転換だったと同様に文化的変容でもあったととらえる必要がある。たしかに、それは、初期の法典や宗教的アプローチ、自然法の伝統との明確な結びつきがあった。この時点に西ヨーロッパでなぜこの変化が起こったのかについて説明を試みた歴史家たちは、そこに含まれる諸要素を突き止めることがいかに難しいかについて書いている。たしかに、そのいかなる説明に対しても注意深い検討と議論が必要である。

ヨーロッパ及びヨーロッパの影響下の世界で起こった大きな全般的変化には、いくつかの明白な諸要素が含まれていた。そして、それらが、お互いに結びついて、一般人の文化的適応とその結果生み出された人権への新しいアプローチがもたらされた。伝統的文化は、プロテスタンティズムの台頭と宗教戦争、そして新しい科学思想の出現によって根底から変容させられた。資本主義と世界交易におけるヨーロッパの新しい地位のおかげで、もう一つの一連の流れが始まった。最後に、そしてこれはあまりにもしばしば無視されてきたのだが、いくらかの新しい問題も変化を駆り立て、人権の推進は、数世紀前に思われたより、ずっと高い必要性のある課題となった。

◆文化転移

　一六世紀にプロテスタント宗教改革が始まり、その後数十年間、ヨーロッパ各地は、厳しい闘争で沸き返った。ときには、それは宗教的所属をめぐるむき出しの武力衝突を含んでいた。改革運動は広い範囲に影響を及ぼし、カトリック教会は、内部変革と激しい抵抗を結びつけ活発に対応した。ドイツとベネルクス三国は、最終的にプロテスタントとカトリックの地域に分裂した。しかし、マイノリティはそれぞれ国境を越えてあふれだした。フランスでは、プロテスタントの強固なマイノリティがわずかに残ったが、一六世紀後半に激しい宗教紛争を経験した。一七世紀初頭のドイツでの主な戦争には、いくつかの要素があったが、それらは宗教紛争でもあった。イギリスでは、一六世紀から一七世紀後半まで、複雑な宗教紛争が繰り返された。ここでは、結局、カトリックの反撃をはねのけ、プロテスタントが優勢になった。プロテスタント内部の分裂で、網は絡み合い一層複雑になり、イギリスやドイツ、スイスなどでは、新たな紛争が発生した。

　プロテスタント主義は、それ自体、個人主義の新しい感性を生み出すのに貢献したかもしれない。当初から、この宗派は、個人と神との関係に焦点を当てていた。プロテスタントの指導者は、教会や牧師から、一般人と神とを仲介する役割を剥奪しようと試みた。彼らは個人の信仰の重要性を強調し、また文字を学び、自分で聖書を読むことを奨励した。主流派プロテスタントは、個々の信者の理解が、宗教共同体の無限の分裂を導かないように指導したが、実際には、個人による聖書のそれぞれ独自の説明の機会が増えた。はじめは、それが人権にそのまま適用されることはなかったが、この変化は、一八世紀には全面開花し、個人を明確化し、それが人権にそのまま適用されることへの関心が高まった。

西方キリスト教社会の分裂は改修される見込みがないことがはっきりした。その結果、宗教的寛容を一段と高い水準にまで高める必要性が生じ、そしておそらくはそれが究極的により好ましいことを認めざるを得ないことになった。ドイツの指導者たちは、一六世紀中葉に、プロテスタントもカトリックも完全に勝利することはありえないことを前提として、何らかの妥協が避けられないと自覚した。当初、彼らはそれぞれの地域に一つの宗教を割り当てることができれば、国内が複雑な宗教分布地図になっても、その内部的寛容は必要がないと考えていたが、究極的には、これはさらに一層の紛争を引き起こすことになった。その結果、多くの人々が、西方キリスト教の伝統から外れて、自分自身の強い信心は、個別の宗教的真理への信心であって、誰もが合意する必要があるわけではないことを理解するようになった。それはごく当然のことだった。多元主義の何らかの受け入れは不可欠だった。繰り返し言うが、このプロセスはゆっくりといやいやながら進んだのだ。一六八八〜八九年のイギリスの名誉革命は、カトリックに対してではなく、多くのプロテスタント集団に対して寛容を認めた。フランスは、一六世紀末に受け入れていた寛容法に、実際には背を向けた。しかし、長い時間をかけて、ますます多くの人々が、過去はもはや回復されることはなく、どちらにせよ、多くのヨーロッパ地域が多元主義を受け入れざるを得ないことを理解するようになった。それは、即座に宗教的自由に関する人権の唱導とはならなかったが、明らかな筋道を引いた。ヨーロッパのキリスト教には、柔軟性を欠くあまりにも強固な伝統が根を張っていたために、このプロセスは緩慢だった。

ここでは、現実の宗教改革によって、他の地域、例えば、仏教やイスラム地域で多様な宗教派閥が生まれた際に必要とされたよりも、さらに大きな変化が求められることとなった。

宗教紛争やその他の要素も加わってヨーロッパ人の中には、徐々に、強烈な宗教を忌避する人々も増えた。一七世紀の後半から一八世紀頃には、西ヨーロッパのいくらかの地域は、ますます世俗的になった。

そして、世俗主義は人権擁護派にとってけっして本質的なものではなかったが、それは、現世の問題に目を向かせ、古いスタイルの宗教的主張に対する不寛容な感性を広めた。ここに宗教的自由と地上における自由を広く支持する原動力があった。

一七世紀後半までには、ヨーロッパの文化全体の中にかつてない科学のうねりが起こった。科学革命と人権の普及の結びつきについて結論を出すことには慎重を要するが、少なからずのその結びつきに関しては、熟慮に値する。第一に、もちろん、科学への確信は、特定の人々にとっては、より一層の世俗化を推し進める可能性があった。第二に、アイザック・ニュートンのような人々の心の中から生まれた特定の科学分野への確信は、疑いもなく、次のような感覚を広めた。すなわち、それは、自然の本質は人間の理性の領域にあるという認識である。それは、人間の理性が近づきうる秩序だった原理にもとづいて展開されている。ヨーロッパの思想家たちがすでに、何らかの普遍的権利が理性的な自然法から生じたと考えてきたのと同じ程度に、科学の推進力は高まった。しかし、まだ完全にではないが、長い目で見れば一八世紀には、科学には探求の自由及び表現の自由が重要であるとの考え方が広まった。最大限可能な知識を確実に獲得するためには、さまざまな考え方の競争が必須だからである。そして科学は、人間の理性そのものへの確信を助長した。もし、人間がそのような最大限の知識の獲得が可能ならば、たしかに人々は全体として、理性的な能力をもつに違いない。その理性的な能力の獲得のために、次に自由な行動や自由な教育の機会が与えられねばならない。ここでもまた、二つの結びつきを強めるためには時間がかかった。しかし、両者には直接的な関係があった。科学の人権思想への最も直接的な貢献は、新しい研究によって、地球が宇宙の中心にあるという広く受け入れられてきた伝統的な考え方が、間違っていたことが明らかになったことである。もし、伝統的な科学的確信が間違っていることがたびたびあるとするならば、同じこと

がその他の伝統的思想、例えば神から与えられた国王の権利、あるいは死刑の必要性などについても十分その可能性があるかもしれない。ベッカリーアのような人権思想家たちは、この結びつきを極めて直接的に説明した。ベッカリーアは、すべての社会はどこでも死刑に頼ってきたとのこれまでの有力な議論に特別に注目した。彼は、この伝統的な制裁は全く不適切となり、慣習的思考は、「真理の前に解体」されねばならないと主張した。

最後に指摘せねばならないことは、プロテスタント主義及び科学の双方と結びついて、ヨーロッパ人の識字能力が大いに高まったことである。それは、アジアの技術の導入によるヨーロッパでの印刷技術の進歩のおかげだった。識字能力は、人権に関する関心を必ずしも保障はしなかったが、新しい情熱やそれに新しい信念を庶民が受け入れることができるという意識を高めた。一八世紀の小説への新しい情報媒体や新しい種類の感受性の促進でさえ、庶民の識字率の高まりと革新への寛大さがなければ実現されなかった。

◆世界貿易と資本主義

　一六世紀以降ヨーロッパが文字通りグローバルな接触を深めるに伴って、ヨーロッパ人が視野を広め、共通の人類の存在を認識するようになったことについて論ずるのは、魅惑的なことである。ヨーロッパの商人や旅行者が、アメリカ大陸やアフリカ、アジアとの結びつきを拡大し始めたことは確かな事実だった。例えば、アステカの首都の規模の大きさ、イスタンブールやインド、中国のその他の都市が豊かで洗練されていたことは、多くのヨーロッパ人を驚かせた。多くの人々は、彼らが出合った社会の壮麗さに打たれた。ヨーロッパ人の中には、ヨーロッパ人以外の人々が成し遂げたことに高い評価を与えた者もいた。そ

してこういう経験を通じて、人類の共通性に対する感覚が強められた。しかし、啓蒙主義的知識人の中には、特定の人々の強さと純粋性という信念の捏造を手助けした人々がいたこともまた事実である。例えば啓蒙主義者たちによってアメリカ先住民に当てはめられた「高貴なる野蛮人」の観念が、ヨーロッパ的腐敗に汚染されていない個人のもって生まれた高潔さを脚色する手段として使われた。とはいえ人権の改革の中核にあった共通の人間性の理念が、グローバルな結びつきが加速していた時代と場所で形成されたことに注目することにはたしかに意味がある。

しかし、これに反して、ほとんどのヨーロッパ人は、他の世界についてあまり知らなかった上に、もっと重要なことは、多くのヨーロッパ人が、他の人々に出会った際に、その人たちは、ただ異なっているだけでなく劣っていると信じる根拠を巧みに考え出したことである。世界の多くの地域が、技術的に後進的だとして無視された。概して先住民を粗暴な存在だとみなし、その見方は、ヨーロッパ人による彼らの財産の没収や暴力を正当化する根拠となった。アフリカ人の劣等性を理由に、奴隷貿易をヨーロッパ人による正当化した。一八世紀の間に、ヨーロッパ人は、オスマン帝国の専制と腐敗を非難し、この国に対する見方を定着させた。最終的には、ヨーロッパ人は、人権についての議論が、優越感をさらに強めるために利用できること、そして他の地域が、文明の基準を満たしていないとして攻撃するのに利用できることを学んだ。しかし、その見方はまだ将来の話だった。一八世紀中に、広い世界に対するヨーロッパ人の見方は、他の社会に対する偏見のうねりによってひどく捻じ曲げられてしまった。

ヨーロッパのグローバルな貿易は、資本主義的経済構造の急速な成長とヨーロッパ内部の諸関係の中核に存在していた。これは、世界の結びつきそれ自体よりもいくつかの点で人権思想の台頭と関わりがあっただろう。第一に、それはもちろん、古くからあるギルドのような組織に根づいた集団的志向性をもつ経

済的伝統と対立する個人主義的感覚を強めた。資本家への不必要な国家の干渉は、これに対抗する他の種類の自由をも保護すべきだというより広い議論と結びつく可能性があったし、実際に結びついた。

第二に、多くの歴史家が指摘してきたように、資本主義は、直ちに国内の経済的混乱を引き起こし、人々は、気分転換や逃避のために容易に人権問題を求めたのかもしれない。一七世紀と一八世紀のヨーロッパの資本主義経済は、有産階級と貧しい労働者との間に新しい社会的経済的格差を生み出した。一八世紀までには、初期工業化は、まずイギリスで、貧しい労働者階級にさまざまな圧迫を加え、彼らをひどい都市スラムと工場に追い込んだ。このような状況の下で、おそらく貧困者自身を含む多くの人々が、地域の問題から逃れる手段として人権の大義を歓迎するようになった。国内の状態を心配するよりは、よその奴隷制を攻撃する方が心理的に容易であり、政治的に安全だった。この現実逃避主義は、おそらくは、どちらかといえば、自然発生的に現れたのだろうが、資本家はそれを歓迎し念入りに助長した。人権の大義は、国内問題の単なる一つの新しい結果ではなく、その台頭の背後にある関連にこそ注目すべきである。

第三に、これこそ最も重要な点であるが、資本主義が、特定の権利、それだけでなくより広い人間的感受性への新しい関心を促進したことである。契約関係の方が、人間組織の古くからのつながりより好ましく、また、直接的に暴力によって確立された関係よりもよいという感覚が促進された。ビジネスマンが、購入者あるいは供給者との合法的契約を尊重することを学び、労働者が、賃金労働に対する契約条件を受け入れるようになるに伴って、資本主義は、彼らの相互関係全般についての彼らの考え方を変えたようである。特定の権利の条項を備えた契約という形での契約は、今や国家を組織するための最善の方法である、ようにみえ、奴隷制は、契約体系にとって好ましいかどうかという観点から再考されるようになった。ヨーロッパの急激に変化する経済は、全体として、宗教と科学から生まれてきた文化の変容に伴うさま

ざまな思想の転換と結びついていた。経済の変化が、新しい考え方への道を人々に指し示した。

人権という考え方が、最初に形をとるようになったその脈絡を説明するには、文化や経済の革新で十分かもしれないが、少なくとも当時のヨーロッパ人が経験したある種の新しい問題に注目することも重要だろう。

◆ 新しい諸問題

例えば、何であれ、それなりの出版物が現れたのは、一八世紀に入ってからだった。この頃に、著書の販売が伸び、小さな週刊新聞が創刊された。もちろん、これらの発展は、印刷や識字能力に依拠していたのだが、しかし、出版事業そのものも力をつけ始めた。政府や教会は、この新しい厄介者をどう扱うべきかに不安を感じた。これらの出版物はたしかに攻撃の的となりえた。多くの人々が、特定の書物を咎めようとするに伴って（そして、カトリック教会は宗教改革に対抗して、自分たちが受け入れがたい出版物を特定し抑圧する精巧な方法を考え出していた）彼らは、意図せずに、それ以前には確認することが難しかった出版の自由という新しい問題を生み出したのである。

一七世紀の初頭には、ヨーロッパ人の多くが、権利としてというよりは、少なくとも実際上の問題として、宗教的寛容のための何らかの施策が絶対に必要だと信じるようになっていた。それでも、不寛容の兆候はなお続き、解決せねばならない他の問題もますます大きくなっているという感覚が強まった。このような中で、フランスの国王が一六八五年に寛容法に背を向け、フランスのプロテスタントを追放した。二ューイングランドのピューリタンは、プロテスタントの他のライバル宗派を排除しようとした。改革派たちが、これらは退歩であり、新しいより徹底した救済策が必要であるとみなしたのは想像に難くない。

もう一つの争点である大西洋奴隷制は、多くの点でかつてない問題だった。捕らえられたアフリカ人を、忌まわしい条件の下で大洋を渡らせる貿易自体が十分恥ずべきことだった。その極端な商業上の搾取と家族の解体、そしてアメリカ大陸とカリブ海域の多くの奴隷制プランテーションにおける苛酷な肉体的苦痛の度合いは、より伝統的な奴隷制なら回避できるような憂慮を生み出した。多くのヨーロッパ人は、奴隷制を遠隔地のものであり、あるいは経済的には不可欠な存在であるとして受け入れたが、このことが広く知られるようになると、最終的には、奴隷制は、基本的人権の名の下に奴隷制そのものに対する反対という新たな反応を生み出すことになった。

しかし、多分、最も重要な新しい問題は、特にフランスでの絶対君主制の台頭によって発生した。世界的基準からすれば、絶対君主制は、かつてない権力を行使したわけでも、かつてなく残酷にふるまったわけでもなかった。しかし、ヨーロッパでは、中央集権化された政府の経験が少なく、専断的なふるまいの可能性は、とりわけ受け入れられがたかった。特に、国王たちは、宗教的統一を強行し、出版を規制しようとした。一八世紀までには、ヨーロッパのいくつかの君主政治には、心配せねばならない理由が充満していた。彼らは重い税金をしかも不公正に課し、繰り返し戦争をした。究極的には革命に至る反抗に拍車をかけたのは、人権への関心のみではなかったが、専断的なやり方は、列挙された不満の明確な一部であり、それは、基本的人権論そのものの構築に拍車をかけた。

一七八九年七月一四日、パリの民衆が国王のバスティーユ監獄を襲ったとき、彼らは、残酷な専制君主が、政治的反体制派の人々を収監している場所を攻撃していると思った。実際には、そこには、たった七人しか囚人がおらず、そこにいたのはほとんどが、ひどい借金のゆえにそこに入れられていたことがわかった。しかしその事実は、けっしてこの瞬間の象徴性を損なうものではなかった。絶対君主たちは、彼ら

の権力を維持するために礼節を重んじる人々を虐待してきたのである。拷問の場面は、疑いもなく、実際以上に誇大に描かれた。しかし、一コマの情景だけで十分だった。もはや新しい権利を定める新体制の確立しかなかった。

人権思想の最初の高揚は、複雑だが強力な、新しい文化的構成要素、新しいグローバルな経済的枠組み、そして、新しいタイプの諸問題の混合物を反映していた。革新的思想が可能になり必要とされた。しかし、諸要因の結合を検討してみると、思想だけが、唯一の反応ではなかったことが確認できる。哲学者や政治評論家は、特に一七五〇年代以後、議論を積み上げてきたが、変化はそこでとどまっていたわけではなかった。新しい考え方は、新しい行動の引き金となり、両者が互いに結びつき、一八世紀は、本当に人権の苗床となった。

◆ 権利と革命

一八世紀は、二つの革命的動乱の時代だった。一六八八〜八九年のイギリスでの名誉革命は、流血の革命ではなかった。暴力はそれより前の内戦で発生していた。しかし、この革命によって新しい君主が生まれただけでなく、新しい種類の君主制が生み出された。この君主制は、議会により大きな権限を与え、権利章典によって導かれることとなった。一八世紀後半の革命の暴発はもっと深刻な問題を含み、同時にはるかに広い地理的な広がりを見せた。イギリス人を追放した一七七〇年代のアメリカ人の蜂起に引き続いて、一七八九年にはフランス大革命が起こった。その影響は、西部及び中部ヨーロッパ全域に及び、大西洋を越え、カリブ海域、ラテンアメリカに広がった。人民は、多様な社会で、さまざまなときに経済的な窮乏、不正義、腐敗、不公

正な財産配分に抗議して統治している政府を攻撃してきた。一八世紀から一九世紀初頭にかけての「革命
の時代」の新しい特徴は、革命の要求リストの中に人権への要求が書かれたことだった。
政府の不正や不公正な課税についての不満、特にフランスの場合、貴族と教会による不公平な土地所有に
対する反感は、たしかに非常に重要である。それは、例えば、儒教の中国で腐敗した地主や衰退しつつあっ
た宮廷に対して断続的に抵抗が起こっていたように、世界の他の地域における抵抗運動とこの革命運動の
共通性を示している。しかし、この革命では、宗教の自由や表現の自由への憂慮といった人権問題が、は
っきりと表面化しており、革命初期の宣言の中にもこの事実は反映されていた。国家や教会からの個人の
保護への新しい関心を駆り立てた理念やより大きな要因をめぐる闘争は、現実政治で結果を残した。主要
な革命は誇り高く、自分たちの国民のためだけでなく、人類の名において、基本的な人権の擁護を宣言した。
名誉革命は、一八世紀の革命を評価する際の基準を設定した。イギリスにおける高揚は、他の国々の政
治構造の意味ある改編の手本となりえた点で重要だった。ジョン・ロックの業績は、イギリス革命とも密
接に関係していた。たしかに名誉革命は、その方向に向かったのだが、人権の名において何かを語ること
はなかった。一六八九年に発せられた権利章典は、本質的に革新的であり、政府にとっての契約的義務の
一覧表のような条項によって構成されていた。しかし、それは、議会の権限を確認し、過去の司法の腐敗
を攻撃し、今後ありうるカトリックの支配権奪還からプロテスタントを保護することに焦点を当てていた。
たしかに、この文書は、その前のスチュアート朝による「違法で残酷な刑罰」に言及し、告発されずに臣
民が国王に請願する「権利」を擁護した。そして、権利章典は、議会内部での「発言と討論の自由」を認
めた。この文書の最後の段落では、新たに就任する国王がこの条項に同意し、王権が「これらの権利を侵
害」しないことを約束し、より明瞭に人権の方向に進んだ。しかし、もちろん、この文書はイギリス人の

ためだけのものだった（そして、明らかに非プロテスタントのイギリス人にさえも適用されるものではなかった）。全体として、権利章典は、権利についての古い考え方を実行する新しい方法を示しただけであり、すべての人々を保護するための権利の一覧ではなかった。保護それ自身は、「この王国内の臣民の、古来疑う余地のない真の権利と自由」という古くからのイギリスの原理を擁護する論理の枠組みの中で構成しており、宗教や、社会、民族の枠を超えて適用されうる「保護」ではなかった。

それとは対照的に、一八世紀後半の大革命の宣言は、別の言葉、すなわち人権という言葉を用いていた。一七七六年のアメリカ独立宣言は、「われわれは自明の真理として、すべての人は平等に創られ、造物主によって、一定の奪いがたい天賦の権利を付与され、その中に生命、自由及び幸福の追求の含まれることを信ずる」と力強く宣言した。政府は、これらの権利を保護せねばならず、もしその政府がそれをしなかった場合には、それらを改廃することができるし、されねばならないと宣言したのである。ここに人権の核心がある。それはすべての人に適用される明瞭な諸権利のひと塊であり、すべての個人が期待することができる保護を規定し、法的平等の下で運用され、当然の結果として人類全体に関係する原理となった。

一三年後に勃発したフランス革命は、アメリカ革命よりさらに先に進んだ。革命の指導者たちは、伝統的な君主の権利侵害に対する不満を列挙しただけでなく、直ちに新たな制度を立ち上げた。この文書は、革命勃発の数カ月以内に「人および市民の権利」を宣言し、人間の譲渡不能かつ神聖な自然権に訴え、新しい政府のすべての部門をこの原則に結びつけると主張し、人間の譲渡不能かつ神聖な自然権に訴え、革命の侵害が政府の失敗の基本的原因であるとした。具体的な要求一覧は印象的である。権利の基本的平等性、結果が他人の権利を侵害しない限りのあらゆる行動の自由、逮捕と懲罰の慎重な執行、「絶対的に明らかに必要」である範囲を超える罰則の禁止、人間の最も貴重な権利の一つとしての言論と執筆による宗教的意見を含む言論を理由とした告訴の禁止、

自由な報道、そして財産権。この文書は、最後に「権利の保障が確保されていないいかなる社会も全く政体をなさない」と再言明して終わっている。一七九一年、宗教的自由の論理によって、ユダヤ人の平等な法的権利が明確に承認された。

アメリカは、新しく全国政府を確立し、一七九一年にアメリカ独自の権利章典を採択し、革命の基本的な文書を完成させた。両国の宣言は、人権に関する新しい考え方を明示し、鼓舞した。アメリカの指導者たちは、ひとたび革命が勝利すると、適切な政府形態に関する論争で多少ためらった。しかし、ヴァージニア州は、一七七六年の自分たち自身の州憲法の中に、強力な権利章典を導入していた。一七八七年に全国の指導者たちが、より有効な連邦制度を確立するために集った際に、ヴァージニアの指導者を含む何人もの強力な人物は、人間の自由をはっきりと定義し、その擁護を含まないいかなる文書も受け入れなかった。その結果、憲法文書全体を承認させるために、一〇条の憲法修正が、即座に批准され、それが、アメリカ人の人権への基本的約束となった。

中核的自由には、フランスで立法化されたのと同様、信教、言論、出版、平和的集会の自由が含まれた。逮捕や懲罰は、それ以前に確立された規則にもとづくものでない限りあってはならないこと、「残酷で異常な」懲罰を科してはならないことが明記された。

一連の新しい考え方が、現実の政治制度の中にこれほど一気に取り込まれたことは珍しい。その一つは新しい国の立ち上げの際に、もう一つは、当時世界の中の最も強力な国の一つで起こった。その中核となる文書は、他の国々にとっての将来の力強い鮮明な模範だったし、フランス革命のヨーロッパ征服によって、新しい権利のいくつかが西ヨーロッパの近隣諸国に直接拡張した。これらは、人類の普遍性という言葉の中に集約され、表現、信教、私有財産の自由、苛酷な懲罰の回避への社会の義務などという点で著し

く一致していた。

これは当時の権利の一覧表すべてではない。革命時代は、その他の諸制限を助長した。この点について
は、のちに立ち戻るつもりである。しかし、その時代以後の人権の努力は、これらの一八世紀の基礎をし
っかりと組み込み、人権は、原理から実践へと明らかに、転換していた。

◆ 反奴隷制運動

新しい人権思想の第二の世界的な広がりは、世界最古の社会制度の一つである奴隷制に反対するかつて
ない運動となって現れた。この運動は、西洋諸国で始まった。それは、すべての人間は、最低限の特定の
権利と、財産とみなされたり扱われたりしない最も根本的な権利があるとの信念が成長したことを示して
いた。

われわれがすでにみてきたように、奴隷制に対する何らかの憂慮は、新しいものではなかった。基本法
典は、大半が、奴隷自身ではなく、奴隷主の権利を保護するものではあったが、奴隷に関する条項をしば
しば備えていた。より重要だったのは、いくつかの主要宗教が提示していた奴隷制に対する不快感だった。
その不快感によって普通は、奴隷制度が廃止されることはなかったが、そのあり方に何らかの変化をもた
らし、その結果、奴隷の個人的解放が急増したこともあった。カトリックのイエズス会は、一六世紀にア
メリカ先住民の奴隷化に反対し、ある程度の成功を収めた。しかし、特定のキリスト教会がアフリカ人の
大量輸入に反対したことはなかった。奴隷制に反対する体系的な運動は、一八世紀後半の革新的な思想と
新しい共通の人間性への感性の広がりとともに始まった。権利章典までの道のりと同様、これは世界史に
おける新しく、かつ重要な運動だった。

反奴隷制運動は、二つの起源から生み出された。一つは、もちろん啓蒙主義であり、新しい信念に照らした伝統的諸制度への再評価だった。その新しい信念というのは、人間の基本的平等と自由及び自然権の重要性への確信だった。そして、第二は、奴隷制問題にキリスト教の思想を独自に当てはめた新しいプロテスタント・マイノリティの台頭から生まれたものだった。イギリスや北アメリカのクエーカー教徒やメソディストは、彼らの道徳規範の普遍性を強調し、反奴隷制運動に強力な指導性を発揮し、熱心な情熱を注いだ。特にバプティストのような他のいくつかの集団もこれに加わった。聖俗双方のイデオロギー的運動は、ともに奴隷制は道徳的に悪であるという主張を広め始めた。

理念は重要だったが、もっと印象的だったのは、新しい行動形態だった。一七八七年に設立されたイギリス奴隷貿易廃止実現協会のような組織が、次々と生まれ世論を喚起する新しい試みを始め、政府に奴隷貿易と奴隷制度そのものをやめるよう圧力をかけた。その集団は、奴隷制は「正義と人間性と矛盾する」という強い信念のもとに多数の地方協会をいくつかの中央委員会機構にまとめ上げた。地方支部は、講演会を開催し、請願運動を展開し、例えば、青年部など部門別の専門集団を組織し、人権のための効果的な最初の草の根集団となった。当時は異論もあったが、女性を積極的に運動に巻き込むために力強いイニシアティブが発揮された。

運動はまもなく国境の壁を越え、それぞれの国の協会が、結びつきを強め、彼らの交流を深めるために頻繁に行き来するようになった。イギリスは、力強い発祥の地だったが、まもなく、これらの運動は、次々と北アメリカ、アイルランド、西ヨーロッパに広がっていった。例えば、デンマークは、早くから対応し、一七九二年には、奴隷貿易への参加を抑制した。フランスとイギリスの同志たちは、積極的に文通しあった。アメリカで初期に作られた支部は、特にイギリス人の支持を求めた。というのは、「イギリス

での文芸は、アメリカの世論に大変大きな影響力をもっていたから」だった。言い換えれば、反奴隷制は、人権の普遍性についての新しい確信を伝えていただけでなく、共通の信念にもとづいて広い地理的な結びつきを確立した。一九世紀初頭には、主に、ヨーロッパ、カナダ、アメリカの出身者によって構成される国際的な会議が多くの言語で、「すべての国と地域の奴隷の友人たち」への訴えを行った。アメリカの詩人ホイッティアーは国境を越えた風潮を次のような言葉で表している。「そうだ！　結集せよ！　前に出よ！　地球の博愛を誓おう！　あらゆる大陸の丘に聞こえる声で！　自由の目覚めのラッパを、鳴り響かせよう！」

反奴隷制運動は、そのエネルギッシュで効率的な組織の力で、パンフレットの発行活動を疲れを知らずに展開した。それは民衆の文化の変化を促進し、人権問題に対する新しい意識をも醸成した。二つの課題が際立っていた。第一は、奴隷制の不正義に焦点を当てた基本的な道徳的原理だった。第二は、個人の悲劇的な話にスポットを当てて劇的に描き出し、奴隷制とその悪に「人間の顔」を与える努力だった。この作戦は、多くの人権運動の今日までの特徴となった。このようにしてパンフレットや雑誌は、家族が分断される奴隷競売や、服従しない奴隷に対する野蛮な鞭打ちを含む、苛酷な扱いを強調した。家族生活の困難は、特に女性廃止主義者に訴えるように書かれたが、奴隷の肉体に対する焼きごてはもう一つの標的だった。最終的にはハリエット・ビーチャー・ストウの『アンクル・トムの小屋』に至る奴隷制についての小説は、広範な読者を獲得し、劇場での演目としても採用された。熱心な改革者たちは、個人的な話を、容易により広い人権問題と結びつけた。

彼らが神の創造物であることを思い出そう。彼らもまた、われわれ自身と同じ力によって作られ、同じ

優しさによって支えられているのだ。彼らは、われわれ自身が苦しみに耐え、楽しむ能力をもっている。このようなことを考え、あなたの情熱を燃え上がらせ、憐憫の気持ちをかき立てよう。あなたの行いは、今後、これらの不幸な人々の悲惨さとあなたの責任との天秤にかけられるかもしれない。

責任という論点は重要である。人権思想は、それが行動に移される際になると、ただ単に自然法や、人間の理性、そして共感についての確信に依拠するだけではなく、どこであれ個人は、世界中の人々の最低限の状態に対する道徳的責任があるという感性に依拠していた。

組織的な運動や文書による啓発運動とともに、繰り返し大量の請願運動が展開された。これもまた、世界史がそれまでに経験したことがないことだった。その目標は、自分たちの政府が奴隷制に反対するよう説得することだったが、それだけでなく、外国に対しても道徳的な圧力を加えることだった。何万もの請願署名が、幾度となく繰り返された。一七八八年マンチェスターの一万人が――当時のこの町の全人口の五分の一にもなる――イギリス政府に植民地での奴隷制を廃止するよう求めて署名した。オランダやスカンディナヴィアでの運動は、広範な人々の支持を集めた。いくつかの政府、特にイギリスの政府は衝撃を受けた。ある新聞は「民の声は神の声、奴隷制はもう終わりにすべきだ」と書いた。同様に奴隷所有者が標的にされた。奴隷によって生産された（砂糖のような）もののボイコットについての議論が行われ、の

ちの人権戦略のもう一つの目標となった。

新たに生み出されたのは、新しい人権思想の適用と奴隷制問題への情熱だけでなく、その問題への新たな世論の声であり、それを推進するための世界的な広がりをもつ一連の戦術だった。権利章典を含む憲法のひな形とともに、その結果は、グローバルな政治に末永く貢献した。

◆ 一八〇〇年までの人権

人権運動は一八世紀に始まったが、この時代に全面開花したとは到底いえなかった。今日では人権綱領の標準的な部分であるようにみえる問題が、当時はまだ存在しなかったり、せいぜい、ちらっと見え隠れしたりする程度だった。いくつかの限界はとりわけ重要だった。しかし、中心点を見失わないために、二つの鍵となる結論を提示しておこう。

① 一八世紀に起こったことは、新しくかつ重要なことだった。これは、単なる革新の兆候にすぎないものではなかった。政治哲学が変化し、政治革命と反奴隷制運動の具体的成果は、甚大なものだった。まだ「人権」とは呼ばず、「人の権利」と言い表していたが、一八〇〇年までに、多様な擁護論者たちは、宗教、表現、残酷な刑罰、奴隷身分に関し、共通の原理を抱くようになっていた。

② この実質的な始まりは、すぐ一層の歩みにつながった。これからの章でそのつながりを追求するが、一八世紀に起こっていたことと、今日の過去五〇年間の人権運動の爆発的成長との間に深い関係があったことは疑いない。もし少しでも疑問があるなら、フランス革命の文書と国連人権憲章を比べてみるといい。人権の誕生とその誕生の背景となる諸要因は、二五〇年前に現れた理念と活動から生まれたものである。

のちにみるように、その原理はハイチ革命に直接エネルギーを提供し、のちにフランス革命が奴隷制を廃止するきっかけとなったが、反奴隷制運動は、一八〇〇年までの政治的権利運動よりもわずかな成果しかもたらさなかった。しかし、その勢いは食い止めることはできなかった。奴隷制そのものは、最終的に一九世紀中に廃止された。

一八〇七年に大西洋奴隷貿易を廃止した——奴隷貿易と——イギリスは、

その後、これらの人権綱領には、鍵となる政綱が付け加えられ、より込み入ったグローバルな反応を引き起こしたことは重要であることは言うまでもない。しかし、まず出発点が決定的に重要なのである。

このことは、一八〇〇年にはすでに現れていたいくらかの限界とその直後の反動にも注目せねばならないことを示している。人権の道は、なだらかなものではなかった。どんな革新の際にも生ずる生みの苦しみの先に新しい思想の台頭に伴っていくつもの問題が起こった。人権論者たち自身にもいくつかの興味深い盲点があった。取り組まれた新たな活動は、新しい種類の抵抗を呼び起こした。部分的には、人権プログラムへの反対を基礎に近代的保守主義が、登場し始めた。例えば、アメリカでの出版の自由のように、はじめの一歩がうまくいったところでも、あらゆる種類のずれが起こりえた。今日でもまだそういうことが起こりえる。妨害されない勝利の話はほとんどない。究極的には、そして世界史的な視点に立つならば、非常にはっきりしているように、一八〇〇年の人権の主張は、声高な原理的な普遍主義にもかかわらず、西洋の一つの運動にすぎず、より広い拡張をほのめかし始めただけだった。他の限界と同様、この時代には、一九世紀以後、次に何が起こるかの見通しは複雑だった。

◆盲　点

歴史家なら誰でも知っているように、あと知恵はすばらしい方便である。過去の失敗を批判する際に、現在の人々が自分たちの価値観や理解を当てはめることができるからである。現在の私たちがつい最近になって認識するようになったのとは違って、当時、人権論者たちが、自分たち自身の原理が何を意味していたのかをあまり理解していなかったことには驚かざるを得ない。

実際には、人権の理念としてまとめられる革新の範囲は、それ自体とても広いので、しっかりと守りを固めた伝統に対抗してその理念を全面的に実行することは一部の例外を除いて不可能であることが証明された。欠陥を見て、それを除去して改めるのにとても長い時間がかかることを嘆く人は多い。当時の人にとっては、急激に変化する環境の下で、二五〇年後の今日、人権擁護論者が必然的だとみなすように系統的に考えることは、極めて困難だったことを思い起こす必要がある。

具体的実例はたくさんある。すべての人は平等に創られたとのアメリカ人の声高な宣言は、奴隷にも適用されただろうか。アメリカ革命とその後の議論の答えは「ノー」だった。奴隷制は生き延び、その宣言は、法の下の平等は、主に白人のためだけだったことを意味していた。もちろん、反奴隷制運動の中で利用されていた人権の原理とアメリカの新しい憲法の間の矛盾を認識していた有力な人権論者はすでに存在していた。しかし、多くの奴隷所有者たちの抵抗と、奴隷は本当に人間なのかという伝統的認識にもとづく混乱とが相まって、論理的に一貫することはできなかった。

人権思想が姿を見せ始めた頃に、産業革命の第一局面としてイギリスの各地で新しい工場が建設されていた。これらの工場では、多くの労働者たちは、自分たちで労働のペースを決める伝統的な権利や、一日の就労時間の管理権を、徐々に奪われていった。初期の工場では、労働条件に対して何らかの不満をあえて表明した者を「もめ事を起こす厄介者」として恣意的に罰金を科し、明確な理由もなく解雇した。人権思想と同様にこれらの工場は、目新しいものだったので、人権の擁護論者たちが、言論の自由や、恣意的な懲罰からの自由の論理を労働現場に適用すべきだとは考えなかったことは、驚くにあたらない。このギャップは、しばらくの間は注目されなかったし、今日でもなお議論の対象になっている。われわれがすでに注目してきたように、これ人権思想が子どもに適用されることはほとんどなかった。

は人権論にとって古くからの興味深い領域だった。ルソーのような哲学者が、子どもをはじめと個人として認識させるために、教育の重要性と学校教育の改革の必要性についての議論を始めていたが、その相互関係の認識は、よくて試験的なものであり、まだ政治の世界に現れることはなかった。

今日の擁護論者たちが、はっきりとした論理的な結論だとみなしている最大の盲点は、女性だった。もし普遍的な共通の人間性が認識されるなら、当然女性に注目する必要があったのだが、当時、主要な人権哲学者の中には、女性について語るものは誰もいなかった。「平等につくられたすべての男性」の権利と表現する傾向は、部分的には、われわれが今日習慣的に「人」の意味で使う「マン」という言葉を用いてきた結果だったが、しかし、部分的には、マンは、「男」という意味で選択的に用いられてきた事実も無視できない。それにもかかわらず、いくらかの人権論は、女性にも適用されえた。かの女たちは、原理的に宗教の自由の恩恵を受けることができたし、女性は、反奴隷制パンフレットの中で、しばしば実例として登場した。しかし伝統社会で、例えば多くの西洋諸国における女性の不平等な財産権や、父親や夫への従属などを含む女性の具体的な法律上の不平等扱いは、ほとんど注目されずに見過ごされてきた。フランス大革命は、実際には多くの点で女性の法的地位を引き下げ、長期的にはかの女たちを男性支配の家族のものとによりしっかりと縛りつけることになった。

しかし、当時すでにその指摘はあったが、何十年もの間その指摘は、具体的な結果はもたらさなかった。それにしても、この盲点は、当時ですら無視するにはあまりにも露骨だった。一八世紀の終わりには、人権思想を女性にも適用すべきだと誇り高く宣言した女性作家がいく人か現れていた。フランスで、オランプ・ド・グージュは一七九一年『女性及び女性市民の権利宣言』を著し、かの女の周りで起こっている政治革命に匹敵するジェンダー関係の革命を主張した。「女性は平等に生まれ、その権利において男性と平

等な生き物である」。「永続的な男性の専制」こそが、女性の権利に対する不自然な制限の原因であり、そ
れを廃止すべきである。女性は男性と同様、言論の自由、あるいは恣意的な懲罰からの自由を享受すると
断言する、と。この先導者に続いて、イギリスのメアリー・ウォルストンクラフトが、一七九二年に『女
性の権利の擁護』〔白井堯子訳、未來社、一九八〇年〕を出版した。ここでもまた平等権、この場合は平等の
教育が声高に主張された。それは、豊かな将来を約束する重要な声明だった。フェミニズムの基本原理が、
より全般的な人権の誕生の一部として、明確に系統立てて論じられたのである。しかし、実際には、人権
運動の主流は、大きな性差別に覆われており、なおしばらくの間は、その状態が続いたことは疑いがない。
伝統的な社会体制の主要な残りかすは、一部の先駆者を除き、なお、一貫していた。

◆反　対

一八〇〇年までに始まった人権要求に対して、次第にはっきりした抵抗が現れ、その結果、政治哲学に
おける重要な業績に裏打ちされた新しい種類の保守政治が現れた。自分たちの財産を守ろうと決意し、奴
隷はあまりにも子どもっぽいので、平等権などを与えるに値しないと熱心に主張する奴隷所有者が、奴隷
制廃止運動に反撃したことは驚くにあたらない。しかし、より永続性があったのは、宗教や表現の自由に
ついての新しい主張への保守派の抵抗だった。

多くの宗教指導者にとって、宗教的真実の擁護と既存教会の地位の保全は、突然現れた宗教的自由の主
張よりも明らかに重要だった。この領域における人権の公然たる主張は、社会秩序にとって危険なことだ
けでなく、人間の救済にとっても危険なことだった。多くの宗教関係者は、保守的反動のこの側面を支持
した。何十年もの間、その先頭に立ったのはカトリック教会だった。一八六四年になってもまだ、ローマ

教皇は、次のような主張を間違いだ（彼は、これらを「誤謬表」と名づけた）とはっきり弾劾した。「他のすべての礼拝形式を排除するカトリックの信仰は、もはや今日では、国家の唯一の信仰として執着されるべきではない」、「すべての人は、理性の光に導かれ正しいと考える宗教を抱き、信仰を公の場で行うことが、法律で広く認められている」といった主張である。たしかに彼の攻撃は、例外的に頑迷固陋な意見表明であり、多くのカトリック信徒からさえ、反発された。しかし、多くの西洋社会では、今日に至るもなお多様な抵抗の痕跡がはっきり目に見える。

宗教観の違いにかかわらず、多くの政治指導者たちにとって、一八世紀の人権要求は、政治秩序を脅かす危険なものだった。権利章典と君主制あるいは貴族制に対する攻撃とは明らかに結びついており、政治的権利は、安定した社会秩序と矛盾することがはっきり証明された。ここでもまた反発は激しく、はっきりしていた。フランス革命の興奮が鎮まり、オーストリアの保守的指導者メッテルニヒ伯は、ヨーロッパ諸国を指揮して、一八一九年カールスバート決議にまとめ、主な人権要求に正面から反撃した。大学の教授や学生の自由が撤回された。公的秩序に敵対し、既存の政府機関を転覆させる原理を宣伝し、若者への正当な影響力を行使した教授たちが解雇された。国家の認可なしの結社は許されず、政府高官に事前に通告し了解を得ない限り、いかなる出版も許されなかった。どんな著作家も検閲に異議を唱えることは許されなかった。権力を握った支配者が決めた社会の必要が、個人の自由のいかなる要求にも優先された。

大半の西洋諸国では、この種の保守的抵抗はそれを突破するのに再度の革命が必要なこともあったが、時代を経るにつれてそれは克服された。例えば、一八三〇年の新たな革命は、保守的な政府が出版の自由を制限しようとしたことに対する反発でもあった。しかし、保守派の抵抗と保守思想の中に現れた対抗的

価値は、けっして消え去らなかった。これ自身が、一八世紀の人権の進展の重要な産物であり、それに対する抑制だった。

◆ 日常的慣例との衝突

最も有利な条件のもとでも人権の歩みは遅く、たどたどしかった。これは、あからさまな抵抗のおかげだったこともあった。そして、人権の拡大が、スムースに進展しなかった理由の一部には、擁護論者自身の間で、人権の領域で何が進歩になりうるのかをめぐる正確な合意がなかったこともあった。しかし、一八〇〇年からかなり先までの人権の筋道は、しばしば政治的慣例や他の優先順位が割り込んできた結果でもあった。

建国当初のアメリカでは、フランス革命からの悪影響を恐れて、一七九八年に外国人及び治安取締法が導入された。その法の下で、政府やその指導者を批判する文書は何であれ、「虚偽の恥ずべき悪意ある」文書だとして禁止された。当時トマス・ジェファソンは気づいていたが、明らかにこれが権利章典と矛盾していたことは無視され、この行為は、二〇世紀に入っても国民的恐怖があおられた時代に繰り返された。

イギリスでもアメリカでも、言論と表現の自由の信念にもとづく努力は、性的な挑発やわいせつから社会は保護されなければならないという信念と常に衝突してきた。言論の自由の擁護を誇り高く宣言してきたイギリスでは、二〇世紀に入ってしばらくは、劇場作品の事前検閲を行ってきた。一八七三年、アメリカの郵政長官アンソニー・コムストックは、もし人々が避妊技術を利用できるようになったら、性道徳が覆されるかもしれないとひどく心配して、「避妊」を勧めたり、助けたりする文書を禁止し、それを抑制するために、相当額の罰金と、重労働を伴う収監五年を命じる法律を施行した。そして、アメリカの裁判

所は、一九三六年まで、これに対して憲法違反という判決を出すことはなかった。

一七九〇年代にフランスの革命家たちは、革命を敵から守るために当初約束していた表現の自由を覆した。多くの人が、革命の急進化の過程で、政治犯として逮捕され、殺害された。そして皮肉なことに、より人道的な絞首刑の方法として採用されたギロチンが、残酷な刑罰の新しい象徴となった。なんとこのフランスの刑罰の方法は、一九八一年死刑が廃止されるまで唯一の処刑方法として残っていた。

人権の停滞や後退の具体的事例はいくらでも挙げることができる。一八〇〇年までに人権が最も明瞭に定義された宗教と言論の領域においてですら、人権の進歩は緩慢なことが多く、ときとして、はっきりと逆転した。それは、むき出しの抵抗とは別の多様な力の結果だった。表現の自由のような人権への配慮に、改革への関心が優先してしまうことも含めて、他の問題が人権の進展を阻害したのである。検閲事務所のような領域での単なる日常的慣行が、人権が意味するところと対立することがあった。現実の変化と修正は、人権の原理よりもずっと混とんとしていた。これは一八〇〇年までにすでに明瞭だった問題であり、その後の変化の進展を抑制し続けたのである。

◆諸地域

一八〇〇年当時、言うまでもなく、地域による人権の発展の格差は、非常に大きかった。人権の新しい推進力は、イギリスとフランスを中心に発生し、北アメリカ、ベネルクス三国、スカンディナヴィアそしてイタリアの一部で大きく共鳴し、ドイツからは知的な貢献があった。反奴隷制運動でさえ、植民地奴隷制、奴隷貿易及びプランテーション所有に責任を負っていた西洋諸国の政府に影響力を行使することに力

が集中され、けっしてグローバルな運動ではなかった。

哲学的にも最も声高に叫ばれた宣言の言葉でも人権論は、すべての人間の普遍主義に言及した。しかし一八〇〇年の段階では、事実上の地理と概念上の地理との乖離を埋めようとする者は、ほとんど皆無だった。

一八〇〇年までには、人権改革は、少なくともその時代の体制の下のどこかで困難に直面した。ロシアでは、啓蒙主義者と友好関係をもっていたエカテリーナ二世は、ひとたびフランス革命が君主制を脅かすようになると、人権論反対に転じ、改革主義的文書の出版を厳しく検閲し、変革への擁護論者を追放した。カトリックの高位者は、フランス革命中に攻撃されたために、敵意を抱いていた。

西洋的理念への関心が生まれた場所ですら、改革者たちは、必ずしも人権の強調を心に描いてはいなかった。例えば、バルカンでは、ビジネスその他の職業の指導者たちは、個人の人権の原理に惹かれるよりは、オスマン帝国の支配からの独立を求めるナショナリズムの新しい理念にひかれていた。民族の自由の要求は、その民族内部での自由の主張とは、必ずしも同じことではなかった。のちに触れるように、民族の自由と人権の自由との緊張はより広範に現れるようになった。

世界中のほとんどの人々、特にアジアやアフリカの人々にとって、一八〇〇年には、人権への新しいアプローチは、全く浸透してはいなかった。この主張をより広く伝えるための計画は全く描かれていなかったし、当然それに対する反応もまだなかった。

それゆえに、将来にとっての主要問題には、人権の原理が世界の他の地域でいかに提示されえたのか、いかに他の地域にそれが受け止められたか、そして、すでにいくつかの中心で表面化していた多様な抵抗がどのように扱われたのかが含まれる。ここには、まだはっきりとは定式化されてはいなかったが、課題の一覧が提示されていた。それは、のちに、一九世紀以降の大変混とんとした人権の歴史の道案内を手助

けするはずである。

参考文献

一八世紀の人権思想の台頭に関するよい概説には次の研究がある。Lynn Hunt, *Inventing Human Rights* (New York, NY: W. W. Norton, 2008)〔松浦義弘訳『人権を創造する』岩波書店、二〇一一年〕; Gary B. Herbert, *A Philosophical History of Rights* (New Brunswick, NJ: Transaction, 2002); Thomas Haskell, "Capitalism and the Origins of the Humanitarian Sensibility," *American Historical Review*, 90 (1985), pp. 335-369; Chester James Antieau, "Natural Rights and Founding Fathers—The Virginians," *Washington and Lee Law Review*, 17 (1) (1960), pp. 43-81.

女性の権利については、Gisela Bock, *Women in European History* (Oxford, UK: Blackwell Publishers, 2002); Kathryn Sklar and James B. Stewart (eds.), *Women's Rights and Transatlantic Antislavery in the Era of Emancipation* (New Haven, CT: Yale University Press, 2007).

奴隷制とその廃止については、Seymour Drescher, *Abolition: A History of Slavery and Antislavery* (New York, NY: Cambridge University Press, 2009); Robin Blackburn, *The Overthrow of Colonial Slavery, 1776-1848* (New York, NY: Verso, 1988).

さらに次を参照のこと。Michael Zuckert, *Launching Liberalism: On Lockean Political Philosophy* (Lawrence, KS: University Press of Kansas, 2002); Knud Haakonssen, *Natural Law and Moral Philosophy: From Grotius to Scottish Enlightenment* (Cambridge, UK: Cambridge University Press, 1996); Amitai Etzioni, "Individualism Within History," *Hedgehog Review*, 4 (1) (Spring, 2002); Peter Stearns, *Global Outrage: The Origins and Impact of World Opinion from the 1780s to the 21st Century* (Oxford, UK: Oneworld Publications, 2005).

痛みについての広い歴史的考察については、Roselyn Rey, *The History of Pain* (Cambridge, MA: Harvard University Press, 1998).

第4章　世界の舞台における人権──一九世紀と大戦間期の数十年

一八世紀に人権への関心が高まったことを前提とすれば、一九世紀は、一八世紀にヨーロッパの革新として始まったものが、西洋自体でさらに進行すると同時に、急速に世界の関心をとらえた時代だったと想定することは論理的であろう。人間の進歩についての普遍的妥当性の哲学的な宣言は、この新しい定義への世界的協調にとって代わるだろう。この革新は、西洋を含む各地の政治的伝統に対抗するものであり、それにあまりに大きな期待を抱くことはできない。しかし、なお明確にすべき細かなことがたくさんあったが、一九〇〇年までには、上昇傾向は、はっきりしてくるはずである。

全体として起こったことではないが、一九世紀には、人権にとっての目覚ましい成果が確認できる。まず、奴隷制と苛酷な農奴制の廃止である。また、少なくともいくつかの領域では、権利の定義が拡張し始めた。さらに新しい地域が、いくつかの権利改革に組み込まれた。この類の前進は、それ自体で重要であるが、それだけでなく、一八世紀の起源と二〇世紀後半の権利運動の一層の発展とをつなぐ役割を果たした。

しかし、限界もまたはっきりしている。現実には、因襲的保守主義が人権アプローチのいくつかの要素に順応し始めた一方で、西洋においてすら人権論に対抗する議論がさらに練り上げられた。もっと重要なことは、貿易の拡大や輸送の高速化によって世界各地との接触が加速されたにもかかわらず、人権へのグ

ローバルな関与がみられなかったことである。いくらかの地域は、西洋のこの主張をただ無視した。他の地域では、ただ形ばかり真似する振りをしただけだった。

せいぜい抑制されたグローバルな反応しか得られなかった根本的な理由は、西洋の指導者と一般人の躊躇にあった。人権の普遍性は完全に失われたわけではなかったが、多くの西洋人にとっては、彼ら自身の社会の外側にいる大半の人間は明らかに劣等であり、その人権論をそのような人間にも適用することは不可能だった。民族排外主義的信念や新たな帝国主義的征服政策による興奮は、どんな大胆な人権論をも押しのけた。人権の旋律が響き渡ったときでさえ、それが拒絶されたのは、もっともらしく西洋的価値が優越しているからだと説明されたからである。何よりも、新しい人種差別主義の高揚が、ときには「科学的」議論と結びついて、人権論の拡張を厳しく制限した。多くの西洋人は、特定の人々は共通の人権論で論ずるにはあまりにも劣等だと信じていた。彼らには恒久的な監督、あるいは少なくとも共通の権利を与えることができるようになるまでの長い期間、後見が必要だと信じていた。

西洋人がためらい、世界から事実上無視された結果、広く知られている驚くべき一連の問題が引き起こされた。これらの問題に対して人権論は、全くきちんとは反応しなかった。アメリカが西部への膨張を追求する過程で先住民を虐殺しても、国際的な抗議も国内の反発もほとんどなかった。一九世紀後半のロシアのポグロムによる反ユダヤ主義の高まりに抗議するための組織は作られなかった。多くの先住民の権利を蹂躙したヨーロッパ帝国主義は、多くの場合先住民の一団の大虐殺で始まったが、系統的な国際的反対を生み出さなかった。しばしば貧困化させられ、債務奴隷に追いやられ、法的な落とし穴に放り込まれることがまれではなかったアメリカ大陸やカリブ海の「解放」奴隷の悲惨さに、グローバル活動家が関心をもち行動することはなかった。一九世紀、中国の太平天国の乱とこれを鎮圧した際の二〇〇〇万人以上も

の大量殺戮は、中国政府からも世界全体からも人権問題だとはみなされなかった。少なくともこのような野蛮行為の一覧表は相当なものになる。劇的なニュースが伝えられなかったために、沈黙していたということもあった。一九世紀後半には、電報によって国際的なニュースが飛び交い始めたが、しかし、なおニュースが事件の発生から遅れることがあった。あるいは、ときには、沈黙は、人権の二面性を反映していたこともあった。例えば、帝国主義者たちは、自分たちは、地域的な抵抗は抑え込まねばならないとする一方で、ヨーロッパが新しいアフリカの植民地での奴隷制に対して、最終的に反対に転じたときには、彼らは、人権のための新しい保護を世界の「後進地域」に適用するつもりだと宣言したのである。しかし、もっと一般的には、彼らには、共通の人間性への関心はなく、彼らにとっては、遠く離れた人々の困難は、「他人の問題」にすぎず、それにいちいち悩まされることはなく、沈黙を守った。

そして、一九世紀が幕を閉じ、二〇世紀の初期の最初の世界大戦が終わって、人権の様相はなお一層、暗転した。一九二〇年代そして特に一九三〇年代には、人権は、次から次へと世界中で後退した。多くの失望と明らかな失敗の中で、一八〇〇〜一九四〇年までの人権の歴史は、なお相反する要素が交錯したままだった。一八世紀とは対照的に、純粋にグローバルな広がりがあった。特定の人権改革が世界の多くの部分に広がり、その声は多様な地域で活性化した。実現すべき権利の一覧表も増え、またある程度グローバルな広がりをもつようになった。前進と鮮明な失敗が基礎となって、第二次世界大戦後には、それ以前よりはるかに広範で少なくともより肯定的な高揚が生み出された。

◆人権のグローバル化、はじめの数歩

一九世紀初頭以後の目に見える最も肯定的な動向から検討を始めよう。人権への関心とその衝撃が世界

中に広がり、その以前には原理としてのみ確立されていた普遍性の命題が取り上げられるようになった。グローバル化はなお未完成だったという事実は、見過ごされてはならない。その問題にはあとで立ち戻るつもりである。しかし、変化はたしかに起こった。

最初の兆候は、カリブ海域とラテンアメリカで現れた。それらは、反奴隷制運動とフランス及びアメリカの革命に浸透していた政治的目標にさらに付け加えるものだった。より広範な反奴隷制運動が、一九世紀中、鳴り響き続けた。一八三〇年代以降、人権に対する関心は、ロシア帝国やオスマン帝国のような場で、より大きな改革潮流と絡み合った。そして最終的には、人権の基準は、戦争や外交での評価や政策に影響を与え始め、まもなく「人道に対する犯罪」という新しく興味深い範疇を確立し始めた。

◆ハイチとラテンアメリカの独立戦争──人権の構成要素

奴隷制及びフランスの植民地支配に対するハイチの革命と、一八一〇年以後のスペインに対する一連の独立戦争の全般的勝利によって、中央アメリカ及び南アメリカ全域に新しい独立国が打ち立てられたが、それは、この地域と世界史にとって重要な画期だった。この出来事は、ともに大西洋世界の新しい部分に革命的雰囲気をもたらした。この雰囲気には多くの断面があるが、人権の思想の影響力とこの思想の重要な新しい地域への拡張は、特筆すべき要素だった。

一八〇〇年当時のハイチとラテンアメリカは、人権の重要性を新たに表現するうえで理想的な二つの特徴に恵まれていた。第一に、指導層はこの問題でヨーロッパ的思考との広いつながりをもっていたこと、第二に、人権立法が、奴隷制や植民地本国に対する主要な要求の枠組みを構築する助けになりえたことである。

ハイチ革命は、一七九一年に始まった。それは、野蛮な奴隷制度がフランスの人権と結びついた結果だった。フランスの反奴隷制運動の指導者たちは、一七八〇年代にはすでに活発に活動していた。中でも彼らは、奴隷制度が廃止されなければ、ハイチのような場所で、問題が起こると予測していた。この考え方は、ハイチの自由黒人の間にも広がっており、その中にはフランスに滞在したことのある者もいた。しかし彼らは、ハイチの中では白人と法的な平等を享受していなかった。ジュリアン・レイモンのような指導者たちは、フランス革命勃発前から平等権を訴えてきた。フランスでの革命の開始によって植民地政府は混乱し、期待感が生まれたが、実際には何ら譲歩が行われなかったため大多数のハイチ人は失望した。この島では一〇年にわたって戦闘が激化したり沈静化したりし続けた。一八〇一年ハイチの指導者トゥサン・ルヴェルチュールは、短期間だけ政府を組織し、最初のハイチ憲法を発布することができた。その中で、いくらかの制限がついてはいたが、革命と人権原理との結びつきが公的なものとなった。

奴隷の蜂起は、はっきりした人権理念によって引き起こされたわけではないことは強調されねばならない。ハイチの奴隷蜂起以前にも厳しい奴隷制度の抑圧的性格のゆえに、大きな反乱は起こっていた。新しい理念は、非常に小さな役割しか果たさなかった。しかし、一八〇一年の憲法とそれ以後の反乱の内容は、新しい原理を反映していた。「奴隷は、存在を許されず、隷属は、今日以後、永久に廃止される。すべての人は、自由フランスで、生まれ、暮らし、死ぬ」。「自由と個人の安全」の保障への言及はあったが、その他の人権概念は、あまり注目されなかった。例えば、一八〇一年憲法は、カトリックは、唯一の神聖な信仰だと宣言し、宗教の自由は含まれていなかった。危機をはらんだ政治状況の下で、のちの憲法はもう少し前進した。一八〇五年の新しい憲法は、すべての市民は、「国内の兄弟である」と繰り返し、宗教的

自由を宣言した。一八一六年の新憲法では、「自由には、他人の権利を侵害しない行為の権利が含まれる」とし、「何人も自分の考えを発言し、書き、出版する自由がある」と主張した。明らかに人権思想は、少なくとも奴隷制と法的不平等の拒否に始まり、さらに先に進む原理として、ハイチの新しい指導者たちには深く浸透した。不幸なことに実際には、貧困と元奴隷対元自由黒人との緊張が、革命後のハイチの政治的将来に影を落とした。強力な人物の支配と軍事的抑圧の時代が長く続いた。それにもかかわらず、ハイチは、西ヨーロッパ及び北アメリカの外の世界で人権基準がはっきりと見て取れる最初の事例となった。

ここでは、奴隷制問題は、中心的な論点にはならず、むしろ人権思想の主要な標的となったのは、一連の政治的無能だった。フランスの「人および市民の権利宣言」は、一七九四年スペイン語に翻訳され、コロンビアのボゴタのような場所にまで広く配布された。

一八一〇年までには、ラテンアメリカでの反乱が拡大し、人権の地理的拡張が、さらに進んだ。ここには、ハイチのような地域があり、同時に旅行と文化的交流のおかげで、ヨーロッパの理念と密接な関係をもつ人々がおり、人権の理念を抱いていた彼らは、深刻な不満を感じ、同時に活発に発言するようになった。

スペインやポルトガル生まれの人々が優遇され、クレオール〔現地生まれの白人〕が植民地政府から実質的に排除されていること、及び、僻遠の君主が現地の政治経済生活に規制を加えていること等に対する不満によって、独立戦争が駆り立てられた。クレオールのシモン・ボリーバルやホセ・デ・サン・マルティンらの指導者は、啓蒙主義だけでなくフランスやアメリカの革命の実情によく通じていた。彼らはすぐに法の下の自由と保護を強調する言葉を使い、彼らの判断は、人権の政治的側面と容易に両立した。

しかし、彼らは常に明確には気がついていたわけではなかったが、解放闘争の熱気の中には、はじめからいくらかの緊張が存在していた。例えば、今日のコロンビアとベネズエラ（それに北部アンデス地域）の

反乱の指導者シモン・ボリーバル（一八三〇年没）は、おなじみの啓蒙思想の言葉を用いて、人民に立ち上がるよう呼びかけ、一八一三年には「隷属の鎖」を打ち破って「自由と独立を全面的に享受する」国家について語った。敵であるスペイン植民地体制は、「国家の聖なる権利」を犯し、紛うことなき専制政治そのものを行ってきた。一八一二年「人および市民の権利」の節を含むコロンビア憲法は、特に「法的平等と自由」に言及し、それがフランスの経験を借用していたことは明瞭だった。しかし、自由の請願は、全体としていくらか曖昧で漠然としていた。そしてボリーバルは、疑いもなく、原理的には、出版や良心の自由など特定の主張は支持していたが、彼は、スペインの支配からの国民的あるいは集団的な自由の方により焦点を当てていた。興味深いことは、コロンビアの憲法は、市民の権利にだけでなく、社会的義務にかなりの力点を置いていることである。集合的及び国民的目標が在来型の人権とどのように調和したのかは、明らかにはなっていなかった。独立運動の指導者としてのボリーバルは、自分たちと北アメリカ人あるいはヨーロッパ人との違いにも言及した。彼は、フランスやアメリカの権利宣言に影響を受けているが、同時に、外国の「政治的、社会的、宗教的自由」の制度を採用することがいかに難しいことなのかを理解しており、苦しんでいた。革命が進むにつれて、安定した新国家建設の困難に直面して、彼は次のように考えるようになった。すなわち、もし人民が自由を受け入れる準備ができていないならば、彼らは上から管理される必要がある、というのである。ある時点で絶望したボリーバルは、「アメリカ〔南米大陸の意〕は統治しえない」と嘆いた。この段階では、唯一の違いは、支配が、外国の君主によるものではなく、土着共和政府によるものだということであった。自由への彼の献身を明言し続けはしたが、晩年、ボリーバルは、自分自身を最高支配者に任じ、潜在的な反対者を抑圧する用意があることをはっきり表明していた。

こうして、この地域の政治文化に独自のラテンアメリカ型人権思想の特徴がもたらされた。その人権思想は、単に保守的な反対派である支配的なカトリック教会の指導者によって、複雑なものになっただけでなく、国家と個人の間の潜在的矛盾や新しい国々の独立直後からの現実の政治的混乱によって、多くの場合、骨抜きになった。現実の政治的権利は、わずかの例外を除いて長続きするようには確立されなかった。

しかし、重要で画期的なことが起こった。一八一九年のコロンビア憲法が、カトリック教会による出版検閲を廃止し、その分野における自由を確立したのである。同様に重要なことは、奴隷制が廃止され、解放された奴隷たちに、自分たちだけで生きていけるようにいくらかの資金が提供されさえしたことである。ずっとのちの一八六三年のコロンビア憲法は、政治的権利の命題に立ち戻り、出版の自由のみならず、信教の自由、結社の自由を明文化した。そして、カトリック教会による教育の支配の否定を確認しようとした。人権の伝統が確立されつつあったことは明らかだったが、問題は一貫性だった。保守派の抵抗は強力で、多くの基本的権利に疑問が呈され、一八四三年の憲法では教会の支配が復活し、出版の自由も廃止された。

メキシコでも同じように混とんとした状態が続いた。人権への約束はしたが、首尾一貫したものではなかった。一八一八年には奴隷制が廃止され、一八二四年の共和国設立憲法は、政府の主要な責任の一つとして「出版の政治的自由」を注意深く書き込んだ。いかなる条件の下でも拷問ははっきりと禁止され、裁判を受ける権利が注意深く確立された。しかし、カトリックがこの国の唯一の宗教だと宣言された。さらに、一〇年と少し経ってこの憲法は、独裁体制によってつぶされた。その後メキシコは、長い間リベラルと保守の政治制度の間を揺れ動き続けた。最終的にもう一つの革命ののちの一九一七年憲法が、実際に人

権の歴史における重要で新しい地平を切り開いた。この点についてはのちにのべる。

いくつかの主要な社会は人権をいくらか規定しながら、奴隷制に関しては、一九世紀の遅くまでそのま

ま残したアメリカの真似をした。これはブラジルの場合特に顕著である。(植民地支配が根強く続いていたキ

ューバのようなところは別にして)独立したすべての旧スペイン植民地では、奴隷制は世紀中葉には廃止さ

れたが、先住民に関しては、法的平等への動きは明瞭ではなかった。彼らに対する不平等な課税やその他

の規制が、しばしば二〇世紀に入るまで継続されていた。

一八一三年独立反乱の直後にアルゼンチンは、出版の自由の保障に進んだ。奴隷制は直ちには廃止され

なかったが、奴隷の子どもは解放された。より完全な憲法の発展は、この国の独特なリベラル派と保守派

の争いの犠牲になった。アルゼンチン解放の中心的軍事指導者ホセ・デ・サン・マルティンは、「世界の

リベラル派は、どこでも兄弟だ」と言って自由の理想を抽象的には擁護した。彼は、奴隷制そのものを即

座に廃止しなかったが、自分の軍隊で奴隷を積極的に使い、奴隷貿易を廃止した。サン・マルティンは、

ボリーバル以上に、無秩序の危険性を深く憂慮していた。彼は一度「この社会には未開人——特に奴隷と

先住民を指している——があまりにも多い」と発言したことがあった。彼は人権について約束するよりは、

強力な政府と政治的安定を推奨する点で、ボリーバルより、一層、徹底していた。彼はまた、アルゼンチ

ンの権威主義的継承者を支持した。彼はラテンアメリカ政治史における長期にわたるカウディージョ(軍

事独裁者)支配体制の最初の担い手となった。それでも、権利の理念は、アルゼンチンにもはっきりと根

づいた。権威主義的政権の後、一八五三年の改良主義的憲法は、明瞭な権利章典を提示し、宗教と出版の

自由を保障し、法の下の平等を慎重に明文化した。市民は、法律によって禁止されたことでなければどん

なことでもする自由を与えられた。

一九世紀初頭以後のラテンアメリカでの事態の推移をみてみると、ヨーロッパや北アメリカの政治文化との頻繁なつながりをもっていた人々に人権理念が、全体として強い影響力をもっていたことがわかる。

法的権利と法的平等の旗印のもとに重要な改革が進み、将来リベラルな遺産を擁護する選挙民が育成された。

しかし、移行は、スムースでも完全でもなかった。独立後の政治的不安定の結果、保守派の公然たる反対もあって、重要な分野での人権の擁護は曖昧になり、否定さえされた。人種的マイノリティ、より一般的には貧困者たちの人権が保障されるかどうかは懸念があった。独立擁護論者の多くは、自由は国内に一律に適用されるべきではないと考えていた。西ヨーロッパでも多くの紛争が起こったが、ラテンアメリカでは、人権綱領は何十年もの間、西ヨーロッパよりもずっと断続的にしか進まなかった。それは、人権のより一般的なグローバリゼーションの複雑な過程の前触れだった。

◆グローバルな反奴隷制運動の台頭

反奴隷制運動は、はじめは、アメリカ大陸と大西洋地域に焦点を当てた運動だったが、それは、一八世紀の人権論の台頭の重要な部分であり、最終的には人権思想のより広い展開を助けた。長年の人間社会の制度であった奴隷制は、この世紀の終わりまでにはグローバルに消滅に向かった。奴隷制は、世界最初の人権運動によって打破された最も重要な制度だった。西洋の革新として始まった反奴隷制運動は、部分的には、奴隷制の恐るべき形態に特に責任を負っている西洋によって引き起こされたものではあったが、最終的には、より大規模なグローバルな改革目標を生み出した。それは、人権運動の世界史における重要な一歩であり、それだけでなく、奴隷制だけを対象とする運動から、労働者を不正な搾取にさらしていた他の制度の問題をも対象とする運動へと広がった。

一八三〇年代までに、反奴隷制勢力は、イギリスによる大西洋奴隷貿易終結の約束を実現していた。イギリスは、それによって、奴隷の輸送をやめるだけでなく、パトロールのためにかなりの資金をつぎ込んだ。アメリカ北部諸州、ハイチ、その他いくつかのラテンアメリカ諸国では、奴隷解放が実現した。そして、一八三三年にはイギリスの植民地でも奴隷が解放された。これ以後、奴隷制が深く浸透していた地域での奴隷解放はなかなか進まなかったが、その進歩は、西ヨーロッパと北アメリカの反奴隷制運動家たちの引き続く圧力と、他の地域の指導者たちの人権思想への一層の転換とを結びつけた。

一八二三年、ロンドンで、はじめは、イギリス植民地における奴隷制の全面廃止を求める主要な反奴隷制協会が組織された。この目標が達成されると、一八三九年、この組織は、今度は、世界規模での奴隷制廃止を求めるために、その名前をイギリス並びに外国反奴隷制協会に改めた。一八四〇年には、初めて反奴隷制大会が開かれ、アメリカを含む各地から運動家が参加した。集会では、当初の男性だけの参加者を予定していたが、女性の奴隷制廃止論者も到着し、かの女たちは自分たち自身の組織を作り、その関心を女性の差別撤廃・地位向上にまで拡大し始めた。それは、人権の大義が、他の関連領域にも拡散し始めた多くの事例の一つである。

反奴隷制協会は、なお今日でも（一九九〇年に反奴隷制インターナショナルと改名）継続され、地球上の最も古くからの人権団体として現在まで踏みとどまっている。この組織は、アメリカ南部の奴隷制に反対する継続的な世論喚起に重要な役割を果たした。中でもアメリカの奴隷制廃止主義者ジョン・ブラウンの強力な出版物を後援した。南北戦争が始まり、一八六三年にヨーロッパ列強諸国からの支持を求めてエイブラハム・リンカンの奴隷解放宣言が発布されたが、それを後押しした一つの要素として、フランスやイギリスの世論があった。

グローバルな世論喚起によって、ブラジルのようなその他の重要な地域の奴隷制問題に人権思想が適用されるようになった。ここでは、改革者たちはヨーロッパのすべての進歩を学び、文明のあらゆる物質的、道徳的、知的あるいは社会的進歩を自分たちのものにしたいと心から望んでいると公然と語っていた。一八八二年、この巨大な国で奴隷制は完全に廃止された。そして、その直後アメリカ大陸全体から奴隷制は除去された。法の下の平等は、少なくともこの点では、広く確立された。

関心はアフリカにも向けられた。ここでもまた、一九世紀の初頭に輸出用現金作物生産による利益を求めて奴隷制が広がっていた。国際世論と反奴隷制協会が新たに成果を上げようと圧力を強め、ザンジバルのスルタンのような支配者を説得して、奴隷制の廃止を受け入れさせた（一八七三年）。アフリカの他の場所では、ヨーロッパの植民地征服者によってより直接的な方法で、奴隷制に終止符が打たれた。

世論喚起はまた、オスマン帝国や中東の他の地域、さらに南アジアにも影響を与えたが、完全な奴隷制廃止はなかなか実現しなかった。しかし、ネパールでは、一九二三年に国王命令で廃止され、サウジアラビアでは、一九六三年に同様の措置をとった。これによって公的な奴隷制は、グローバルな道徳的革新の圧力を受け、嫌々ではあれ少なくとも事実上すべての地域の指導者の同意を得て、世界中で終焉を迎えた。

もちろん、この人権の華々しい勝利には、いくつもの但し書きをつけ加えなければならない。特定の地域の多くの指導者たちは、ある制度を止める際に、より厄介ではない代替物を編み出し、新しい原理をまじめに受け入れようとしなかった。今日、世界中の国々や会社が、労働者の自由を抑制するさまざまな方法を見出している。例えば、外国人労働者からパスポートを取り上げてしまい、もし彼らが劣悪な労働条件に抗議するようなことがあれば、彼らを解雇するのだ。反奴隷制論者自身にも重要な盲点があった。彼らはしばしば、奴隷制にだけ非常に狭く焦点を当て、奴隷制が終わった後の元奴隷の絶望的な状況に十分

注意を払わなかった。例えば、アメリカ南部での再建期及びその後がそれにあたる。明らかにアメリカを含む多くの地域で、人種主義が強化され、奴隷制の終焉で勝ち取った真の人権を多くの場合なし崩しにした。

他方、グローバルな反奴隷制論者は、一九世紀後半においてすら彼らの標的を拡大する能力があることを証明した。例えば、一八八〇年代と一八九〇年代にイギリスの海運会社の社員だったエドモンド・モレルは、ベルギー領コンゴでの強制労働に反対する大規模な世論活動を行った。ここでは、多くの労働者が、危険な鉱山労働に送り込むぞと暴力的に脅迫されていた。奴隷制のようなあからさまな虐待と拷問の鮮明な描写は、道徳的な怒りをかき立てる役割を果たし、多くの地域、特にヨーロッパやアメリカから、その大義に対する支援を引き起こした。この運動は、古典的な反奴隷制運動とより今日的な労働者の搾取に反対する運動との重要な橋渡しだった。

イギリスの協会は、ペルーの債務奴隷制への反対運動を支援した。ここではヨーロッパの会社が、ゴム産業で低賃金と非人間的労働条件を強制するために債務奴隷者を使っていた。この協会はまた、中国で、若い少女を売却して長期間家内労働をさせる慣行を告発するために活動し、ある程度前向きの成果を上げた。

世論喚起は、第一次世界大戦後も続いた。国際連盟は、この協会に「後進地域」を対象にした連盟規約の労働保護条項を起草するよう要請した。国際連盟はその後、例えば、債務を理由とする緊縛、労働目的の子どもの売買、女性に対する結婚の強制などの不正な慣行に関する研究を実施した。その結果いくつもの国際協定が結ばれた。例えば、児童労働や売春を禁止する取り組みは、第二次世界大戦後も続くことになった。

問題は明瞭である。人々は、グローバルな反奴隷制の取り組みによって、自分の意志に反する行為を強いられている他の領域に、より広く人権の原理を適用できるようになった。同様に地理的にもその原理の拡張が実現した。アフリカやアジアの多くの部分で、反奴隷制の取り組みは、広く解釈され、明瞭な人権思想との最初の接点となった。実際には指導者の多くは、個人的には告発されずに黙認され、多くの人権侵害が、わずかばかり異なった装いの下に続いた。しかし、この過程は、これらの地域の改革者たちがその大義を掲げ、他の分野において人権がいかなる意味をもっているのかについて考え始めるきっかけとなった。その結果、限られてはいたが、取り組み全体の正真正銘のグローバリゼーションがもたらされた。

◆ ロシア帝国とオスマン帝国

一九世紀に反奴隷制運動が広がり、いくらかの重要な地域が、西ヨーロッパとの広範な接触を通じて、より全面的にはっきりと人権を尊重するようになった。それは、独立期のラテンアメリカで起こったのと同じような形で進んだ。ここは、大西洋世界を超えた次の新しい人権の舞台だった。ロシアとオスマン支配下の中東と南東ヨーロッパは、西ヨーロッパと地理的に近接しており、貿易、旅行、歴史的な相互交流を通じて西ヨーロッパとのネットワークで緊密につながっている点で、アメリカ大陸と共通していた。ロシアとオスマンロシアの多くの上流階級の人々は、広く西洋文化を経験しており、中には母語のロシア語でなく好んでフランス語で話す人々がいた。この脈絡の中で、個々のロシア人の中には、一九世紀初頭までには、人権に何らかの原理としては、少なくとも原理としては、人権に熱心な人々が生まれ、それはラテンアメリカ独立の指導者たちと同様だった。ヨーロッパ人の圧力と何らかの改革が必要だという認識のもとに、西洋の侵入から独立を守るためではあれ、主要な人権理念に関して議論する風潮オスマンでも人権に関する強い関心がみられるようになった。

が生み出された。オスマン帝国とロシアでは、ともに反奴隷制理念の影響が広がっていた。

しかし、ロシアもオスマン帝国も、まだアメリカ大陸の独立期のような混乱状況にはなかった。ロシアではいくらかの反乱があったが、即座に鎮圧された。オスマン領内では、個人の権利よりは集団の問題に焦点が当てられる傾向があった。人権の主張は、両地域で既得権益集団からの反撃に対処せねばならず、ある場合には全く別の方向を指し示す、より広範な文化的伝統と対処せねばならなかった。人権思想に対する反対は、既存の社会的特権保護のためのごく自然な反応でもあったが、それだけではなかった。そこには、全く異なった価値観や優先順位にもとづく広範な批判的論評が含まれていた。

最終的にはロシアやオスマンの地でも人権への関心は広がったが、それは、多くのためらいや逆風の中で起こった。はっきりした関心が表明されはしたが、全体としては、ラテンアメリカの場合よりは多少遅れた。これらの地域での人権の基礎の確立もまた、ラテンアメリカよりもかなり不安定だった。

◆ ロシアの経験

人権問題に関する一九世紀前半のロシアの公式的立場は、極めてはっきりと正面からの敵対と要約できる。一八世紀末、エカテリーナ二世が、外国から入ってくるものも含めて出版物に対する締め付けを強化したのに始まって、ロシア政権は、西ヨーロッパで高まっていた改革の潮流に抗して断固たる態度をとった。例えば、一八四八年から一八四九年にかけてハンガリーでの蜂起に介入したように、ロシア政府は他の地域の反乱鎮圧に積極的に乗り出していた。変化を唱導するロシア人は、投獄され、シベリアに送られあるいは亡命した。政策のレベルで人権は現実に後退した。

しかし、人権の完全な抑圧は不可能だった。個々の著作家たちは（投獄の危険を冒して）農奴制を厳しく

批判した。彼らは、それは、人権に反し本来的に不正な制度であり、被抑圧農民は嫌々ながらしか労働せず、ロシア経済を停滞させたと論じた。一八二五年西洋理念の影響を強く受けた自由主義的な陸軍士官たちが、法的平等と農奴制の廃止の実現のために、政府の力の制限その他の改革を求めて新しいロシア皇帝に反対して決起した。彼らの政治的目標は、法的平等その先については曖昧であり、彼らの決起は厳しく鎮圧された。しかし、このデカブリストの反乱と呼ばれた反乱の記憶は、ロシアに長く続き、政治的正義への関心を維持し続けた。詩人アレクサンドル・ゲルツェンなどの亡命者（多くがロンドンを拠点にして

いた）は、継続的に一貫した体制批判を続けた。ある時点でゲルツェンは、亡命の地で、『自由ロシア新聞』という辛辣な標題をつけた新聞を発行し始めた。

そして、ついに一八六〇年代に改革が行われた。引き金になったのは、農奴制の問題だった。ロシアでは農村で、ひときわ苛酷な労働制度が何世紀にもわたって続いていた。地主が、大半の土地に対して不釣り合いに強い管理権を握っており、彼らは、農奴に対して、借地料としてさまざまな支払いを求めるだけでなく、労働を強いる広範な権利をも行使していた。彼らが農夫に厳格な肉体的規律を押しつけることも含まれてなく、農夫らを罰する実質的な権力を握っていた。この農奴制は全体として、奴隷制そのものを除けば、世界史上最も過酷な制度だった。

法的平等やその他の利益に関心を抱く改革者たちにとっては、ロシアの農奴制は、明らかに標的にしやすかった。その過酷さのゆえに、西洋の価値観に触れてきた上流階級の人々も含めて多くのロシア人が農奴制に同調した。一八〇〇年以前から、アレクサンドル・ラジーシチェフは、農奴制による「不平等な取り扱い」を批判してきた。彼は、多くの農奴がいかなる法的保護にも与れず、「死によってのみ法的保護を与えられる」と指摘した。亡命者を含むデカブリストその他の改革者たちもまた、法的権利の言葉

を用いて農奴制を激しく非難した。農奴制を批判する多様な文書が、政府の検閲を逃れ、上流・中流階級の間に広く普及し始めて、社会的正義の理想を抱く広い読者層を形成した。一八五〇年代までには、農奴制は他の面からも批判された。それは社会的不穏状態を引き起こし、権威主義的政府でさえ、憂慮せねばならなくなった。ロシア経済が、工業化しつつあった西ヨーロッパにかなり立ち遅れている時代に、この制度は、流動性と労働意欲を抑制し、非効率なものにもみえたのである。ロシアの裏庭クリミアでのイギリスとフランスとの戦争でロシアは敗北し、改革に予期せぬ幸運がもたらされた。彼らは自国の利益のために改革を考えなければならなくなった。それゆえ一八六一年、ロシア皇帝がついに「農奴解放」を決定した際の第一の動機は人権への配慮ではなかった。

とはいえ、宣言文書は、農奴たちに、農村住民としての経済的な権利ではなく法的な「すべての権利」をゆっくり時間をかけて実現することを約束した。これは、明白な人権宣言ではなかった。農奴は、貴族が失った財産に対する払い戻しが終わるまでは、なお厳しい状況の下で苦しみ続けなければならなかった。宣言文書そのものには、例えば、神の導きに依拠している皇帝とか、特別に重要な財産権をもつ貴族など、伝統的な言葉があふれていた。引き続き土地獲得のより大きなチャンスを求めて闘っていたロシアの農民自身は、この政策には満足しなかった。

しかし、これは、人権に関するいくらかの言語を導入した大きな改革だった。その結果、ロシア社会では、その後およそ一五年間の改革の時代が続いた。人権思想の衝撃によって公的に法の下の平等が確立された。これはまた、司法の独立と陪審力の廃止によって、新たな歩みも必要になった。貴族の地方における政治権一八六四年の司法的措置によって、かなりの人々がこの思想を受け入れるようになった。少なくとも法律に関しては、秘密裏の制限のない訴訟手続きの時代は終わよる裁判の権利を明確にした。

った。

改革時代の新たな一つの変化は、特に印象的なものだった。それは、直接的な言語が特に使われていよ
うといないとにかかわらず、最も中心のないくつかの権利への配慮の地理的範囲の拡大を反映していた。
ロシア法典の一連の改革は、法律の下の平等をより促進し、より標準化した法手続きを規定し、同時に死
刑を含む厳しい体罰の対象となる犯罪の数を劇的に削減した。ある時点では、少なくとも原理的には、死
刑に相当する犯罪が一〇〇以上あったが、一八二〇年代以降、世論はこの流れに反対する方向に進んだ。

改革の時代に、死刑は、殺人を含む少数の犯罪にのみ適用されうるようになり、一八九〇年代には、少な
くとも公式的には、殺人に適用される死刑の執行でさえ、比較的まれになった。

この類の変化には、欠点があった。エスニック集団や社会集団に保護を与えてきたこれまでの伝統的な
政権は、人々を国家とより直接的に対面させる個人主義的な保護の方法を採用するようになった。自分た
ちが求められる貴族への賠償金の支払いに不満を抱いていた多くの一般農民は、彼らの新しい法的地位に
は何の利益も感ぜず、より慣習的な村の手続きを好んだ。しかし、改革時代の最も明白な限界は、一八八
一年改革主義的皇帝の暗殺のあとそれが突然終わりを迎えたことに現れている。国の検閲と警察の監視は、
再確立されたばかりか強化された。政治犯の収監（場合によっては処刑をも含む）、シベリアへの追放が急増
した。秘密警察が拡充され、現実の政治犯だけでなく、想像上の政治犯にも焦点が当てられた。ロシア正
教の強制が復活し、宗教的マイノリティ、特にユダヤ教徒に対する迫害がより苛酷になった。いくらかの
重要な法的変化があったが、ロシアでは、人権論への転換は起こらなかった。

しかし、大事なことが残った。一九〇六年ロシア皇帝政権は、国のサービスの門戸をすべての希望者に
開き、貴族の特別窓口を廃止するなど法的平等原則を促進する一連の措置をとった。そのときに用いられ

た用語が興味深い。その法律の条文には、すべての人に「国家のサービスへの同じ権利」、そして、「すべての特別の優遇策の廃止」という文言があった。保守的で抑圧的な政権ですら特定の分野の権利の有効性を認めた。

いくつかの集団は、特定の権利の主張に深い関心を抱き続けた。活発なフェミニスト運動は、上流階級中心だったが、西洋の諸組織によって高められてきたより徹底した平等と自由に対するいくつかの同様の要求に合流する用意ができていた。それは女同士の仲間意識の明確な兆候だけでなく、権利に関しもっと議論しようとの意欲がまだ残っていたことを示していた。しかし、ロシア政権は、それを受けつけず、全体としてロシア社会は、権利問題よりは、経済状態への抗議により関心を抱いていた。しかし、自由主義的な考え方はなお残存し続けた。

◆オスマンの経験

オスマン帝国は、表面上、ロシアよりも素早く人権の潮流に対応した。スルタン・マフムト二世は、一八三八年、その後一八七〇年代まで続く「タンジマート（再組織）」改革として知られる政治的・宗教的変革に着手した。「タンジマート」改革は、原理的だけでなくある程度は実際にロシアでの変革といくつかの点で同じ問題を含んでいたが、同時にこの何十年にもわたる変革は、ロシアでの変革よりもいくつか、時期が早かっただけでなく、より徹底していた。

西ヨーロッパとの接触が頻繁で、西ヨーロッパの情報に通じ、影響を常に受けていたオスマン帝国の新しい問題意識には、二つの背景があった。第一の背景は、オスマン帝国が戦争に敗れ、広大な領土を失い、加えて国内各地の軍事的有力者からの圧力を受けていたために、すこし後のロシアの皇帝のようにスルタ

ンが、オスマン社会を再活性化して国内の不満を抑えるためには、どうしても何らかの本格的な変革が必要だと考えるようになっていたことである。そして第二の背景は、オスマンの支配者たちが、ロシアの支配者たちとは違って、人権思想にある程度類似性をもつ政治的伝統を復活させることができたことである。法にもとづく支配や法的平等へのある程度の関心は、イスラムの政治文化と相通じるところがあった。タンジマート期に成立したこの新しい結びつきは、具体的な変化をももたらした。これは単なる伝統の言い換えではなく、恣意的な支配から人々を保護する古くからの努力が、新しい人権論と結びつうることをはっきりと思い起こさせるものだった。

かくして、一八三九年のギュルハネ勅令は、特に「クルアーンや帝国の法の神々しい戒律が常に敬われていた」古き時代の帝国について言及している。そして、この伝統を引き合いに出して、勅令は、司法手続きの新しい原則を導入した。それによって、すべての被告は、公の場で裁かれねばならず、正規の判決が下されないうちは、誰も、秘密であれ公開であれ、毒やその他のいかなる方法でも他人を死に至らしめることはできないとされた。この恣意的な処刑からの保護の新しい原則は、イスラム教徒に対してだけでなく、すべての宗教集団に属する人物に対しても適用されることが明確にされた。財産権もしっかりと確認された。同時に、政府は、国家の任命人事の際の縁故主義を禁止しようと努力した。

この勅令に続いて、(ロシアに対する軍事的敗北の後)一八五六年、きちんとした権利章典が採用され、二〇年後には憲法の中に正式に取り入れられた。新しい憲法には、宗教的自由と法的平等がよりはっきりと書き込まれた。「わが帝国の臣民のいかなる階級の人々であれ、宗教、言語、あるいは人種を理由に他の人々より劣等とみなす区別や呼び名は、今後永久に削除されねばならない」。「あらゆる宗教は、わが領内で、自由に信仰されているし、将来にわたっても信仰し続けられねばならない。わが帝国内のいかなる臣

民もその信じる宗教の実践を妨げられてはならない。……何人も改宗を強いられてはならない」。いかなる宗教に属する人々も、政府の役職に就く平等な権利を有している。警察は、宗教にかかわらず、すべての平和的な臣民の人格と財産の「最大限の保護」の順守を命じられた。所属宗教の違いによる課税の格差は廃止された。

これらは、それまでの不平等を除去するだけでなく、国家と対応する第一義的存在として、個人ではなく共同体を位置づける伝統からの転換をも意図する革命的な政策だった。懲罰を見直し規制する努力もまた、より広く人権思想とのもう一つの重要な結びつきとして注目に値する。

そして、これらの政策はいくつかの結果をもたらした。宗教的マイノリティ、特にキリスト教徒とユダヤ教徒は、新しい活動の自由を獲得し、とりわけビジネスの分野で、新しく公的な存在感を強めた。オスマン帝国の裁判所が、非イスラム教徒の権利を広く尊重するようになると、旅行の自由やプライバシーの権利はより広範に尊重されるようになった。一般のイスラム教徒も影響を受けた。彼らは、昔からイスラム法廷が、人々を恣意的な扱いから守ってくれたことをいつも思い出した。一九世紀の後半には、注意深い裁判の評決を聞いて、群衆は、集まって「これが正義だ！　これが法だ！」と歓声をあげることができた。

しかし、タンジマート改革によっても、期待された帝国の安定化は実現されなかった。多様なマイノリティ集団が、新しい民族主義の言葉で自分たちを定義し、特に南東部ヨーロッパで、民族的独立のための世論喚起を目的として自由を掲げた。多くのイスラム教徒は、改革がイスラム法の縛りを緩め、彼らの優越した法的地位を弱体化したとしてこれに抵抗した。

このような終わることがないように見えた国内の抵抗や衝突が継続すると、オスマン帝国政府は、この時期にロシアと同様の後退政策をとった。一八七八年新しい皇帝は、憲法と人権憲章を無効化し、特に出

版の自由の抑圧に乗り出した。多くの人が政治犯として収監され、中には拷問され殺される者も出た。しばしば暴力的な抵抗に対する対応ではあったが、政府はまた、多様な民族的マイノリティ、及び宗教的マイノリティに対する力ずくの、場合によっては残酷な抑圧に乗り出した。ロシアと同様、改革への関心は密かに生き残り、多様な集団が憲法の復活を求めて立ち上がった。帝国内の人権抑圧への抵抗は止むことはなかった。そして、後にみるように西洋の世論は、オスマン帝国のこれらの政策は、ロシア以上に、この帝国が文明の基準を満たすことができない証拠だとみなすようになった。

◆第三地域

ロシアとオスマン帝国は、一九世紀に入って展開されるようになったグローバルな人権パノラマの第三地域の事例にあたる。矛盾や後退などさまざまなことがあったが、それでも西洋社会は、人権の主な故郷であり続けた。人権論は、ラテンアメリカでも地歩を築いた。もちろん、ここでも、他の勢力からの強力な妨害や厳しい対抗が強かった。とりわけ政治的な不安定が頻発し、阻害要因となった。人権の主張は、ロシアやオスマン帝国にも影響を与えたが、ロシアのフェミニストの比較的小さな集団を除いて、この地域で人権が持続的に主要な目標になることはなかった。オスマン帝国は、帝国の生き残りのために苦闘しており、国内の優先順位をめぐる争いに忙殺され、領内の人権を下支えしてきたイスラム教の政治的伝統は、あまり影響力を発揮できなかった。人権に対する保守派からの抵抗は、ロシアでもオスマン帝国でも強力だった。彼らは、社会組織はいかに構成されるべきかに関し対案となるビジョンを生み出した。改革のための世論喚起の努力は、多くの場合、人権論とは異なった道を追求した。特定の点では、両者はともに人権と重複していた問題、オスマン帝国では民族問題がより大きな問題だった。例えば、ロシアでは農民問

たが、基本的な推進力は異なっていた。しかし、両地域における事態の推移は、人権原理の正真正銘のグローバルな拡大を意味した。これらの原理は、両社会の重要な改革の時代を導いて、重要な政治的変化をもたらしたが、ここで表面化した複雑さと抵抗は、西洋ともラテンアメリカともパターンが異なっていた。

一九世紀に人権がよりグローバルな関心を引きつけるようになると、地域ごとの対応が異なってくるのは避けられなかった。

◆グローバルな基準──「人道に対する犯罪」という新しい考え方

一九世紀後半までに、人権のグローバリゼーションは、さらに新たな局面に入った。外交政策の一部として、普遍的な基準と権利の保護を設定する試みが始まったのである。その第一は、人間の最も厄介な行為、例えば戦争の開始に、人権思想を適用する新しい試みだった。そして、新しい基準に合致しない政府や集団の責任を問う国境を越えた世論形成の根拠として人権基準を用いる試みが始まった。こうして、究極的には人道に対する犯罪として特定の行為を明示できるようになった。それは、すべての人間が、民族、人種、宗教の違いを問わず特定の最低限の保護を受けるに値するという理念に進む重要な歩みだった。

人権の新しい幕が、一八五九年に開かれた。スイス人銀行家アンリ・デュナンは、オーストリア・イタリア戦争の際の負傷兵に対するひどい扱いに衝撃を受け、この分野での新しい国際基準の設定を主張する書物を執筆した。この主張は、文豪ヴィクトール・ユーゴーやイギリスの看護師フローレンス・ナイチンゲールなど多くの著名人からの支持を得た。その結果、まもなく一八六四年に最初のジュネーヴ条約が締結され、そこでは（敵味方にかかわらず）負傷兵だけでなく、戦争捕虜に対する取り扱いに関する最低限の基準が設けられた。言い換えれば、新たに権利を得た人がいたということである。多様な国々がこれに署

名した。はじめは主にヨーロッパの国々だったが、数十年の間に日本（一八九〇年）を含むほかの地域の国々もこれに加わった。ジュネーヴ条約は、二〇世紀に入り、原理は常に維持しつつ、定期的にその内容を修正・拡大し、武器や戦争、あるいは拷問についての新しいルールを導入していった。

同じような考え方が、今や国境を越えて他の集団についての新聞報道以外も含め広く広がった。

一八七〇年代のブルガリアの民族主義者の蜂起がオスマン帝国の圧倒的な軍事力によって鎮圧され、拷問のうわさが新聞報道以外も含め広く広がった。

裂かれ、「これから生まれてくる赤ん坊が、銃剣とサーベルに突き刺されて、勝ち誇ったようにして」捧げられたことを詳しく報道した。西ヨーロッパのジャーナリストが、この事件を広く報道し、多くの著名人が彼らの怒りを表明した。多くのロシアの知識人も大いに驚き、批判の声を上げた。イギリスの政治家たちは、世論に押されて、オスマン帝国政府を「人類全体の道徳理念」の名において非難した。ウィリアム・グラッドストーン元首相は、「トルコ人は人道に対する深く長く続く犯罪」を犯したと主張するパンフレットを出版した。おそらくこれが「人道に対する犯罪」という言葉づかいが用いられた最初だった。多くの指導者が、オスマン帝国政府にそれをやめ、少なくともこの犯行に及んだ兵士を罰するよう要求した。

この事件には多くの側面があった。このエピソードは、明らかに新聞の新しい国際的なコミュニケーション能力の向上が反映されていた。特に西洋によって頽廃的だと長いこと批判されていたオスマン帝国政府についての情報の誇張は明らかだった。これは深刻な事件であることは確かだが、大いに誇張されていた。また、ブルガリアがキリスト教国であることに注目することも重要である。それが西洋人の感情を逆

なでした。しかし、世界中の多様な地域（この時点ではなお主に西洋であることは認めざるを得ないが）の人々
が、他の社会での抑圧的な行為を、罪のない人々の命を保護すべきだとの基準によって裁くことができる
という観念は、たぶん、より広範な人権擁護の重要な一歩だったといえよう。原理的には、他の社会にお
ける権力者の行為であっても、文明の基準を正面から踏みにじる受け入れがたいことだと批判される可能
性があった。

　西洋の外でも同様の情熱が呼び起こされた。そしてそれは、西洋で行われていることに対しても発生し
うることだった。一九世紀末、多くの社会改革者たちは、アメリカ南部で起こっていた人種的マイノリテ
ィのリンチに抗議した。いくつかの国の政府や、世論の担い手たちが、その殺害を「野蛮で」「非道」だ
として、その抗議に加わった。これらの批判には、ヨーロッパ人が広く参加したが、それ以外にもメキシ
コ（メキシコ系アメリカ人がしばしば犠牲になったという理由もあった）のほか、一九〇〇年以後には、日本の
新聞も参加した。ある日本の新聞は、「世界一になることが大好きなアメリカは、リンチでも世界記録を
もっている」と批判した。アメリカの改革者たちは、この憤激の感情を一層高めるために、国際的ツアー
を組織し、自国への手紙で、その結果を報告した。一九〇四年、ベルリンでの会議の後、メアリー・チャ
ーチ・テレルは、「実のところ、世界中で起こっていることをよく知ってぞっとしていると書いている。
え、アメリカで、黒人の男女や子どもがリンチされている」ことをよく知っている外国人たちでさ
人権の原理を、よその国民国家内部の公式あるいは非公式な抑圧にまで拡大する初期の努力はほとんど
実を結ばなかった。アメリカがリンチ抑制に断固とした態度をとり始め、改革後のオスマン帝国が外部か
らの批判に直面して、この国独自の政策を少しばかり変更するまでには、なお数十年を要した。しかし、
最低限のグローバルな基準を設定するという考え方は、影響力を持ち始めつつあり、それは、この考え方

が、世界の舞台でいかに拡大しうるかを示すもう一つの事例である。

◆ グローバリゼーションの数十年における人権抑圧

ここまでこの章では、人権活動が、世界の他の地域に広がっていく過程について論じてきた。西洋との特別な接触や歴史的な結びつきが、この過程を促進した。奴隷制に反対する運動の地理的な拡大に始まる共同行動もその一つだった。人権への配慮を戦争や外交といった国際的活動にも適用する新しい動きもみられるようになった。こうした出来事を経て、一九〇〇年までに、人権がすっかりグローバルな話題になり、一世紀前のような単なる原理の問題ではなくなった。この拡張のプロセスでそれぞれの地域が多様な形で反応したことは、必然的なことだった。

しかし、グローバルな拡張は一九世紀だけの話ではなかった。人権の歴史の中で、一九世紀がしばしば大部分無視され、都合の悪い過去の一部にすぎないとみなされてきたのは、新しい妨害物や矛盾がこの時代に現れたことである。最も明瞭な問題がヨーロッパの帝国主義的膨張から発生した。この帝国主義は、ときには、少数の積極的な改革を輸出したが、多くの地域で人々の諸権利を踏みにじった。しかし、熱心に他のタイプの変化を求めていたいくらかの地域でさえ、人権の推進からはほとんど目をそらしていたのも事実だった。帝国主義とこれに対する控えめな抵抗というパターンは、各地域の人権への反応に多様性を生み出しただけでなく、グローバルな現象としての人権の全面展開が抑制されたのは明らかだった。

◆ 帝国主義

一九世紀中葉は、西洋帝国主義の新たな段階の始まりの時代だった。それは、産業基盤の成長を基礎に

した西洋の軍事力と経済力の成長にもとづいていた。ドイツやアメリカのような新しい国を含めた多くの国々がそれに加わった。東南アジアや太平洋が新たに征服され新しい領土が確保された。中国は建前上独立していたが、広大な海岸地域が租借地として奪われた。アフリカは、サハラの北も南もほぼ完全に分割された。

これらは、力ずくか、脅しによってなされた征服だった。帝国主義者は、地方の協力者との交渉に長けてはいたが、その交渉の背景には、軍事的圧力やしばしば一方的な流血の戦闘があった。

歴史家たちは、この新しい事態の原因について論争してきた。帝国主義者たちは、経済的要因によって求めたのである。外交的な戦略も重要な役割を果たした。例えば、イギリスは、ドイツやフランスの圧力から守るために新しい植民地を確保した。ドイツ、フランス両国も同じ形でこれに応えた。人権は、基本的な力関係に具体的役割を果たさなかった。

しかし、人権の結果はまた別の問題だった。よくあるように歴史の複雑さを考慮に入れねばならないが、帝国主義は、さまざまな点で人権のグローバル化を深く傷つけた。

いくつかの点に注目する必要がある。帝国主義者はしばしば文明化の使命——詩人ラドヤード・キップリングが「白人の重荷」と呼んだことは有名である——について語った。帝国の擁護論者たちの多くが、遅れた人種をより進んだ水準に引き上げるのだと語った。この議論は、より優雅な装いで力の行使を覆い、被支配地域を確実に収奪するための自己満足のたわごとだった。帝国主義によるアジアやアフリカ征服の犠牲者が、西洋の進歩の主張と現地人の要求への侮辱的対応との欺瞞的ギャップに気がつかないはずはなかった。帝国主義は、西洋が人権あるいは、何らかの共通の人間性の理想を約束するという宣伝にはなら

なかった。

しかし、それでも人権思想の要素を反映した改革の動きがなかったわけではない。そしていくらかの帝国主義者たちは、おそらく、少なくとも自分自身の宣伝を信じていた。植民地統治者は、しばしばキリスト教宣教師の助けを得て、アフリカその他における奴隷制を形式上終わらせる圧力をかけた。西アフリカでは、双子の新生児を不吉さの兆候として殺害する伝統的な慣習が禁止された。イギリスは、インドで、「サティ（殉死）」といわれる伝統をやめさせようとした。インドの女性の中には、この伝統的なしきたりで夫の死後に夫の火葬の薪の上で自殺する者がいたのである。夫が亡くなったからには、女性には人生で尽くす者がいなくなったというのが根拠だった。また、帝国の行政当局は、一般的な権利の確立とは違った目的で、子どもの教育にいくらか新たに取り組んだ。要するにいくつかの実際上のあるいは潜在的で積極的な動きがなかったわけではない。さらに、西洋の影響で、中国においてさえ地方の改革者たちは、長いしきたりだった女性の纏足をやめさせるためにかつてない努力を始めた。

新しい価値基準を導入するこの類の政策は、公的に「権利」という飾り文句がその混合物の一部でさえなかったときに、人権の観点からすれば明らかに疑問があるしきたりへの挑戦になりえた。同様に重要なのは、これらの政策が、植民地社会内部の個人ないし集団を刺激し、改革の推進と人権そのものの理念に直接関係するやり方で考えるきっかけを与えることもあったことである。一九世紀中葉のインドの思想家たちは、イギリスの支配に憤慨し、どんなものであれ、イギリス的規範を受け入れることを嫌悪していたが、中には、未亡人に対するおぞましい蛮行である「サティ」に反対して声を上げる必要を感じていた者もいた。中国での纏足反対の動きもその後の女性の権利拡大の努力と結びつくものだった。この地域のような意味で、帝国主義は特にアジアで人権のより広範な女性の権利のグローバリゼーションを前に進めたのである。この地域

にのちの人権擁護論者のための種はまかれた。そしてこの地域からより発展した人権問題が世界に広がっていった。

しかし、帝国主義の主要な推進力は改革ではなかった。帝国主義的改革は、明らかに人権支持層の新たな成長を抑制する役割を果たした。帝国主義的改革の理念は、しばしば外部からの干渉に対する憤りをかき立て、そこに含まれる規範に対する反動さえ生み出した。女性の新しい権利の提案は、多くの女性にさえ積極的に受け止められず、西洋からの批判に対する伝統的仲間意識を再強化しさえした。帝国主義者たちは、しばしば、地域文化は劣等であり、植民地住民は遅れており、西洋の啓蒙を求めているはずだとの前提に立った改革を持ち込んだ。そのようなやり方では、新しい権利という言葉や概念を多くの大衆が受容し、行動するよう仕向けることはけっしてできなかった。提案された改革は、古典的人権論ではなくしばしば人種主義的前提に立っていた。例えば、教育に関する新しい試みは、「現地住民」は、まともな知的水準にしばらくは到達できないだろうという不信感の下で始められた。

帝国主義者の政権は、人権問題に関しては、中途半端で首尾一貫しておらず、まともに取り上げなかった。外国の支配に対する地元住民の抵抗を恐れた政府は、権利の規範と明らかに矛盾する伝統的なしきたりをしばしば放置した。例えば北アフリカにおける女性器切除は、少なくとも第二次世界大戦後まで、多くの場合、無視されてきたことについてはすでにみてきた。インドのイギリス人は、カースト制度が、法的平等のどんな理念とも両立しえないにもかかわらず、これに疑問を投げかけることはほとんどなかった。根本において帝国主義は、人何よりも支配維持を第一に考える政府がこの問題を扱うには無理があった。根本において帝国主義は、人権の使命観をもっておらず、それが地域文化の変革が十分に推奨されなかった理由だった。

また、帝国主義政府は、特定のグループに属する人々に対する伝統的な共同体的保護をなし崩しにし、

外国人の行政官では容易には気がつかない新しい人権問題が発生した。例えば、西洋の法的基準では、女性は個々の核家族の中の下位に位置づけられる傾向があり、アフリカでは、拡張家族と村落全体が女性の福祉にそれなりの責任を負う従来の地域の伝統は、西洋的基準の導入によって弱体化された。インドでも、同様に伝統的な家族のあり方は一様に「野蛮である」という仮定のもとに、イギリスの法原理が輸入され、同様の不安定化をもたらした。例えば、イギリスのモデルにもとづく女性の財産管理権に関する新たな規則は、それまでのインドの伝統だった共同管理下の拡張家族の中での女性の福祉を骨抜きにした。

実際には、それを帝国主義の拡張家族の中での女性の福祉を骨抜きにした。

帝国主義と人権とが根本的に対立することは、帝国主義が、最終的には暴力と強制に頼ったことに現れている。新体制はあからさまな暴力によって押しつけられたばかりでなく、支配地域の住民に対して、政治的自由あるいは表現の自由を全く与えず、その体制を力ずくで維持した。その結果、多くの集団は、新しい人権のいかなる基準をも自覚することができなかった。それゆえに人々は、この地域における西洋の主張は全く空虚だったことを確信したのである。

政治的弾圧も広く行われた。一九〇四年、ドイツ支配下の南西アフリカ（現在のナミビア）の主な住民集団であるヘレロ族が、ドイツの支配に対して立ち上がり、一五〇人のドイツ人入植者を殺害した事件が起こった。急遽導入されたドイツ軍が反乱者を鎮圧した。ドイツ政府はそれでやめず、さらに先に進んだ。ヘレロ族は、ドイツ支配下の住民としての権利を否定され、その居住地から出ていくことを強いられ、さもなければ殺害された。多くの人々は砂漠地帯にのがれ、そこで渇きによって命を失った。その結果、全体として、半数以上の住民が死亡し、植民地の支配者たちは、軍隊と砂漠によって「ヘレロ族は除去された」と誇らしく宣言した。これは一つの強烈な事例だった。だが、この事実は、帝国主義政府が、いかなる法的手続きへの配慮もなく、住民を懲罰する残忍さをもっていたことを示していた。

多くの植民地で、暴力的な懲罰を含むあからさまな強制力の下で、現地住民が西洋人所有の鉱山その他の事業に駆り出された。ベルギー領コンゴの事例は特に悪質だったが、似たような虐待が、広範な国際的抗議を引き起こすことなくあちこちで行われた。さらに、経済的な圧力は、ヨーロッパ人による土地の略奪によってしばしば一層ひどくなり、地域経済はより広範にむしばまれ、住民は厳しい労働を強いる現場に送り込まれた。一九世紀末、帝国主義は、奴隷制反対を吹聴して回ったが、多くの植民地住民にとっては、新たな強制には、いかなる人権原理も見出せなかった。

多くの帝国主義統治者たちは、現地人を罰する際に鞭を使った。これは本国では、残酷だとしてすでに禁止されていたやり方だった。例えば、ケニアのイギリス植民地官吏は、皮肉なことに、現地住民が動物を虐待したとの理由で彼らを鞭打つことさえした。

特に将来指導集団として台頭してくる人々にとって同じように明確だったのは、帝国主義とむき出しの政治的弾圧との関係だった。帝国主義的支配に対する抵抗は、力で抑え込まれたが、それ以上のものもあった。政治的宗教的異端分子は、厳重に監視され、その指導者たちは、定期的に逮捕された。このような抑圧体制が二〇世紀に入っても続いたので、第二次世界大戦後に帝国主義がついに崩壊したときに、次の国民政府を担った人々はその大半が、植民地の監獄でかなりの時間を過ごした経験があった。裁判が行われる場合でさえ、その多くは、現地住民の被告に不利なように仕組まれていた。それは、政治的な問題について最も臆病な意見以外を表現すれば、どんなにひどい結果を招くかを広く知らせることを意図していた。ここでもまた帝国主義は、人権基準の否定を意味した。それは、広大な植民地での人権を著しく侵害し、現地の利害の多くを損ねた。

帝国主義に抵抗する現地の指導者たちは、多くの場合、自分たちの主張を合理化する際に人権論を取り上げた。実際にそれは、一世紀前にハイチやアメリカ大陸で起こったことだった。そしてそのような見かけの発言がなされたこともあった。二〇世紀に入って、モハンダス（マハトマ）・ガンディーに導かれたインドの独立運動は、イギリスの支配に対する非暴力大衆抵抗戦術を発達させ、極端な弾圧を抑制するために、イギリス自体で信奉されている人権の価値観を用いて、イギリス世論に訴えた。ガンディーは、イギリスで教育を受け、イギリスの政治文化によく通じていたばかりでなく、宗教的寛容や法的平等の価値を信奉していた。そして、異なった宗教集団、女性、より下位のカーストに属するインド人を彼の大義の下に結集させることに努力した。しかし、そのインドですら、帝国主義に対する抵抗が、古典的な人権の価値を主な根拠として展開されることはなかった。帝国主義は根本から人権に対する抵抗よりは、民族独立のレトリックに頼った。それは人権論を規定していた個人の権利にではなく、集合的権利にもとづいていた。帝国主義に抵抗して闘っていた大半の指導者は、ナショナリズムの目標を第一に掲げた。実際、民族自決権は、宗教の自由や出版の自由などよりも人権の一覧表の上に置かれるべきだと主張する者もいた。しかし、優先順位だけが問題なのではなかった。この国の内部の宗教的あるいは人種的マイノリティの中には、保護を求めて、ヨーロッパ帝国主義者の側に立つ可能性がある集団があった。もし民族独立運動の目標を第一に据えたなら、その集団はどのような地位に置かれるべきなのか。人権基準に従えば、抵抗の大義を支持してこなかった集団、あるいは、その全国レベルでの政府の組織方法に反対した集団であっても、彼らの政治的権利は剥奪されてはならないだろう。実際に多くの反帝国主義運動の内部で厳しい敵対関係があっ

た。そして、その緊張は、独立後も解消されなかった。帝国主義の支配が終わっても人権の約束は曖昧なままだった。

　民族自決と人権を結びつける困難な問題を含めて、どのような根拠の組み合わせかは別にして、多くの反帝国主義指導者は、民族的伝統の方がより重要だとみなす感性、西洋植民地主義の下での彼らの経験などのために、人権にはあまり関心がなかった。それは、国家建設と比べはるかに重要ではない別の異質な問題のようにみえた。ここではインドの事例が有益だろう。ガンディー自身は、諸個人の権利保護を要求するよりも、諸個人の社会的義務に力点を置くことを好み、人権団体への加入を断った。もう一人の不可欠な独立運動の指導者でのちに独立インドの最初の指導者になったジャワハルラール・ネルーは、明らかに異なった立場をとった。彼は西洋の人権の伝統の重要性を認め、それはナショナリズムの宣伝活動を弾圧から守るために採用できるとみなした。その立場から、彼はアメリカの同様の組織をモデルにして、インド自由協会を一九三六年に結成した。当時は、五万五〇〇〇人のナショナリストが投獄されており、ネルーは帝国主義政府批判の世論喚起の重要性を主張した。しかし、他の指導者たちの多くはこの組織に加わらず、この組織は、まもなく消滅した。ナショナリストたちが権力を握ると、はじめは、いくつかの地方政府の指導者たちが、新しい地位を利用して反対派を圧殺しようとした。ある地方指導者は、「困難がのしかかっている」状況の下で、市民の自由を守るなどということは不可能だと宣言した。多くの反対派の新聞社が閉鎖された。そしてネルー自身が方向転換し、より統一した国民政府を彼の政党（会議派）の責任の下に建設することを優先し、人権運動に背を向けた。新生独立インドで市民的自由は根絶されはなかったが、新しいナショナリストの多くは、異なった支配体制を維持するために、イギリスが彼らに押しつけた抑圧的な政策を大部分引き継いだ。

西洋自身に全面的な人権公約がなかったことを示していた一九世紀の帝国主義の暴発は、全体として、人権のグローバル化を遅らせ阻害した。新しい経済的搾取にさらされていた住民大衆にとって帝国主義は、住民の人権を抑圧し、人権原理とは矛盾するものだった。未解決なまま残された問題は、今日でさえ、世界史に影響を与え続けている。

◆文化的抵抗——第二の障壁

帝国主義と並んで、一九世紀末までによりはっきりしてきたもう一つの動きも、人権の地理的形勢を混乱させる役割を果たした。いくらかの変化の兆しはみられたものの、いくつかの地域では、人権論は、あまり魅力的にはみえなかった。そして場合によっては、政治的・経済的指導者たちの中には、西洋への対応の一部として、はっきりと反対論を展開する者もあった。その結果は、帝国主義がもたらした複雑さと比べればそれほど深刻なものではなかったが、それは、その後の地域的多様性の継続的な主張につながった。

日本は、興味深い適切な事例だった。日本では、一八六八年までは、儒教文化が特別な影響力をもっていた。それは社会的責任を重要な柱とするものであり、日本には「権利」に該当する言葉は一八七〇年になって導入されるまでは存在しなかった。一八六八年と明治時代の改革によって日本は、公衆衛生から軍隊組織、初期工業化段階の技術まで、さまざまな分野での西洋方式の積極的模倣の時代に入った。人権に関する新しい議論は、この過程の一部だった。しかし、現在進行中の地域的多様性の理解にとって決定的に重要なことなのだが、それは、支配的な部分ではなかった。日本人は、古来の伝統を付加したが、法典をフランスやド副次的影響はあったし、それは重要だった。

イツから輸入した。一八七三年、政府は公的に宗教的寛容を規定した。日本の個々の学者や改革者たちは、もっと先に進んだ。例えば、中江兆民は、一八七〇年代にしばらくフランスに滞在した後、日本に帰国し、儒教と自然権哲学の融合を熱心に説いた。彼はルソーの書物を日本語に翻訳し、自由民権運動を始めた。

日本における人権への支持は限られてはいたが、これ以後、地方に熱心な支持者をもつこととなった。また、すでに触れたとおり、日本人は西洋の人種主義と人権基準の間にある矛盾に特に関心をもっていた。

しかし、個人の権利や保護への過度な関心よりは、共同体と社会への責任の重要性に力点が置かれ続けた。一八八〇年代にこの国の政府は、これらの権利問題に関する過度な西洋の影響を明確に排して、社会と天皇への忠誠を最優先にすることを主張するようになった。明治体制を支えた武士階級出身の山縣有朋は、彼が「非生産的な政治論争」と呼んだ個人意見の放任をやめ、集団的規範への服従と忠誠を強調した。ある企業家の指導者は、同様に、「自尊と自己抑制」は、いかなる実質的な自由にとっても不可欠だった。真の市民性は、社会を第一に、自己を第二に置くことによって成り立つと書いた。競争と個人主義の過剰は、社会を破滅させる。「みんなでうまくやっていき、国家に奉仕するためには、われわれは、ぜひとも独立独行という考えを放棄し、エゴイズムを完全に拒絶せねばならない」。この時代の支配的な考え方の下では、どんなものであれ人権の特別な強調は、ただ場違いだった。

一八八九年の新憲法は、いくつもの断片を一つにまとめようと試みた。それは、法の下の平等を確認し、人々の「権利と財産の保障を尊重する」とされていた。「臣民の権利と義務」に関する節では、言論と出版の自由、恣意的な逮捕からの保護が明示された。国家への請願は、「敬意をもった適切な形式を順守する限り」許可された。ただし、この控えめな「臣民の権利と義務」に関する規定は、憲法の中で全体とし

て繰り返される天皇の「神聖にして犯されざる」超越的権威と義務の優越を前提とした限りでの権利を定

めたものだった。天皇が、「わが臣民が、われらの考え方に導かれるであろうことを余は疑わない」と宣ったように、人民はともに和し、日本国の内外の栄光のために、尽力するはずだった。人権は存在したが、はるかに集合的自己認識の方に力点が置かれる脈絡の中でのみのことだった。日本は、変化を受け入れる可能性をもつ文化を育ててきたが、人権に補助的な位置しか与えない価値観にしっかりしがみついていた。他の地域では、単に伝統主義やむき出しの抑圧に頼るのではなく、人権とは異なった対案を求める道もみられた。われわれは、ロシアが、一八六一年以後の短い改革に続く後退期に入ったことをみてきた。これは、ロシアの政治文化は、無秩序な西洋個人主義に対する望ましい対案であるという洗練された保守的な見解によって合理化された。例えば、汎スラブ主義者（民族主義者）ニコライ・ダニレフスキーは、自由を獲得するためには、強力な膨張する国家が必要だと書いた。彼は、真の自由は、ロシア人の気質の中に深く浸透していると主張した。そのロシア人の気質とは、

権力に服従する能力と慣習、権力への尊重と信頼、自分たちにはふさわしくないと思われる事柄に関与することへの嫌悪である。もし、すべての政治的紛争の原因を調べてみると、われわれは、その根源が、自由を求めての闘争にあったのではなく、権力欲であったり、理解する能力を超えた事柄に対する関与への人間の無駄な願望であったりしたことに気がつくだろう。

言い換えれば、自由とは権力者に強力な国家を運営させ、彼らの決定をうまく実行させることなのであ
る。ダニレフスキーが描いたロシアの農民たちを包摂している強力な共同体社会は、社会の成功のさらな
る基盤となった。これは、人権にはっきりとは触れないより集団主義的政治的成功の別の事例だった。ダ

ニレフスキーは、全く異なった理念を抱いていたので、「西洋への物まねと盲従というつもりつもった弊害」にほとんど疑念を抱かないロシア皇帝の改革者たちに、注意するよう警告した。

二〇世紀初頭、ロシア皇帝の抑圧体制下でロシアの政治の改革者たちは、勢いを増しつつあったマルクス主義者やその他の社会革命家集団との分裂が次第に激化していた。両集団はともに古典的な人権論の価値を認めていなかった。マルクス主義者たちは、個人の政治的権利に関心を紛らわされるよりは、労働者階級の権力と大規模な経済再構築を優先した。例えば、女性の法的権利の拡大要求など、自由主義的な世論喚起は続いていたが、その努力は、全く異なった左右双方の政治目標の間に埋没させられてしまった。

人権の地理的広がりは、ますます複雑になってきた。人権思想の何らかの側面により多くの地域が触れるようになったからであり、また、それぞれの地域には異なった伝統や条件があったからである。帝国主義に支配された多くの地域では、人権は、他の争点や、反対論によって矮小化された。他の地域は、直接関連のある改革の時代を経験していた。例えば日本のような地域では、人権計画の一部に控えめにいくらか順応したが、なお秩序と権威の強調は維持され続けた。西洋の侵略とともに国内問題によって解体が進んでいた中国では、纏足反対運動のような限られた領域以外は、人権を考慮する機会はほとんどなかった。真剣な議論が始まったのは、ようやく一九二〇年代に入って人権団体が組織されて（一九二五年）からだった。しかし、この時点までに盛り上がっていた民族主義的情熱によって、多くの指導者たちは、民族に関する彼らの考え方を受け入れる者だけが、その権利を享受することができると考えるようになっていた。西洋自体は、真の人権推進とその他の世界に対する支配権の確立と維持への強烈な衝動の間で分裂していた。何らかの人権問題は、反奴隷制運

動組織のような集団の相互の接触と努力のおかげで、ほとんどすべての場所で顕在化していた。ある程度ではあったが、一九世紀の間に真のグローバル化が起こっていたのである。しかし、改革と反動が交錯し進むべき道は混とんとしており、まだグローバルな転換は起こっていなかった。

◆ 一覧表の延長

一九世紀の人権の歴史は、豊かで錯綜していたが、最後に新たな展開がみられた。すでに以前からその予兆はあったのだが、この時期に基本的権利の一覧表が延長し始めたのである。この領域における非常に重要な革新は、主に西洋で起こった。しかし、その変化は、まもなく二〇世紀を切り開く革命の波を含め広範な地域に波及効果をもたらした。グローバルな複雑な反応にもかかわらず、新しい人権の一覧表は、運動全体の引き続く活力を反映していた。

戦争と外交を最低限の人道的原理の下で行うよう規制する努力と並行して、特に三つの分野への人権基準の適用が始まった。まず、児童労働規制と子どもの教育への関心が着実に広まった。この分野での革新は、子どもの工場での労働の広がりから生まれたが、他の集団も、子どもの再定義の重要性を認識するようになるにつれて、さらに広がった。まだ子どもの権利という枠組みでは論じられなかったが、結果的には、子どもの権利はその方向に進んだ。次に、女性の権利拡大という理念は一八〇〇年にはまだ少数の潮流にすぎなかったが、支持を拡大し、新たに息を吹き返した。それはなお不完全にしか実行されていなかったが、権利のリスト全体への最も明瞭な補足だった。最後に、多様な評論家や、特に資本主義的産業秩序に批判的だった社会主義者は、基本リストに、物質的な権利と労働者の権利を付け加え始めた。これは、古典的啓蒙主義者の所説においては明瞭には示されなかった概念だった。しかし、当時の産業事情の下で

は、視野をもっと広げる必要が出てきたようだ。

一九世紀中葉以後、多くの国が、最初は初等レベルの学校への児童の通学を義務化し、児童労働を抑制するようになった。イギリス、フランス、そしてプロイセンは、一八三〇年代までに工場労働は危険であるという証拠がはっきりするに伴って、児童労働法を施行し、少なくとも一二歳以下の児童労働に課税することを決めた。当初の執行は心もとないものだったが、次第に改善され、多くの労働者家族は、子どもを伝統的なタイプの労働をさせるよりは学校に行かせる方が、子どものためだと考えるようになった。次第に、都市では重労働を強いる工場による労働は減少した。改革者たちは、ます ます労働現場での改革の重要性を主張するようになった。

しかし、課題はなお残っていた。アメリカにおける児童労働(主に一〇代であり、もっと幼い子どもではなかった)のピークは、二〇世紀の初頭だった。そのため、当時、伝統的なものであれ新しいものであれ、児童労働は間違っており、禁止されるべきであり、もちろん、より効果的な通学の監視に取って代われるべきだと主張する新たな改革運動が巻き起こった。その努力は成果を上げ、アメリカの児童労働率は急速に低下し、児童の通学は中等以上でさえ標準となった。そしてほかの国でも子どものための新しいタイプの政策は、経済発展に欠くことができないと確信されるようになり、この流れに参加するようになった。

日本では一八七二年に義務教育法を施行し、一八九〇年代には、少なくとも数年の通学が標準となっていた。日本とロシアは、児童労働を原則的に規制する法律を採用した。

言い換えれば、一九〇〇年までには、児童の経験を根本的に変容させ、搾取的労働から保護し、教育の機会を促進する枠組みが設定された。その枠組みは、通常、人権の論理で組み立てられてはいなかった。

トマス・スペンスの『幼児の権利』がイギリスで出版されたのは、一七九六年のことだったが、子どもに関する思想の発展によって、この改革が人権の言語で語られるようになったのは、ようやく二〇世紀に入ってからだった。特に第一次世界大戦が重要な役割を果たした。第一次世界大戦は、戦争中の子どもの窮状への新しい関心を呼び起こし、決然たるイギリス人女性エグランタイン・ジェッブが児童救済運動の先頭に立ち、大きな「セーブ・ザ・チルドレン」運動を始めた。一九二〇年代には、教育への推進力と広範な世論の支持によって、運動は、公的な権利運動へと発展した。ポーランドの教育者ヤヌッシュ・コルチャックは、一九二九年に『尊重されるべき子どもの権利』という本を出版した。ジェッブ自身は、その後も一九二三年に子どもの権利についてのより深められた所説を発表し、それは次の年に、国際連盟によって支持された。かの女の陳述はいくらか漠然としていたが、必要な食料と医療を提供し、非行の矯正のための適切な施策、「物質的及び精神的に正常な発達に最低限必要な手段」をすべての子どもに提供することを全面的に約束する条項を提案した。国際連盟は、何ら法的拘束力のある条項を支持せず、明らかに世界の多くの地域では、まだ、子どもの権利の重要な施策に深く影響されることはなかった。しかし、スイスを含むいくつかの国々の支持を得て、国際的な取り組みは、その後も続いた。スイスには、現在、セーブ・ザ・チルドレン・インターナショナルが本部を置いている。イギリスのようなその他の国々は、子ども国際的な干渉を受けることを恐れてためらったが、ベルギー政府の高官たちも子どもの扱いについて国際的な干渉を受けることを恐れてためらったが、ベルギー政府の高官たちも子どもの権利を強調した。第二次世界大戦以後にさらに一層運動を促進する軌道が確立された。

人権全般の本質的構成要素である女性の権利への注目は、複雑な子どもの権利概念より、はるかに具体的な問題として台頭した。女性の権利を促進するための集会や団体は、一八四〇年代に世界のいろいろな場で現れた。ある場合には、反奴隷制運動が、直接女性の権利集団の設立につながった。ここでのすべて

の人間の平等に関する論争は、女性の平等への要求を含みえたし、女性を反奴隷制集会から排除しようと
する男性たちの行動が、かえって特別な刺激となった。

女性の権利要求運動は、人間全体に適用される多様な保護に女性を含めることに加えて、いくつかの重
要な目標を追求し始めた。まず財産権が浮上してきた。一九世紀中葉以後、イギリスやアメリカその他の
地域では、「既婚女性の財産権」との名の下に法的な変化が起こり、夫から独立した個々の女性の財産に
対する確かな管理権が女性に与えられた。就学ももう一つの課題だった。新しい教育法は、男子とともに
女子にも適用されたが、女性は、法律や医学のような専門職教育を受ける権利を認めさせるために、懸命
に努力せねばならなかった。売春に引き入れられるさまざまな圧力から女性を保護することを主張する女性た
ちの活動によって性的搾取が問題とされるようになった。売春を（いくらかの監視という条件の下ではある
が）認可してきた政府は、手を引くよう要求された。組織された女性の国際的輸送、あるいは「白人奴隷
制」と呼ばれた制度に対する恐れが、一九世紀の終わりには深刻な憂慮を生み出した。これは西洋社会で
特定の支持を得た運動だったが、彼らはしばしば、より広い注目を集めた。例えば、一九〇〇年、広く報
じられたある衝撃的な事件によって、日本は、売春宿の所有者の許可なしに個々の女性は、売春をやめる
権利があるという法律を採択した。多くのラテンアメリカの国々は、売春婦の国内受け入れ制限にまで進
んだ。

もちろん、投票権に大きな注目が集まった。それは、女性が、ジェンダー規制を適用すべきではないと
主張する主要な領域だった。ニュージーランドは、一八九三年、世界で最初に投票権を付与した国になり、
スカンディナヴィア諸国のいくつかは、一九〇〇年のすぐ後にこれに従った。
女性の権利のための世論喚起活動によって、いくつもの新しい国際組織が生まれた。スイス人女性マリ

ー・グレッグは、一八六八年世界で最初の国際女性協会を組織した。一八八〇年代には三つの国際組織が活動していた。グローバルな会議がよく開かれ、「世界の女性のために」「文明と進歩の偉大な理想」の名の下に声を発していると主張した。二〇世紀初頭には、強力なフェミニスト運動が多くの地域的センターに姿を現し、彼らは、すべての大きな運動の中核的な構成要素として女性の権利をきちんと位置づけ、促進することに貢献した。

もちろん、多くの国々が投票権のような法律を次々と付与した後も論争は続いた。女性団体を含むいくつもの組織が、女性の平等権の理念に反対して生まれた。彼らによれば、母性のような女性の特別の機能に注目せねばならないというのである。改革者たちの中には、女性を同じ人間の一部として扱うというよりは、女性に特別な施策を講じることを主張する者がいた。労働界では、興味深い問題が発生した。女性には彼らの家族に対する責任や健康への特別な配慮が必要であり、したがって労働時間と安全に関し、男性とは異なった特別な保護の権利が与えられるべきだとする説と、労働権はジェンダーに関係なく与えられるべき権利だとする説の対立である。一九世紀の改革者たちは、特別の保護を強調する傾向があったが、これはのちに修正が求められた。それはさておき、女性の問題が、人権の要求項目における永続的な場をすでに確保していたこと、また、女性の権利への関心が世界中の多くの地域にまで広がっていたことは明らかだった。

最後に、潜在的に年齢や性を問わず、すべての人にとっての労働条件及び経済状態に関する権利問題があった。一九世紀中頃には工業労働者の悲惨な状態に嫌悪感を抱いた社会主義者の一団が、人権について考え直すよう求めた。カール・マルクスのような人々は、経済状態の改善と資本主義的経済秩序への挑戦のためには、人権要求は不適切ではないか、と疑念を抱いていた。しかし、全体として、マルクスを含め

た社会主義者たちは、さまざまなやり方で人権と接触していた。フランスの指導者ルイ・ブランは、「貧困者は、その地位を改善する権利がある。……しかし、もしそれを実現する権力がなければ、どんな違いを生み出すことができようか」と書いている。言い換えれば、労働者に対する企業所有者の権力に修正が加えられなければ、権利には意味がない。しかし、それが変化させられるならば、彼らは適切な方向に進むことができるはずだった。マルクスは、労働者の権利にもとづいた新しい経済制度のための闘争と、奴隷制度に対する戦いとの関係について論じている。結局、労働者階級は、法的な奴隷ではないが、彼らは資本家に「自分自身を売却」せねばならなかったわけで、多くの点で奴隷と同等だというのだ。

一九世紀中には、社会主義の主張が勝利することはなかった。しかし彼らの世論喚起は、労働組合のような労働者の運動と結びつき、さらに、産業資本主義のもとでの厳しい経済状態の危機的状態のもとで、人権に関する議論に、経済的側面の重要性をつけ加え始めた。一九世紀末まで子どもの権利を求める主張は、子どもの発達の前提条件として経済問題があることを、われわれは、繰り返し指摘してきた。大半のフェミニストは中産階級の志向性によって駆り立てられたため、女性の権利は性的搾取への注目は除いて、政治的領域にとどまることが多かった。しかし、より一般的に、社会はもっと貧困や失業、そして経済状態の問題に注目する必要があるという意識が、人権論の中に入ってくるようになった。一八八〇年代には、ドイツをはじめとしていくつかの国々が実際に初歩的な福祉改革を行うようになった。例えば、労働者に対する何らかの保護政策なしには、失業保険、年金資金積み立て立法、その他の人権は実質的な意味がないという広範な確信を生み出した。非社会主義的改革者たちもますます社会の義務に関する議論の一部としての「社会問題」に関心をもつようになった。

そして、これに劣らず非常に明確な問題もあった。賃金や労働条件を守るための組織を作る労働者の権

利、すなわち団結権の問題である。産業化の初期段階で、大半の西洋社会では、労働者の団体が事実上禁止されていた。それは単に社会的無秩序を植えつけ、工業化過程を押し戻すことになると信じられたからである。しかし、ときが経つにつれて、同じ社会がその規制を緩めるようになった。例えば、イギリスは、なお多くの緊張が残りはしたが、一八二〇年代の半ばに、労働組合に対する扱いを変えた。団結権の拡大は、結社の自由をめぐる初期の人権基準とつながっていた。このように権利の範囲が、いろいろな過程を経て原理的に拡大することはよくあることだった。しかし、労働者の団結権に対する雇用者の抵抗、あるいは、抵抗の潜在的中心に対する政府の不安が続いていたことを前提とすれば、労働者の団結権や、組合指導者の解雇と投獄からの保護の承認は、当時の経済的現実に人権を適応させるうえでの重要な課題となった。

人権のリストを作り直す作業は、一九世紀が終わる頃まで引き続き進められた。興味深いことに、先行していたスカンディナヴィアの少数の国々を超えて、この作業が新たな地域でしっかりと成果を上げることはなかった。新たな権利は、地域によって多様な反応を生み出した。基礎的なリストに女性を含めることは、すべての人権論の導入に多少躊躇していた家父長制が強力な日本のような地域で、問題を引き起こした。また、特に、アメリカのような資本主義国家は、物質的条件の領域に人権の理念を拡張することになり、一層の混乱が引き起こされたことは言うまでもない。どの人権の枠組みが優先順位のトップにふさわしいかを論じること、あるいは、基本的原理があまりにも多くの異なった方向に向かいすぎているこ

との心配は、ますますごく自然なことになってきた。

一九一四〜四五年

一九世紀の人権のバランス・シートは、混とんとしていたとしか言いようがない。特に法的平等の領域では、実質的な前進があった。反応は地域によって多様だったが、グローバルな広がりは明らかだった。明確に規定された権利の範囲も拡大した。それは将来の新たな課題を不可避的に生み出した。一九世紀末までに信教の自由や出版の自由のような古典的権利の概念が、すでに確立していた地域においても、女性の権利に関する新しい問題は、少なくともその後数十年間は解決されなかった。しかし、最初の権利の規定に対してさえ多様な抵抗が現れ、主な領域での変化を阻止し、当初の改革の時代の成果を逆転さえした。多くの政権が、人権についてわずかばかり実験してみたが、まもなく後退し、その他の政権は、初めから見向きもしなかった。他の地域では、帝国主義は、西洋からもち込まれた人権論を根本から骨抜きにした。そのため、積極的な改革努力ですら、望ましくない国外からの干渉だと簡単にみなされてしまった。もっとむき出しでさえあるのは、帝国主義のうねりが、植民地支配体制による多様な抑圧的な政策をもち込んだことだった。この植民地制度は、自国の権益保護を前提としていただけでなく、植民地住民の劣等性という想定にもとづいていた。

しかし、一九世紀の実績が相反する結果の混合物だったとすれば、二つの戦争の間の人権状況は、わずかばかりの光明が見え隠れはしたものの、まさに悲惨としかいいようのないものだった。多くの新政権が人権に背を向けた。新たに先に進もうとする地域はほとんどなかった。新しい社会的敵対状況の頻発と迫害とによって、平然と人権基準の順守が無視された。ここで再び、共通の人道主義尊重の約束は無視された。加えて、かつては人権を求めてきた情熱が、今度はより全面的に帝国主

義に対する民族独立の大義に向かった。これは新たな現象ではなかったが、それはより先鋭化し、少なくともしばらくの間は、人権に対する潜在的な支持は弱まり、あるいは、少なくともそのような権利を最優先課題とすることはなくなった。全体として、この困難な数十年間に人権への関心は消滅しはしなかったが、後退した。

◆攻撃の頻発

第一次世界大戦中に深刻な問題が始まった。西洋諸国でさえ、当時の戦時動員は、出版の自由の大幅な抑圧の下で遂行された。国内のスパイや破壊活動への恐れから、新たな警察活動や政治的逮捕が始められた。仕組まれた宣伝として敵に関する歪められた情報がばらまかれ、共通の人道主義の感覚を麻痺させた。ヨーロッパの戦場に出か戦時立法をモデルにして、戦後の多くの政権が出版抑圧や情報操作を継続した。ヨーロッパの戦場に出かけたインドやアフリカの植民地兵のように、西洋的価値観に新たに晒された人々は、人権の訴えからはあまり学ぼうとはしなかった。彼らは、むしろこれとは全く異なって将来の反帝国主義闘争の主要な目標として、植民地の独立により興味を感じるようになった。

戦前及び戦時中の新しい革命の波もまた、人権の様相に複雑さをもたらした。それは、一八世紀末に起こったそれ以前の西洋での革命の波の中で生まれた型の革命とは異なっていた。たしかに重要な前進はあった。しかし、最終的には、古典的な権利章典の構成要素のいくつかは、軽く扱われ、あるいは除去された。メキシコとロシアの革命では、法的平等が確約された。ロシアでは、女性の平等が、メキシコでは先住民の平等が加えられ、さらに既存の教会の独占権が規制された。われわれはこの後で実質的な成果についてのべるが、新しい政権がひとたび成立すると表現と集会の自由が規制された。ロシアでは、反宗教運

動は、個々人のこの領域における権利を約束した。しかし、ロシアの新しい共産党政権は、最初の二〇年間に、政治的反対派を抑圧し、秘密警察を組織して、これを拡大し、何百万もの反対派及び反対派と思しきものを逮捕し、集団農場のような新しい計画を強行するための一部として何百万もの市民を殺害した。メキシコ革命政府は、それほどさまじくはなかったが、単独政党制度を擁護するために政治活動を規制した。新しい政権は、社会改良の点からは、多くの肯定的な変化を生み出し、ロシアの場合には、経済発展が図られた。しかし、組織的な人権目標は、政治的な目標からはただ消えてしまった。

イタリアのムッソリーニは、次のように言った。「国家は、想像上の個人の自由に制限を加える単なる機関ではなく」、むしろ、人間を集合化することによって人間のエネルギーを増強させるための全社会であ る。権利などに惑わされるのではなく、集合的な力こそが、目標でなければならない。ファシズムは、しばしば曖昧な理論的な言い回しから連想されるのとは違って、実際には、より無慈悲に人権に反対していた。権力を独占するために、この政権は、強力な秘密警察を組織し、政治的反対派を大量に収監し、拷問した。宗教的自由は、国家統制によって奪われ、報道の自由も同時に消滅した。第二次世界大戦中、ナチスは奴隷制を効果的に再確立した。囚人や国外に移住させられた人々に強制労働を課したのである。ナチスとその後の他のファシスト政権は、ユダヤ人の法的あるいは個人的安全の権利を厳しく攻撃し、ホロコーストで、何百万もの人々を徹底的に殺戮した。事実上すべての範疇の人権は、踏みにじられた。日本軍は、特に一九三〇年代と第二次世界大戦中に中国の民間人を大量

た。

より不気味でさえあったのは、ヨーロッパ各地で台頭したファシズム政権のうねりである。イタリアで始まりナチス・ドイツへと広がったこの体制は、他の地域にも部分的に類似した形で姿を現した。ファシストの指導者は、個人の保護を非難し、国家の超越した重要性ともちろんその指導者の権勢を誇示した。

他の社会でも虐待が激化した。

虐殺した。一九三〇年代のスペイン内乱では、民間人が住んでいた中心部への空爆が行われた。スペインと同様、東ヨーロッパやラテンアメリカの一部で、新たな一群の権威主義的政権は、さまざまな形で政治的自由を奪い、しばしば裁判なしに政治囚を収監した。

これらの猛攻撃に対して、人権の名の下での抵抗は弱々しく、効果的ではなかった。孤立主義優勢の時代にアメリカは概して傍観者的で受動的だった。ナチスの犯罪に対する国際的抵抗は、驚くほど弱々しく散漫だった。大恐慌による秩序の崩壊と共産主義の恐怖、もう一度世界戦争が始まるのではないかという不安の方がはっきりと優先された。

一九一四年から一九四五年までの人権の破滅的な後退は、いくつかの結果をもたらした。最もはっきりしていることは、世界のさまざまな地域で、人々が、ときにすさまじい大量破壊を経験したことだった。第二に、この数十年間の人権の先例が、のちに繰り返されたことである。軍隊による民間人に対する攻撃や特定の人種や民族に対する計画的大量虐殺は、第二次世界大戦後の数十年間に何度も各地で繰り返された。新しい権威主義的な政権は、一九三〇年代に開発された治安戦術を学んだ。例えば、戦後に繰り返された出版の自由についての人権基準への挑戦は、戦間期に生まれたパターンをもとにしている。しかし同時に、この時期の人権の後退に対する反省が、第二次世界大戦後のグローバルで大規模な人権運動の復活と急成長の基礎となったのである。特に技術及び組織の力の高度化が進んだ現代、多くの地域の指導者や民間人が、人権無視の恐怖に目覚めるに従って、より体系的な人権の定義とその擁護が不可欠であることが明確になった。これが、新しい国際連合を活性化し、早くから国連がこの分野に積極的に取り組むようになった時代背景だった。暗い数十年がのちの復興の原動力となった。それは、人権思想がすでに世界各地のさまざまな地域で根を張っていただけでなく、同時に主要な権利を軽蔑するとどんな深刻な事態を招くかがはっ

きりと示されていたことを示していた。

◆ 積極的側面

二〇世紀の第2四半期における後年期に、進展がいかに深刻なものであったにせよ、最終的には、人権基準は、けっして消し去られることはなく、わずかではあるがささやかな勝利が記録されさえした。特定の型の権利が実行され、いくらかの地域にも権利が広がった。一九四五年以後、それらもまた、広範な復活と拡大をもたらした。人権への言及が、一九世紀的パターンを超えて、その他のいくらかの地域にも広がり始め、考慮されるべき権利のリストも増え続けた。少なくとも論理的なレベルでは、一層のグローバル化に向かっていくらかの歩みさえみられたのである。

◆ 人権の新しい地理的展開

第一次世界大戦後の数年間、いくつかの新政権が、多様なやり方で彼らの憲法体制下での人権について議論した。例えば、メキシコ革命は、ラテンアメリカの人権への積極的取り組みを再度開始し、新たな重要な関心をかき立て最終的には他の国々にも影響を与えた。一九一七年憲法は、多くの古典的な人権を確認した。ある代議員は次のように言った。「すでに確立された人の権利である個人の保護を除去すること

には誰も賛成しなかった」。しかし、この憲法は、これに庶民の経済的環境の改善を意図したより広範な労働条件の保護、農民のための土地改革、その他の政策など多様な社会的関心をつけ加えた。この効果的な権利のリストの拡大は、（人間的）自由行使の前提条件としての経済的必要条件に焦点を当てていた。実際には、われわれがみてきたように、メキシコ新政権は、経済問題に対処するための数多くの制約に直面し

た。また他方では、一党支配体制によって、個人の自由の政治的保護の一部が除外された。しかし原理を約束したことは、社会的目標の拡大とともに重要なことだった。

ロシア革命は、それほど明示的に古典的言語を使用していないが、人権に含まれる定義を拡大し、それを原理的に擁護する傾向を示していた。一九二四年、一九三六年（それからのちの一九七七年）の主要憲法で、ソ連は、多くの細目で人権について雄弁に語っていた。しかし、いくつかの主な争点が現れた。第一に、その憲法は、ソ連の指導者たちが革命的使命感に忠実で、人権について西洋の古典的所説とは異なるとらえ方をしていたことをはっきり示した。原理的に彼らの主要な目標は、経済的不正義──人間による人間の搾取──の除去を実現することだった。憲法は、各個人の「自由な発達」の重要性を雄弁に語っていた。しかし、この文章の後には、西洋の権利章典で重視された個人の政治的保護に優先して、労働条件と経済的水準の改善が強調されていた。その中で、憲法は、余暇、健康管理そして教育などの権利を明確に宣言した。少なくとも原理の点では、約束された人権は、正真正銘のものだったが、他とは違った独特なものだった。

同時に、特定の権利は、西洋の標準的範疇と重複するように定義づけられてもいた。ソ連と西洋の概念が一致する法の下の平等の領域では、調和が最も重視されていた。この憲法では性の平等を極めて明確に規定していただけでなく、宗教や民族集団その他の範疇の平等についても言及していた。しかし、もっと重要なことも書かれていた。憲法は、「良心の自由」を宣言し、そこには、いかなる宗教をも信じない権利も含まれていると明記していた。芸術家や科学者には、追求する自由が保障された。人民は、国家の官吏を批判する権利ももっていたし、「批判ゆえの告発は禁止される」とされた。しかし、大半の西洋の評論家や現代の歴史家たちは、これらの多くの権利の中身は、実体のないものであることを見抜いていた。

というのはこれらの保障を実際に担保する法律が存在しなかったからであり、さらに、憲法ははっきりと人民の意志を代表するものとして共産党の政治的独占権を保障していたからである。ソ連国家の成立事情とその後の展開において、実際には、特にスターリンが指導権を握った一九二〇年代末以後、政治的自由の多くは圧殺された。そして最終的には、特定の標準的権利、特に出版の自由などの範疇に属する権利は、ソ連の言説から姿を消した。

われわれは、特にスターリン主義のもとでのソ連体制の強化・拡大は、人権の後退の実例であるとすでにのべてきた。それでも、ソ連の原理宣言は、少なくとも個々人の「自由な発展」について語りさえして人権思想の特定の側面を支持しているかのように見せることの重要性を示している。多くの場合残忍である政治的現実と、指導者が主張する抱負との間には矛盾があった。

現実はたしかにより重要であるが、彼らの主張は、人権思想が、一定の地歩を築いていたことも示していた。そして、代案となる経済的教育的条件を強調する彼らの人権の定義は、まじめに検討する必要もあるだろう。ソ連の目標は、古典的な西洋の人権論が生み出すよりもより広い人権の定義を反映していたし、それをさらに進めるものだった。そして、これは、一九四五年以後の人権をめぐる論争の背景の重要部分となるのである。

オスマン帝国の一部を切り取って成立した新生トルコ国は、人権項目の一部を自分たちのものだとして重視したもう一つの政権だった。この国での政治的発展はソ連より緩慢だったが、人権の地理的環境を決定的に変えた。トルコの新しい指導者ケマル・アタチュルクは、西洋の政治的前例に機敏に適応し、それだけでなく、一九世紀中葉からオスマンの支配者たちによって進められてきた改革の伝統をさまざまなやり方で採用し拡大もした。その結果は、独特のものだったが、中東の主要な地域で特定の人権を促進する

重要な一歩となった。

新政府は、諸宗教間の平等と礼拝の自由を保障し、個人の権利を保障するために特別宗教裁判所を廃止することを含め、オスマン帝国の宗教共同体の旧来の制度に終止符を打った。法の下の平等は、はっきりと女性にまで広げられた。これはイスラム世界内部の大きな変化であり、多くのヨーロッパ諸国の類似の施策よりも進んでいた。アタチュルクは、「もし女性がこの国の社会生活をともに分かち合わないのなら、われわれは全面的な発達を遂げることができないだろう」と宣言した。ケマルの改革によって、犯罪に対する懲罰が大幅に削減され、イタリアの刑罰法典の条項が取り入れられた。最後に、この政権は、教育機会の拡大を実現するために積極的に努力した。例えば、一九二八年、トルコ教育協会を組織し、親が教育費を負担できない子どもに財政的な支援を行った。全体として、アタチュルク政権は、子どもへの配慮の強化を含む、人権項目の重要な要素を取り入れた。

しかし、重要な限界も存在した。ここでは、ソ連やメキシコで育まれたような新しい社会的・経済的権利への拡張はほとんどなかった。第一に、アタチュルクの伝統的な人権項目の約束には、出版の自由などへの積極的支持は含まれていなかった。全体として、大戦間期のトルコでは、法的平等は、より心地よい扱いを受けたが、メキシコやソ連と同様に国家権力への挑戦につながるかもしれない人権の擁護への熱意は非常に限られていた。第二に、多くの新しい政権と同様、トルコ政府は、多様な抵抗を支持するかもしれない住民集団の不穏状態を心配していた。実際、政府は、出版の自由を一時停止し、政治的異端分子を逮捕し、その他の人権に逆行する政策をとった。

最後に興味深いある緊張状態も現われた。ケマル派の改革綱領の中には、本質的に人権領域での複雑な問題を引き起こす可能性のある目標が含まれていた。アタチュルクと彼の仲間たちは、伝統的なイスラム

アメリカ大統領ウッドロー・ウィルソンは、連盟が宗教の自由を尊重することを誓約するよう提言した。例えば、国際連盟と人権との間にはいくらかの純粋な結びつきが存在した。しかし、国際連盟の主要な創設者たちは、新しい組織が、人権概念を広げることを望み、国際連盟と人権との間にはいくらかの純粋な結びつきが存在した。それは、二五年後の国際連合の創設時とは対照的だった。そのため、戦間期の数十年間、強制力の問題は悩ましい問題であり続けた。しかし、国際連盟は、その基本規約において人権提案をはっきりとは支持しなかった。

われわれがすでに第1章でみたとおり、国際連盟は、その基本規約において人権提案をはっきりとは支持しなかった。それは、二五年後の国際連合の創設時とは対照的だった。そのため、戦間期の数十年間、強制力の問題は悩ましい問題であり続けた。しかし、国際連盟の主要な創設者たちは、新しい組織が、人権概念を広げることを望み、国際連盟と人権との間にはいくらかの純粋な結びつきが存在した。例えば、アメリカ大統領ウッドロー・ウィルソンは、連盟が宗教の自由を尊重することを誓約するよう提言した。

人権問題をさらに議論することができるフォーラムを直接・間接に推奨した。

後に、より調和的な国際関係を目指す主な試みとしての国際連盟は、理論的にはグローバルなレベルで、人権問題をさらに議論することができるフォーラムを直接・間接に推奨した。

さらに、地域的な変化だけが、人権の地理的広がりに拍車をかけたわけでもなかった。第一次世界大戦後に、より調和的な国際関係を目指す主な試みとしての国際連盟は、理論的にはグローバルなレベルで、

の結果、人権の後退は元には戻らなかった。多くの地域では、この程度の変化すら完全には受け入れられなかった。

連する重要な新制度を導入した。しかし、原理のレベルにおいてすら人権を完全には容認しなかった。そ

人権の地域的拡大は、半分一杯で半分空っぽのコップのような難問を提示した。ロシアとトルコは、関

緊張の根が埋め込まれている。

った。習慣を変えさせることと人権は容易には両立せず、今日でもトルコの政治には、この問題をめぐる

争が続いている。しかし、これは、個人的な行為の非自発的な変更を押しつける試みだったことは確かだ

した。このような変化は好ましいとみなされるかもしれないが、もちろん、これについては、今日でも論

制を加えたが、一九三四年の「禁止衣服法」は、ターバンやヴェールのような宗教にもとづく衣服を禁止

を禁止し、女性の衣服にも変更を加えようとした。一九二五年の「帽子法」は、男性の頭飾りについて規

持ちこもうとしたのである。その目的のために、政権は、西洋風の衣服を推奨し、男性の伝統的な頭飾り

的習慣の縛りを抑制し、より世俗的な生活習慣を確立するというかなり徹底した改革をトルコ住民の中に

日本代表は、人種や民族的出自による差別を禁止するよう主張した。ところが各国はそれぞれ、あれこれ理由をつけてこれらに反対した。アメリカが差別禁止を拒否し、その結果何も決まらなかった。しかし、連盟は設立当初、法の前の平等の一部として、一国内のすべての住民は、生命と自由を完全に保護されるに値するとの原則にもとづいて、ヨーロッパ及び中東各地のマイノリティ住民を保護するためにしきりに努力した。マイノリティを保護する努力は常に成功したわけではなかった。そして、その努力は、間違いなくより基本的な個人の権利保護への関心と競合した。しかし、いくらかの成功もあった。原理に対する約束は、明らかにいくつかの人権基準を反映していた。とはいえ、国際連盟では、すべての民族集団に適用されるマイノリティ保護の約束に賛成する十分な数の代表を確保できなかった。ここでもまた、関心は明らかに存在したのだが、異議申し立てに包囲されていた。

それにもかかわらず人権に関する論争は、一九二〇年代、一九三〇年代に、国際連盟を中心に展開されていた。われわれは、すでに、国際連盟が、子どもの権利の領域までいくらか関心を拡大したことについてみてきた。それらが具体的な成果を上げたことはまれだったが、国際連盟による子どもやその他の問題に対する支持の結果、その議論によって継続的進展への期待が維持された。それらもまた、西洋だけでなく世界各地からの声を反映した人権の約束の静かなグローバリゼーションの重要部分だったことは、明らかだった。

早くも一九一七年、チリの法律家アレハンドロ・アルバレスは、新しいアメリカ国際法協会の創設に尽力し、その宣言の中に「個人の国際的権利」の条項を含ませた。革命後パリに住んでいたロシアの法律家もまたギリシア人の同僚と一緒に、人権の学術的研究に取り組んだ。その結果、人権に関する定期的な国際会議が連続して開催され、国際連盟はその圧力を受けて、より明確に市民的及び政治的権利、そして法

的平等の適切な基準をより明確に約束した。一九二九年に発せられた新しい「人間の国際的権利に関する宣言」は、「文明化された世界の司法上の良心にもとづき、個人の権利が、国家からのあらゆる侵害から保護されること」を主張し、一連の新しい協会がこれらの理念を採用した。それは、ちょうどナチズムの台頭が、人権並びにマイノリティの権利に関し、全世界にとっての新しい緊張を引き起こし始めていたときだった。一九三〇年代の初頭には、この脈絡でポーランド及びハイチ両国は、国際連盟に対して、ドイツのユダヤ人などのマイノリティのために確固たる行動をとるべきだと提案した。この議論は、頓挫してしまったが、それは、単に明らかに人種主義的立場に立つドイツの反対のゆえだけではなく、国際連盟に加わっていたその他の国々が、国際連盟のそのような行動は自分たちの国内のマイノリティを煽動することになると恐れたためでもあった。しかし、この努力は一九三〇年代末まで続いた。イギリスの学者H・G・ウェルズは、どんな正当な国際社会でも人権が優先されるべきだとの新しい雄弁な擁護論を展開した。例えば、ウェルズは、宗教的権利あるいはマイノリティの権利のみならず、恣意的収監と拷問からの保護も強調した。またラテンアメリカでは、一九三七年に新しい人権連盟が生まれた。前に向かって進む動きはいくつかの主要な地域で、まだ生き残っていた。

◆定義の拡張

人権は、いくらかの地域的拡張と新たなレベルでのグローバルな議論が進むにつれて、大きな成功を収めたわけではないが、一九二〇年代及び一九三〇年代にもまた、一九世紀の後半に具体化され始めていた洗練化への道を歩み続けた。例えば、少なくとも原理的に、ときには実際にも、子どもの教育条項を特に明記して実行する国が増えた。一九三六年ソ連憲法は、はっきり国家が責任を負う「権利」として教育を

規定した初めての公的文書だった。ソ連政府は、すべての子どもに無料の義務教育を施すことに精力的に取り組み、その他の社会主義国家も同様な政策を実行した。これらの発展は、明らかに一九世紀に台頭していた教育への情熱の高まりを基礎にしていたが、この時期の子どもの権利という明確な概念への転換は、新たな重要な里程標だった。アメリカ大統領フランクリン・ローズヴェルトも一九四四年における人権演説で教育を一つのつけ加えられるべき権利だと言及し、明らかにこの考え方は広がった。

最低労働基準及び経済的条件の完全な保障に向けての権利の拡大もまた始まった。ここでもメキシコや特にソ連における革命が明らかに大きな役割を果たした。しかし、そのほかの社会でも、少なくとも非公式には、基本的権利を規定する方向での議論が進められた。例えば、ローズヴェルト大統領は、アメリカのニューディール政策の一部として、「欠乏からの自由」の重要性にはっきり言及した。国際連盟も主に下部組織である国際労働機関（ILO）を通じてこれに参加した。一九一九年に設立されたILOは、設立まもなく、いくつかの重要な問題に関する国際的な協定、あるいは会議を開催し始めた。強制労働問題は、議題の上位にあがっていた。そして、ILOは、奴隷制に関する古くからの関心の領域を拡大した。囚人及び子どもの強制労働は、特別の標的となった。労働運動指導者に対する恣意的な逮捕や経済的制裁からの保護を含む労働者の結社の自由は、もう一つの重要な目標だった。関連する会議では、団体交渉権やストライキ権を扱った。ILOは、「男女の同一労働・同一報酬」は「特別の緊急性を要する」重要問題であると認めた。地域の労働運動によって支持されたILO（共産主義者は独自の国際組織を創設しこれを遠ざけた）は、人権思想が労働運動の領域にまで拡張したことを明瞭に示した。

最後に、両大戦間期には、人権の重要な構成要素としての女性の権利への注目が、より広く明確に進んだ。性の平等の約束を憲法に書き加え、女性に投票権を与えたトルコやソ連のような国々は、ジェンダー

への注目を地理的に拡大した。アメリカやイギリスのような国で女性の投票権が導入され、女性の権利は西洋でも拡張された。国際女性評議会（一九〇七年創設、一九二五年会員数公称二五〇〇万人）のような新しい国際組織は、はっきりと「人種、民族、信条、及び階級の枠を超えたすべての女性」を対象にした組織だった。女性の権利に関する国際会議が急増し、その多くが国際連盟に緊急請願を提出した。そして、一九二〇年代には、中国のフェミニストたちが、女性参政権のための大パンフレット運動に取り組んだが、これに対しては、いくらかの異論もあった。ある国際会議では、アラブの代表が、西洋が帝国主義を非難するようになるまでは、女性の権利問題の進歩はありえない、「正義と人民の権利の尊重」は、性の不平等へのいかなる特別の注目にも優先されねばならないと論じた。しかし、新しい動きが、ラテンアメリカ、南アフリカ（白人）、その他の場所で始まった。一九二五年の会議のエストニア代表は、アイスランドから南アフリカまで、「世界中のあらゆる場所で友好的な顔に出会う。助けようとしている手が差し出される。あらゆるところからやさしい声が聞こえる」とのべた。女性の権利についての国際連盟への請願は数十の国々の支持を得た。中国の一部で若い少女が、他人の家族のもとに労働条件に関する何らの保護もなく召使として送り出される「ムイゼイ（妹仔）」のような風習を標的にした特別計画も取り組まれた。第一次世界大戦は、また、レイプを明確な犯罪として定義する新しい試みのきっかけとなった。そして女性に対する暴力のより大きな問題も喚起された。女性の権利に結びつく問題の地理的広がりと領域の広がり双方がみられた。

◆大波の前

二〇世紀の第2四半期の人権の大きな後退は、のちに補償要求運動とそれを受けた補償政策という結果をもたらした。しかし、新しい地域や新しい課題を含む新たなグローバルな努力に示される継続的な変化は、のちの推進力となったことも明らかだった。戦争の暗雲が垂れこめる中、さまざまな指導者が、国際的な企画として権利の定義をより明確にしようと努力し始めた。この脈絡の中で、ローズヴェルト大統領は、「自由とは、あらゆるところでの人権の優越を意味する。われわれは、これらの権利を獲得あるいは維持するために闘う人々を支援する」と厳かに宣言した。彼の演説は、経済的福利――「欠乏からの自由」――とともに言論と信教の自由を含む「すべての人々にとっての市民的自由」の必要を強調した。彼はこれらの目標は今、「われわれの時代、われわれの世代」に実現可能な目標であると説いた。その考え方は、ヒトラーを先頭とする新しい独裁者が暴力で生み出そうとしている世界への正面からの対案として提示された。日本の真珠湾攻撃の直後、アメリカは、国内ばかりでなく世界中の「人権と正義を守るために」敵に完全に勝利することを誓った。言い換えれば、人権という言葉は、戦時中の連合軍の大義を説明するための十分にわかりやすい言葉だったのである。

国際自由憲章のような文書の採択を主張するいくつもの組織が、連合軍の戦争努力に対するより広範な支持を引き出すための基礎として誕生した。一九四一年にシカゴの国際問題専門家集団が、「国際機関における新しい人権」の必要性を呼びかけ、いろいろな地域のグループが、国際人権憲章の必要性について論じた。亡命中のチェコスロヴァキアの大統領エドヴァルド・ベネシュは、ナチスの侵入に対する抵抗の声明で「人権と国際法」について書いた。新しい「国際連合」についての考え方がまとまってくるにつれ

て、多くの組織が、国際的な権利章典ばかりではなく人権を守り発展させるための恒久的な国際委員会が、重要な最初の任務を担うべきだと考えるようになった。イギリスとアメリカのグループがとりわけ声高に発言した。フランスのある評論家は、「人権の保護が連合諸国の戦争目的の一部となるべきだ」とのべた。戦間期は、後退とささやかな前進の奇妙な組み合わせの時代だったが、ひとたび戦争によって変革の必要が明確になるや、より徹底した遂行の約束の道が準備された。

参考文献

一九世紀における初期の人権論のグローバルな広がりについての概説は、Bonny Ibhawoh, *Imperialism and Human Rights: Colonial Discourses of Rights and Liberties in African History* (Albany, NY: State University of New York Press, 2007); Olga Crisp and Linda Edmondson (eds.), *Civil Rights in Imperial Russia* (New York, NY: Oxford University Press, 1989); Micheline Ishay (ed.) *The Human Rights Reader: Major Political Essays, Speeches and Documents from Ancient Times to the Present* (New York, NY: Taylor & Francis, 2007).

労働者及び子どもの権利については、Peter N. Stearns, *The Industrial Revolution in World History* (Boulder, CO: Westview Press, 2012); Michael F. C. Bourdillon et al., *Rights and Wrongs of Children's Work* (Piscataway, NJ: Rutgers University Press, 2010); Marcel van der Linden (ed.), *Humanitarian Intervention and Changing Labor Relations* (Linden, Netherlands: Brill, 2011).

女性の権利に関しては、Patricia Grimshaw, Kate Holmes and Marilyn Lake (eds.), *Women's Rights and Human Rights: International Historical Perspectives* (New York, NY: Palgrave Macmillan, 2001); Arvonne S. Fraser, "Becoming Human: The Origins and Development of Women's Human Rights," *Human Rights Quarterly*, 21(4) (November, 1999), pp.853-906; Rosemarie Zagarri, "The Rights of Man and Woman in Post-Revolutionary America," *William and Mary Quarterly*, 3rd series, 55(2) (April, 1998), pp.203-230.

人権のグローバルな広がりについては、Paolo Wright-Carozza, "From Conquest to Constitutions: Retrieving a Latin American Tradition of the Idea of Human Rights," *Human Rights Quarterly*, 25(2) (May, 2003), pp. 281-313; Douglas Howland, "Society Reified: Herbert Spencer and Political Theory In Early Meiji Japan," *Comparative Studies in Society and History*, 42(1) (2000), pp. 67-86; Berdal Aral, "The Idea of Human Rights as Perceived in the Ottoman Empire," *Human Rights Quarterly*, 26(2) (May, 2004), pp. 454-482; Kenneth L. Port, "The Japanese International Law 'Revolution': International Human Rights Law and Its Impacts in Japan," *Stanford Journal of International Law*, 28 (1991-1992), pp. 139-172; Jeremy Poplin, *A Concise History of the Haitian Revolution* (Hoboken, NJ: Wiley Blackwell, 2012).

国際連盟、反植民地運動、新たな人権への攻撃を含む戦間期については、Mark Mazower, *Dark Continent: Europe's Twentieth Century* (New York, NY: Vintage, 2000); Erez Manela, *The Wilsonian Moment: Self-Determination and the International Origins of Anticolonial Nationalism* (New York, NY: Oxford University Press, 2007); Leila J. Rupp, *Worlds of Women: The Making of an International Women's Movement* (Princeton, NJ: Princeton University Press, 1997); Nitza Berkovitch, *From Motherhood to Citizenship: Women's Rights and International Organizations* (Baltimore, MD: Johns Hopkins University Press, 1999); Micheline Ishay (ed.), *The Human Rights Reader: Major Political Essays, Speeches and Documents from Ancient Times to the Present* (New York, NY: Taylor & Francis, 2007); Jan Herman Burgers, "The Road to San Francisco: The Revival of the Human Rights Idea in the Twentieth Century," *Human Rights Quarterly*, 14(4) (November, 1992), pp. 447-477; Jannifer Jackson Preece, "Minority Rights in Europe: From Westphalia to Helsinki," *Review of International Studies*, 23(1) (January, 1997), pp. 75-92; Dominique Marshall, "The Construction of Children as an Object of International Relations: The Declaration of Children's Rights and the Child Welfare Committee of the League of Nations, 1900-1924," *International Journal of Children's Rights*, 7 (1999), pp. 103-147.

第5章　人権とそのグローバルな拡大——一九四五年以後の成長の波

第二次世界大戦の終結と国際連合の形成は、人権とその国際法への圧力を食い止めてきた防潮門を開くことになった。より洗練された言説、より重要で明快な人権保障の約束が、かつてなく具体化された。これらの傾向は、一連の私的な集団、あるいは人権侵害の追及に力を注ぐ国際的非政府組織（NGO）の組織化によって拡充された。そこには、日本を実例とする人権原理の約束の地域的拡大も含まれていた。これらの人権原理には、女性や子どもについてのよりしっかりした約束ばかりではなく、特定の性的指向をもつ人々の権利への言及も含まれた。

主要な舞台での国際連合の役割は重要だったが、人権の拡張は、なだらかな不変の流れではなく、一連の波のように押し寄せてきた。抑え込まれてきた要求が一気に噴出したのは、戦争直後だった。そして、冷戦の最悪の緊張と、非植民地化への関心の高まりの中で、いくらかのためらいや後退が起こったが、一九六〇年代には、国際的な努力の新しい局面が開かれた。その一部は、南アフリカの人種隔離——アパルトヘイト——体制への広範な抗議によるものだった。そして、新たにできた強制機構が、世界各国にこの類の人権侵害に対して批判的立場をとるよう要請した。一九五〇年代後半以降のアメリカにおける公民権運動も、グローバルな意味をもつ新しい局面を切り開く役割を果たした。NGOがますます重要な意味をもつようになったのもこの時期からだった。そして、一九八〇年代後半以降の冷戦終結と事実上の共産主

義の崩壊は、最後の拍車となった。それは、今日のグローバル化がもたらした機構の成長によって一層加速した。

この章では、人権のグローバルな拡大と充実に焦点を当てる。それに続いて、われわれは、躊躇・限界、そして地域的な差異に視点を転じる。もちろん二つの側面を並列させねばならない。人権に向けての最も重要な前進を扱う場合にも、多くの社会が、一斉に勢いよく進んだわけではなかったことに注目することは極めて重要である。多くの新しい権威主義的政権が、激しく抵抗したり、重要な地域が、どんな権利を含むべきかをはっきりと定義することに躊躇したりした。しばしばエスニック間、あるいはその他の住民内部の紛争の結果、ぞっとするような人権侵害がいくつかの場所で発生した。アメリカのように人権の模範だと自ら任じる国でさえ、重要な点でつまずいた。

ここからはすでに重要な問いが生じている。多くの抵抗や失敗がありながら、例えば、国際機関のレベルで人権思想がこれほど強固に持続したのは、なぜなのだろうか。人権の訴えが、自己防衛のためにうずくまるのではなく、これほど多くの方向に拡張したのはなぜだろうか。一九四〇年代の終わり頃に最初の新しい動きが起こった原因が何かを突き止めることは難しくないが、のちの段階にもそれが持続したのはなぜなのかを確認することは容易ではない。とりわけ、彼らが国際社会の論理で明言せねばならないと感じていたことと、実際に実行していたこととの隔たりを埋めることは容易ではない。しかし、疑いもなく人権は新たな威信を得た。そして、これはそれ自体重要な進歩であった。

◆ 戦争犯罪

ナチスや日本のさまざまな指導者を裁判にかける決定には多様な批判があったが、それは戦後初期にお

け
る
変
化
へ
の
固
い
決
意
を
示
し
て
い
た
。
こ
の
裁
判
で
は
、
第
二
次
世
界
大
戦
中
の
多
様
な
犯
罪
が
告
発
さ
れ
、
「
人
道
に
対
す
る
犯
罪
」
の
当
初
の
理
念
が
最
初
に
実
行
に
移
さ
れ
た
。
そ
し
て
、
そ
こ
に
は
、
人
権
の
将
来
に
と
っ
て
の
重
要
な
意
味
が
含
ま
れ
て
い
た
。

一
九
四
五
年
戦
勝
国
は
、
ド
イ
ツ
で
ジ
ュ
ネ
ー
ヴ
諸
条
約
だ
け
で
な
く
、
二
〇
世
紀
初
頭
に
さ
か
の
ぼ
る
他
の
国
際
法
典
を
含
む
そ
れ
ま
で
の
協
定
を
用
い
て
裁
判
に
取
り
組
ん
だ
。
そ
れ
を
基
礎
に
し
て
、
敗
戦
国
の
多
様
な
指
導
者
に
よ
る
戦
争
挑
発
、
民
族
的
・
宗
教
的
集
団
絶
滅
政
策
、
捕
虜
及
び
一
般
市
民
の
虐
待
を
告
発
し
た
。
ニ
ュ
ル
ン
ベ
ル
ク
で
、
ド
イ
ツ
の
国
際
審
理
が
行
わ
れ
た
。
主
要
な
結
論
は
、
侵
略
戦
争
の
計
画
あ
る
い
は
そ
の
開
始
は
、
国
際
法
の
も
と
で
の
犯
罪
だ
と
い
う
も
の
だ
っ
た
。
さ
ら
に
進
ん
で
、
判
決
は
、
ド
イ
ツ
政
府
の
奴
隷
労
働
政
策
及
び
強
制
収
容
所
で
の
大
規
模
な
残
虐
行
為
を
確
認
し
た
。
い
く
つ
か
の
指
導
者
集
団
全
体
が
有
罪
だ
と
宣
告
さ
れ
た
。

東
京
で
は
、
一
九
四
六
年
に
戦
争
犯
罪
裁
判
所
の
下
で
別
の
裁
判
が
開
か
れ
た
。
こ
こ
で
も
国
際
判
事
に
よ
っ
て
多
様
な
告
発
が
審
理
さ
れ
た
。
最
終
的
に
は
、
最
も
多
く
告
発
さ
れ
た
の
は
、
捕
虜
に
対
す
る
厳
し
い
虐
待
の
罪
を
犯
し
た
者
だ
っ
た
。
い
く
人
か
の
日
本
の
高
官
が
処
刑
さ
れ
た
。
中
国
も
独
自
に
中
国
で
の
日
本
人
の
行
為
に
対
す
る
裁
判
を
行
い
、
一
四
三
人
が
処
刑
さ
れ
た
。

少
な
く
と
も
、
こ
れ
ら
の
裁
判
は
、
人
権
へ
の
配
慮
を
原
則
と
す
る
新
し
い
国
際
的
支
配
体
制
の
下
で
は
、
特
定
の
行
為
は
受
け
入
れ
ら
れ
ず
、
裁
判
に
か
け
ら
れ
る
こ
と
を
示
し
た
。
そ
の
原
則
は
、
人
道
主
義
的
基
準
を
執
行
す
る
努
力
を
続
け
さ
せ
る
役
割
を
果
た
し
た
。
し
か
し
、
こ
の
や
り
方
は
脆
弱
で
も
あ
っ
た
。
犯
罪
の
可
能
性
の
あ
る
す
べ
て
の
行
為
が
裁
判
に
か
け
ら
れ
た
わ
け
で
は
な
か
っ
た
。
占
領
軍
は
、
科
学
そ
の
他
の
情
報
提
供
と
引
き
換
え
に
、
多
数
の
人
を
解
放
し
た
。
も
っ
と
重
要
な
こ
と
は
、
こ
の
す
べ
て
の
裁
判
機
構
が
、
戦
争
中
の
戦
勝
者
に
よ
る
報
復
行
為
を
正
当
化
す
る
た
め
に
戦
争
犯
罪
の
原
理
を
用
い
よ
う
と
し
た
気
配
が
あ
る
こ
と
で
あ
る
。
民
間
人
を
標
的
に
し
た
多
く
の
爆
撃
が
行
わ
れ
た
に
も
か
か

わらず、連合国側は全く告発されなかった。東京裁判で、インドの法律家は、この前提にもとづく全裁判手続きにははっきりと異議を唱えた。

これらの欠陥がありながらも、戦争犯罪を裁くこの努力は、戦時における人権原理に関するこれ以前の宣言に実効性をもたらした試みだった。それだけでなく、この裁判は、第二次世界大戦中の経験と戦時大量虐殺の解明が、人権の宣言と実行に関する新しい思考に拍車をかけた象徴的な出来事だった。国際連合の創設とその初期の活動を活気づけた体系的な努力は、このような思考によって支えられていた。

◆世界人権宣言

第二次世界大戦が終結を迎えつつあった頃にいくつかの会議が開かれ、国際連合創設に向けた動きが具体的に始まった。その最初の歩みは、戦間期にためらったがゆえに人権の領域全体を荒廃させてしまったことに対する反省から始まった。戦時指導者たちは、この人権の領域における進歩を明確な目標として設定し、一般的にではあるが、かなり明確に人権に関して公約していた。戦前に人権についてもっとしっかりした国際的合意が確立されていれば、ヒトラーの台頭を阻止できたかもしれないと広く信じられていた。この見方に立てば、国際連盟の組織的な弱さを改めなければならないばかりではなく、国際連盟が人権問題を扱う固有の能力を欠いていたことにも対処せねばならなかった。戦争が終わり、ユダヤ人やその他の人々（ロマや同性愛者、社会主義者など）に対するナチスの残虐行為の全貌が明らかになるにつれ、多くの人々が、このような犯罪が二度と起こらないように望み、人権擁護の新しい旗の下に結集した。

しかし一九四五年に承認された国際連合憲章には、効果的な国際的制度は書き込まれていなかった。いくつかの小国が、明確な権利章典を提案したが、主な大国——アメリカ、フランス、イギリス、ソ連——

は、ためらった。これらの国々は独自に自分たちの人権問題を抱えていた。アメリカは多様な形態の人種差別に悩み、ソ連は囚人労働キャンプを展開し、フランスとイギリスは世界中の各地に植民地をなお維持していた。彼らは、人権領域での強力な声明には抵抗し、その文章は、結局、慎重で曖昧なものになった。

興味深いことに、これに対してより強力な人権の公約を求めていたパナマやキューバ、チリを含むラテンアメリカのいくつもの国々を先頭とする小国だけでなく、人権に関心をもつが、特に植民地支配下での人民の権利に国際的関心をもっと向けさせたいと望んでいたアフリカやインドのさまざまな立場に立つ反帝国主義的指導者たちも憤慨した。オーストラリアやニュージーランドも人権の全面的採用を主張した。

その結果、そこには直接的に関連する言葉が入った。その原因の一部は、国際的な関心の大きな高まりの中で、大国がこの問題を完全に回避することができないと認識し始めたことだった。国連憲章の中心的条項には、国連のいくつかの目的の一つとして、「人道上の」問題を含むさまざまな問題解決と「人種、性別、言語、宗教の区別なく、すべての個人の人権と基本的自由の尊重を促進し、励ます」ための国際協力が含まれていた。それはすでに、国際連盟の基準の先に進んでいた。取り扱い範囲には、「平等権」と

「人種、性別、言語あるいは宗教の別なく、すべての個人の人権と基本的自由の全般的順守の原則」の尊重を誓う新たな条項がつけ加えられ、拡充された。しかし、権利の定義はなお曖昧なままだった（特にソ連に配慮して、私的財産権への詳述は慎重に削除された）。そして加盟国は、国連に対して、人権を保障したり、順守したりするために、「共同行動あるいは独自行動」の協力を申し出る以上の義務を負ってはいなかった。

しかし、国連憲章は、いくつかの変化を引き起こした。第一に、それによって人権は、個々の国や政府による分離されたそれぞれの行動の問題ではなく、正当な国際的課題であることが明確になった。これは、

早くもフランス革命の「人および市民の権利宣言」で宣言されていたが、公的な国際機関によってはっきりと採用されてこなかったこれまでの原則に新鮮な血が注ぎ込まれた。第二に、義務に関しては曖昧ではあったが、加盟国は、人権を含んだ国連憲章の目的を前進させるために努力することを誓った。そしてそこには、少なくとも原理的には、いかなる種類の差別も避けるとのはっきりとした公約が含まれていた。

たしかに権利が明確には定義されてはいなかったが、人々は法の前で平等に扱われねばならないということまでの長く受け継がれてきた人権思想の前提は、今や国際法の課題となっていた。

そして、まもなく国連憲章は、最初の一歩にすぎなかったことがわかった。それは、人権によって何が意味されるのかを明確にし、新しい組織に法文化するためにさらに先に進むよう促した。それは、今度は、一九四八年の世界人権宣言の発布となって結実した。国連総会決議として採択されたこの宣言は、法的拘束力はなかったが、憲章の中に出てくる権利についての「共通の理解」を提示し、「すべての人民、すべての国々が達成すべき共通の基準」として機能することを意図していた。これ以後、この宣言は、国連にとってばかりではなく、他の多様な国際組織にとっても彼らのこれからの人権活動の基盤にもなった。

連加盟国が担わなければならない義務を設定する方向に進んだ。これ以後、この宣言は、さらにすべての国

世界人権宣言は、その当時新たに拡張された人権リストも含めて、一世紀半以上もの間、人権思想の一部だった中心的原理の大部分を言い直したものであり、（全会一致ではなかったが）かつてなく広範な国際的支持を受けた。宣言に導いた議論を先導したのは、中国、レバノン、フランスの学者と一緒に働いたアメリカ人女性政治家エレノア・ローズヴェルトだった。国連はまた、他の地域からの意見を求めるために哲学者たちの委員会を組織し、中でもガンディーに意見を求めた。国連憲章の議論の中でもそうだったように、いくつかのラテンアメリカ諸国政府からの人権論の主張は、世界人権宣言の中身を前に進めるうえ

で、決定的に重要だった。これに呼応して、国連は、宣言の中で、多くの地域が依拠できる一連の共通の原理があるとの確信を共有していると公言した。しかし、論争には、いくらかの明確な社会的不一致もみられた。ソ連の代表は、「個人主義的心理」を長いこと「支配階級」に寛大だったと批判して社会的・経済的権利と義務に注意を向けるべきだと主張し、一方、アメリカの代表は、政治的権利に焦点を当てることを優先した。ローズヴェルトは、アメリカの代議員を説得して、何らかの社会経済的条項を受け入れさせることができた。しかし、それでも共産主義諸国は、最終的に、（サウジアラビアと南アフリカとともに）宣言の採択に棄権票を投じた。

宣言は、基本的諸権利及び法の下の平等とともに人間の尊厳を強調し、権利の無視が「人間の良心を踏みにじる野蛮行為」という結果を生じさせたと論じた。人種、性別、宗教そして民族による差別は禁止された。宣言は、奴隷制及び拷問あるいは非人間的または自尊心を傷つけるような懲罰、恣意的逮捕・投獄を禁止した。ジェンダーへの言及は、結婚には合意が必要だとの主張によって詳しく説明された。思想、宗教、表現並びに集会の自由は、古典的綱領となった。社会条項は、より曖昧だったが、いくつかの条項で、社会保障としかるべき生活水準と「自己の尊厳と自己の人格の自由な発展とに欠くことのできない経済的、社会的及び文化的権利の実現に対する権利」がはっきり明記された。続いて、公正な労働条件、同一労働・同一賃金、労働組合を組織しこれに加入する権利が主張された。第二六条では、初等教育での無料の義務教育をすべての人が受ける権利が明記された。最後の主要条項には、より広い伝統が取り上げられ、「社会に対する義務」が書きこまれた。範疇によって定義の厳密さに程度の違いはあるものの、これは包括的な声明だった。

なお、世界人権宣言は、戦後数年の一連の進展の一部にすぎなかった。この時期に人権への国際的注目の新しい水準が確認された。（宣言以前に）国連にはその構成員が人権擁護を国際的に促進するための人権条項を書き上げる人権委員会が設置された。その権限はいくらか曖昧で、この分野における国連の原則を執行する仕組みは存在しなかったが、少なくとも、単なる一つの文書をさらに先に進めていく組織が存在していた。

◆守備範囲の拡大――一九五〇年代

地域ごとに新しい組織が動き出した。ヨーロッパのいくつかの国々が、一九五〇年に新たに人権と基本的自由の保護のための条約（欧州人権条約）を締結し、その二年前には、アメリカ大陸諸国協会が、同様な宣言を発した。国際労働機関（ILO）の事務局は、すべての雇用上の差別を批判する声明を出し、別の組織が、教育における差別を批判する同様の決議を挙げた。それは、ホロコーストのようなことがけっして再発しないように、すべてかその一部にかかわらず、特定のエスニックあるいは宗教集団を絶滅させようとする試みは、今や国際法の下では犯罪であることを明確にした。一九三〇年代と第二次世界大戦の人権の後退に対する反省から、新しい公約の宣言のみならず、人権基準を基礎とした国際法確立の新しい努力も始まった。

その国際的な流れに沿って、一九四〇年代後半以後の新しい国々の憲法に人権条項が持ち込まれた。ますます多くの国々が植民地支配から解放されただけでなく、第二次世界大戦で敗北した国を含めてすでに成立していたいくつもの国々がその政治構造を改変し、その数は相当なものになった。

例えば、フィリピンの憲法は、アメリカからの完全独立以前から、当たり前のように、権利章典の長い条文を含んでいた。その条項では、すべての市民が恣意的な逮捕や拘束から守られる法手続きを保障していた。集会、言論、信教の自由が明示的に確立された。独立後のフィリピン憲法は、しかるべき生活水準と教育、社会保障、福祉及び住宅などの領域における「適切な社会サービス」を提供する国家の義務について語るところまで進んだ。彼らは、性差別のない平等な労働機会や労働者の団結権、団体交渉権についても語った。興味深いことには、憲法では、短い条文で、他人の権利の尊重を含む市民の義務だけでなく、同時に、「収入を得られる労働」に従事し、社会全体の福祉を確かなものにするために国家と協力する義務についても論じた。要するにこれは、権利に関するかなり包括的な態度表明だった。法的平等への関心はいくらかうすく、義務についての条項がつけ加えられているが、全体としては、これは、少なくとも原理としては、フィリピン人がいまや国際的に定義された人権基準を忠実に支持していることを示す印象的な兆候だった。

一九四九年のインドの新憲法には、「基本権」に関する長い条文が含まれ、六つの権利が強調されていた。法の下の平等。これには、カーストにもとづく差別の禁止という前例のない条文が含まれているだけでなく、より一般的な性別や宗教にもとづく差別の禁止、言論と結社の自由も含まれていた。それに加えて興味深いことに（再び昔のカーストの歴史に関連し）どんな職業にも従事する権利、強制労働・強制的児童労働を拒否する権利、宗教と良心の自由、教育の権利、「特定の市民集団がその文化、言語あるいは文字を維持する権利、マイノリティ集団が、自らの選択にもとづいて教育機関を設立し管理する権利」が含まれていた。ここにもまた、恣意的逮捕からの自由を含む標準的な権利の定義を表現した文書が入っていた。しかし、現代の人権基準に沿った法的カースト制度の廃止は、根深い因襲が根を張っていたインド社

会にとっては非常に大きな変化だった。そして伝統的な最下層に位置づけられていた「不可触民」の身分が公的に廃止された。最終的には、ここでも、標準的な項目とこの国独特の必要性とを融合させる包容力が示されていた。地域的な言語や文化の多様性があり、この非常に非中央集権的な伝統を有する国家であるインドの場合は、他の社会が不必要、あるいは好ましくないと思うかもしれない特別な権利をつけ加える必要があった。同時に、多くの共通項目につけ加えられつつあった社会福祉を保障する規定は大部分存在せず、出版の自由に対する具体的な言及もなかった。インドは、ほとんどの点で標準的な声明に同調したとはいえ、インドの憲法制定の努力は、多くの批判にさらされた。

パキスタンは、厳しい緊張と流血のさなかにイギリス支配が終わり、インドと分離したが、一九五六年に独自の憲法草案を起草した。興味深いことに、ほんの少数の例外を除いて、人権条項は、事実上隣国のインドと同一だった。これは、人権の用語が、現代の憲法基準となっていたことを反映していた。集会と発言の自由が保障され、同時に宗教の自由、独立した宗教活動や組織の確立の自由も保障された。しかし、この国は、法律はイスラムの原理と矛盾してはならず、大統領はイスラム教徒に限るとの条項をもつイスラム共和国だった。例えば、憲法はこの考え方を反映して、アルコールの販売を禁止した。宗教的約束と日常的な人権論をどう結びつけるかの問題は残されたままだった。

少し後でアフリカ諸国が台頭すると、それらの憲法は、大半のアジアの新しい国々で確立された道をたどった。例えば、カメルーンは、一九六〇年にフランスから独立を宣言し、国連憲章と世界人権宣言に特に言及して、市民の「譲り渡すことのできない権利」条項を含む憲法を発布した。のちに判明することだが、これは、この時点から今日まで大きく変更されなかったこの憲法の唯一の部分だった。

特に、一九五〇年代末に独立したガーナや、一九六三年に独立したナイジェリアなどの西アフリカのい

くつかの旧イギリス領植民地の憲法は、宗教や言論を含む大半の標準的な個人的権利の注意深い保護の条項を含んでいた。彼らは、それ以前のイギリスの統治法の文書を下敷きにして憲法を書き上げることができた。イギリスの統治法は、植民地住民が地域全体の政治に参加することを規制していたものの、その他のいくつかの権利を保障していた。より広い国際的脈絡に沿って共通の用語が使われたのは、そのためだった。ナイジェリアもガーナも（インドに似て）はじめは、マイノリティ集団、文化、地域の保護を詳しく保障する文章を導入していた。これはナイジェリアでの国内騒乱を導く原因となった分裂と緊張を生み出し、その後、憲法による保護を停止した軍事支配を招いた。あるいは、ガーナでは、独立運動の全国的指導権を握った人々は、即座に方向転換し、マイノリティ保護の規定を撤廃し、中央集権化を進めた。権利の保護と効果的な統治、そして地域的な多様性の融合を実現することは、極めて困難な挑戦だった。し

かし、これらの重要な地域でも、少なくとも最初は、人権の共通の保障が試されたのである。

最後に、人権への新しい関心への転換はまた、戦間期の困難な数十年間に初期の人権への関心から離れてしまっていたいくらかの既存の独立国にも影響を与えた。日本やドイツのような国々の新しい憲法での人権公約は、ある意味では、驚くべきことではなかった。これらは、戦勝国によって直接強要されたわけではないが、強く影響を受けた。戦勝国は、自分たち自身の人権価値の正当性を証明し、また、占領地域における権威主義的衝動の復活を抑制したいと望んでいた。例えば、一九四六年の日本の憲法「昭和憲法」は、本質的にアメリカ占領軍に要求されたものであり、結果として西洋的価値観を反映していた。しかし、この人為的な出発は、人権原理の印象的で完全な統合を導き、国際的な努力における何らかの新しい指導性発揮の可能性さえ開いた。人権に関するいくらかの先例、外部の影響への開放性、歴史的経験のトラウマ、国際社会での地位再確立のために人権を取り入れたいとの願望、戦争によるひどい荒廃、それ

らの要素の組み合わせが変化を確かなものにした。

アメリカの統治下、日本では新たな西洋的色彩の濃い憲法ができた。しかし、この憲法があるにもかかわらず、その運用上においては、しばしば、個人の権利に優先する共同体の安全の重要性が強調されることがあった。警察は、犯罪の危険を避けるために令状なしに個人の家に立ち入ることがあった。このような伝統的慣例を事実上取り入れることによって、憲法の人権保護はより日本社会に受け入れやすいものになった。日本人の権威への強い敬意は維持されることが多く、それはときとして、個人の保護に反して、警察の行為を自動的に正しいとみなす想定につながった。また、その結果、日本の裁判所は、法を逸脱した恣意的な逮捕がなされても、通常は、わずかな補償金支払いしか認めなかった。それは、社会と個人の独特なバランスを示すもう一つの兆候だった。それにもかかわらず昭和憲法は、社会の伝統や階層秩序が批判された場合でも表現の自由を保護することを含め、実質のある変化をもたらした。実際、それぞれ異なる二六件の権利が明示され、社会的義務に関する古くからの観念に対するそれらの権利の優越権が与えられた（義務としては、納税、教育、勤労の三点のみが指定された）。この憲法は、国家の他の部門の介入から保護する責任を負う司法部を確立し、また、恣意的な逮捕監禁が起きないように保護する条項を注意深く書き込んでいた。ただし、社会的利益が、その行為を正当化するとみなされた場合は、それを例外として認めた（「法に定められた手続きに従って行われる場合を除いて、何人も生命及び自由を奪われ、あるいは刑法にもとづくいかなる懲罰も科せられることはない」というこの条項は、それ以前の明治憲法のそれと比べれば、はるかに新しい概念である）。拷問禁止規定は、建前の上では明治時代に導入されていたが、より強化された。しかし、多くの識者たちは、いまだに、公共の安全への配慮が勝って、被疑者の権利への配慮が、警察によって無視され続けているのではないかと憂慮している。とはいえ全体として、日本社会は、素早く、新しい人権

基準の多くを受け入れ内在化させた。警察が個人の権利を侵したとみなされた場合には、普通は、自由な
報道が批判を提示することを怠らないように注意を払っていた。この国は、「すべて国民は、健康で文化
的な最低限度の生活を営む権利を有する」という生存権の条項を憲法に挿入し、社会権や、性にもとづく
差別の除去を明確にし、もちろん世界人権宣言の盟約を含む、いくつかの国際的人権会議の署名に積極的
に参加した。のちに再び論じるが、人権への「アジア」の接し方に関する最近の論争では、例えば、中国
は、基本権は各国が独自の仕方で定義せねばならないと論じたが、これに対して日本は、基本権は普遍的
だと強力に主張した。

その他の重要な問題と同様、人権に関して全体として、戦後の日本は、特定の社会の変化の可能性を示
す興味深い事例として登場した。日本は、国際的基準を受け入れただけでなく、特定の権利を独自に考案
する能力を維持しながら、それを擁護し、国際基準に沿って進んだ。その結果、(実際には、押しつけられ
た憲法と説明されることが多かったが)西洋のモデルの単なる模倣ではない基本的人権の強固な地域的広がり
が実現された。

◆一九五〇年代の問題

第二次世界大戦後の数年間には、かつてない人権への国際的な盛り上がりがみられた。西洋の、一九三
〇年代における人権の後退に対する罪の意識と戦争そのものが、新しい重要な提案に拍車をかけた。多く
の国々の多様な指導者が、世界人権宣言を前提として、さらに明確な見解を掲げて次々と現れた。人権の
表明は、憲法上の発展及び新国家あるいは改造国家創設の標準的な部分となるべきであるとの想定が広が
り、すべての主要地域に達した。

地域による相違は消えずに残った。しかし、これは、人権の地理的な広がりに伴ってあるレベルで起こる避けがたいことであり、おそらく望ましいことだった。性にもとづく差別をはっきり否定するなど一層先に進むかにみえた社会もいくらかはあったが、頑として先に進むことを拒んだ社会もあった。一国内でのマイノリティの文化の保護について、重要な亀裂が生じ、これは、人権にとってより広い重要な意味をもちえた。一九四〇年代後半から冷戦が激化し始め、西側諸国とソ連との間の、個人の市民的自由と比べて社会福祉はどんな性質をもち、どちらが優先されるべきかをめぐる論争は未解決のまま続いた。新しい国々の中には、その権利章典の中に経済的基準を取り込むことにより積極的な国もあった。このような問題をめぐる論争は、健全さを示す兆候だともみなすことができた。冷戦の担い手双方が、人権を唱導し、その国際化を求めていたのである。そして、その定義に関する食い違いは、決して小さくはなかったが、彼らは、法の下での性による差別のような特定の問題では、原理的にだけかもしれないが、一致することもできた。たしかに、戦後のこの時期を、人権の世界史全体にとっての主要な画期の一つだとみなすことは根拠のあることである。国際的な公約と地域的な実情は、ともに確かな変化を遂げた。

しかし、一九五〇年代に入ると、人権の熱気はかなり沈静化した。それ以前の合意が取り下げられるといった国際的なレベルでのはっきりとした後退はみられなかったが、優先順位に変化が現れた。そして特定の地域では、他の問題が優先されるようになり、多くの場合、当初の憲法上の取り決めが撤回されるうになり、人権の新たな受け入れのレベルは、うわべだけだったことがはっきりしてきた。具体的には、一九五〇年代のグローバルなレベルでの二つの大きな力——冷戦と非植民地化——は、興味深い両面性を提示したものの、ともに人権には否定的な影響を及ぼした。

ソ連とその同盟国対アメリカとその同盟国との間の軍事的緊張の高まりと政治的競争の激化——冷戦

——は一般には鉄のカーテンとして知られるようになった壁で区切られた両陣営の人権に打撃を与えた。ソ連側——この段階ではソ連とともに中央・東ヨーロッパ諸国を含むようになっていた——では、秘密警察の役割が拡大し、市民の行動を隅々まで監視し、国内のスパイ活動を大規模に展開していた。多くの人々が、事実かどうかにかかわらず、異議申し立てを理由に逮捕された。共産党の政治的独占権を守るために、これに対抗する政治勢力は圧殺された。ソ連国内での弾圧は、一九五三年スターリンの死後、多少緩和され、政治犯の即座の処刑は減少した。しかし、その他の分野での緊張は強まった。例えば、ベルリンの壁建設は、ソ連圏からの脱出を大規模に抑制する試みの一部だったが、多くの人が脱出を試みて殺された。

アメリカを頂点とする西側諸国は、共産圏では市民的権利が守られていないことを大いに取り上げた。これは、冷戦の国際的競争における西側の標準的旗印だった。しかし、西側諸国自身も新しいレベルの国民の監視の強化と政治的抑圧を経験した。アメリカでは、共産主義の脅威があおられ、現実なのか想像上なのかにかかわらず、転覆活動を規制する一連の新たな取り組みが正当化された。多くの人々が、連邦政府の忠誠審査によって職を失い、これらの失職した人々が新たな職を得ることを阻害するための新しいブラックリストが作られた。そして何人かは実際に逮捕された。連邦捜査局（FBI）は、多様な団体に対する秘密調査を始めた。新たな一九五〇年のマッカラン国内治安法は、さらに監視を強めるために「転覆活動統制局」を設置した。この法律の拒否権発動に失敗したトルーマン大統領は「自由の国では、われわれは、罪を犯した者を罰する。しかし、われわれはその者が抱いている意見によって罰することはない」と論じた。のちの一九六五年及び一九六七年に、マッカラン法の主要条項は、憲法に違反するとの判決を受けた。しかし、しばらくの間、アメリカの政治的自由は、逆境に置かれたままだった。

脱植民地化の影響を位置づけるのは容易ではない。われわれは、多くの旧植民地が、人権理念を支持したようにみえたとのべてきた。当初、彼らは、帝国主義からの離脱の進行によって、西洋の人権公約は、最終的に明快になった。特に植民地の独立運動に対する抑圧的政策の必要性が減少あるいは除去され、古くからの帝国主義の産物である非西洋人の劣等性に関する確信は、時間とともに、弱まり、共通の人間性に関する人権論から矛盾が除去されたからである。

しかし、脱植民地化の過程には、いくつかの複雑な事態が存在した。第一に、多くの旧植民地は比較的平和裏に独立を達成したが、いくつかの事例では、少なくとも、植民地支配体制が解除されるまで、大規模な衝突が発生し、新たな抑圧の強化がもたらされた。ケニアでは、白人入植者に対する現地住民の攻撃に対して、イギリスは実力で反撃した。独立ケニアの最初の大統領を含む多くのケニア・アフリカ民族同盟の指導者たちは、しばしばでっち上げの犯罪容疑で逮捕された。アルジェリアのフランスからの独立に向けた長い戦争のさなか、アルジェリア国内ばかりではなくフランスにおいても相互の暴力と逮捕が繰り返された。言い換えれば、いくつもの新しい国が、新しい政治的権利の規制の中で誕生したのである。そして、これらの事態は、独立当初のこれらの国々に影響を与えざるを得なかった。

より厄介な問題は、より一般的に言えば、民族独立運動と人権との関係である。この問題は新しい問題ではないが、新たな相互関連が生じた。一方では、多くの独立運動指導者は、「諸人民の自決」こそは、第一の人権であると主張した。一九四六年ナイジェリア活動家エムボヌ・オジェクは、「自治権は、自然権である」と明瞭にのべた。ベトナムの指導者ホー・チ・ミンは、同様に、民族の独立はトマス・ジェファソンの物差しの一覧表にある「譲り渡すことのできない権利」の一つであると主張した。一九五二年、

アジア及びラテンアメリカ諸国もまた、アフリカの指導者たちの後押しを受けて、国際連合人権計画にお
ける「諸人民の自決」の部分を尊重することを決議した。

　西洋の人権活動家たちの中には、民族的権利への熱狂が、より通常の人権基準を容易に覆い隠してしま
うのではないかと心配してこれに反対した者もいた。西洋人の帝国喪失への不安もその憂慮をかき立てた。
世界人権宣言の起草に携わったあるフランスの指導者は、「アラブ諸国」は、「自決権」をその主要な議題
にもち込むことによって、国連のすべてのプログラムを脱線させてしまったと主張した。イギリスの指導
者の中には、民族の独立は、人権のリストには含まれていないと主張する者もいた。言い換えれば、帝国
を擁護しつつ、同時に人権を支持しようと試みる西洋の指導者が直面していた矛盾は、脱植民地化によっ
て、いくらか緩和したが、それ自体新たな議論を呼び起こしたのである。多くの西側諸国は、新たに独立
したいくつかの国々の欠陥をあら捜ししたり、批判したりするのに人権の基準を当てはめようとし始めた。
このパターンは、特定の場合には、今日まで続いている。むき出しの人種差別主義は、目立たなくなった
が、西側の論者の中に、自分たちの社会は、人権の領域で優越しているといまだに全く独りよがりに信じ
ている者が、なお存在していることは否定できない。

　そして、現にいくらかの問題が存在していた。多くの植民地独立運動の指導者たちは、実際に、自国の
政府の確立を優先し、その他の人権基準をないがしろにする傾向があった。ひとたび政権を確立したら、
まもなく、政治的反対派を抑圧する気でいることをはっきりさせた者もいた。自決権は、常に明確な概念
だったわけではなかった。われわれは、いくらかの新しい国々が、マイノリティの文化を相当認める形で
建国し始めたことを見てきたが、しかし、まもなく彼らは、支配的な民族集団中心の国家を好む方向に転
じた。実際、いくつかの国では、マイノリティ集団への締めつけを開始した。今度はマイノリティが、自

分たちの自決権を主張し新政府の抑圧を批判し始めた。脱植民地化の過程が始まると、人権概念の定義は容易ではなくなった。西側の評論家たちが、生じた結果を取り上げるのは簡単だった。現地の指導者たちは、こういった人権派の批判は、外部からの新帝国主義的干渉だと感じただろう。

新しい指導者たちの当初の考え方にかかわらず、最終的には、新しい多くの国々は、まもなく政治的不安定に直面し、人権の順守という難問に挑戦せざるを得なくなった。このような問題は、一九世紀の初頭、当初の人権の約束を曖昧にしてしまったいくつかのラテンアメリカの国々が、直ちに悩まされた問題に似ていた。ナイジェリアの場合のような極端な事例では、異なった地域ないし集団間の全面的な内戦が始まった。社会的宗教的な不安定が、新しい国の指導者の多くに重くのしかかった。多くの場合、より権威主義的体制、場合によっては軍事政権が成立し、その過程で人権条項をもった当初の憲法は停止された。この場合、報道の自由が共通して犠牲になった。すべての新しい国がそうなったわけではなく、われわれは、人権条項が独立以来生き残っている事例をいくつか知っている。しかし、問題は広く広がっていた。冷戦による抑圧が強まり、その結果は、一九五〇年代後半以後、人権の後退の最も顕著な要因となった。

冷戦も脱植民地化も人権を後押しするいくらかの新しい力ももたらしたが、その流れはしばしば錯綜していた。帝国主義の衰退は、たしかに特定の抑圧の緩和につながり、地域的な新しい人権論への道を開いた。西側の批判者たちが、いくつかの新しい国々での人権侵害について論評し続けたので、彼らの批判は、現地の独立運動家たちを悩ませたが、同時に、それは軌道修正のきっかけとなった。その結果、少なくともいくつかの論点に関する国際的な人権論争が活性化した。

特に最悪の緊張がゆるんだ一九六〇年代初頭以後になってのことではあるが、冷戦は、人権に対する一定の援軍となったことも事実である。双方は、しばしば、自分たちの国では人権が成功していると主張し

た。結果は、ときとして純粋に言葉の上だけのものだったが、彼らの論争は、それが含む原理についての国際的な認識を高めた。例えば、ソ連は、自分たちは性の平等において他の国々より優れた成果を上げていると自慢した。そしてこれは、性の平等は、人権の確かな構成要素であると他の国々を確信させるのに役立ったかもしれない。また、ソ連の批判は、国内の人種問題についてのアメリカの意識を高めた。すでに一九四六年、いくつかのアフリカ系アメリカ人の集団が、当時の人種差別に反対するために国連への請願活動を展開していた。そして冷戦の対抗によって、公的なアメリカの感受性が高まった。その一つの結果が、リンチに対して連邦政府がより厳しい態度をとるようになったことだった。そしてついにリンチは、減り始めた。アメリカは、また、一九六一年の立法によって諸外国の人権状況についての報告を毎年国務省が発表する政策を新たに開始した。それは、「国際的に認められた人権状況」を確定するという考え方にもとづくものだったが、対外援助の資格を認定するためのものでもあり、また、(もちろんソ連をはじめとする)敵に対する論拠をアメリカに提供するためだった。その結果は、他国の気分を害するものだったかもしれないが——そして今日もそうであるが——その より 優れた人権実績は、国際的地位を高めるかもしれないというもう一つの合図にもなりえた。

たしかに、人権の勢いは、一九五〇年代の終わりまでに失われはしなかった。一九三〇年代に起こったことと比べれば、後退はなかった。いくらかの新しい問題の発生や人権擁護の運動の勢いの衰退にもかかわらず、一九六〇年代、一九七〇年代に国際的な人権活動が、多くの異なった様相を呈しつつ、新たなうねりとして盛り上がった根拠はここにあった。

◆ 現代の第二のうねり――新組織と新たな権利

近年の人権史における次の局面には、地理的な新たな展開が含まれるだけでなく、とりわけ関連する国際組織の台頭と、権利の一覧表のもう一回りの拡大が含まれる。それは、国際的に広がっただけでなく、アメリカのような主要国でも起こったことだった。

相互に関連した国際組織における変化には、次のような特徴があった。その一つが、一九六一年のアムネスティ・インターナショナルをはじめとする献身的な非政府組織（NGO）の台頭とその拡大であり、南アフリカの人種差別主義的アパルトヘイトに対する国際的反発の広がりを契機とした国連の行動様式の究極的転換である。組織の変化によって、今度は、権利の領域の拡張を受け入れる受容力が生み出された。国際連合だけでなく非政府組織が新しい兆候を取り上げ、拡散させるようになったのである。

◆ アムネスティ・インターナショナルと非政府組織（NGO）

アムネスティ・インターナショナルは、一九五〇年代に人権の新しい緊張が発生し、それまでの基本原理の活力が奪われた結果生み出されたものだった。この集団は、反奴隷制協会以来の世界で二番目に古い人権組織だと称している。この団体は、最初からより広い要求項目を掲げていた。

アムネスティは、それ以前の人権活動と同様に、イギリスにその根があった。それは、カトリックへの改宗者でもあった社会主義法学者とクエーカー教徒を含む仲間たちによって始められたものだった。ある新聞記事はこの新しい組織について次のように伝えている。

新聞を広げてみれば、毎日、世界のどこかで、政府に受け入れられない意見や信仰のゆえに、人々が逮捕され、拷問され、あるいは処刑されていることを知らせる報道が目に入る。新聞読者たちは、うんざりする無力感を感じている。しかし、もしこれらの世界中の嫌悪感を共同行動に移すことができたなら、効果的な何かができただろう。

この団体は、政治的自由に関する普遍的基準が存在すること、すべての地域に、これらの基準にもとづいて行動している人々がいること。そして、世界の世論喚起こそがこの基準のより積極的な受容のための方法であるとの前提にもとづいていた。

それは、世界中の「良心の囚人」に関する情報収集を目的としてロンドン事務所が設置されたことから始まった。「良心の囚人」とは、それが個人的な暴力を呼びかけたりそれを容赦したりするものではない場合に限り、心に抱いている意見を正直にのべた（言葉であれ何であれ）ことを理由に投獄その他によって物理的に監禁されたすべての人のことを指していた。彼らは、ボランティアを募集し、多くの場所に使節団を派遣し、人権侵害の実態を調査した。かなりの部分は冷戦問題に焦点が当てられていたが、アムネスティは、共産主義体制の批判と西側諸国における人権抑圧の指摘とを注意深くバランスをとって取り上げた。そして、第三の分野として、新しい発展途上国からの報告のためにその余力を割り振った。西側では、初期には、北アイルランドのプロテスタント・カトリック紛争におけるイギリスの捕虜取り扱い問題に焦点が当てられた。

この団体は、ノーベル平和賞を与えられた一九七七年に一万五〇〇〇人もの政治囚の存在を確認し、その半数以上の釈放に協力した。さらに彼らは、二〇〇四年までには、四万人以上の釈放を実現したと主張

した。ドミニカ共和国のある労働組合指導者は、アムネスティが彼のための世界中の請願運動を組織した後で、次のように語った。

最初の二〇〇通の手紙が来たとき、看守が私に服を返してくれた。次の二〇〇通の手紙が届くと、刑務所長が私に会いに来た。……手紙はなお届き続け、大統領が刑務所に電話し、彼らに、私を釈放するように言った。私が釈放された後で、大統領は私を彼のオフィスに呼んだ。……そして彼は「あなたのような労働組合指導者が、世界中にどうしてそんなにたくさんの友達がいるのですか」と尋ねた。

他の囚人たちは、この団体によって国際的注目が高められたことによって死刑を免れ、拷問を止めさせることができたと書いている。言い換えれば、さまざまな政権が、人権順守の約束はしなくとも、あまり好ましくない国際的報道を恐れ、今や国際基準として機能しうるようになっていた常識の少なくとも一部を受け入れるようになった。彼らは、南アフリカのネルソン・マンデラのような著名な何人かの囚人の救援活動に取り組んだが、より一般的な事件にも取り組んだ。

この団体は、政府のいかなる財政的支援にも依存せずに、確実に参加人員を確保した。二〇〇四年には、世界中に会員が一〇〇万人以上いた。西側諸国がその中心だが、一九八〇年代には、ラテンアメリカに重要な支部が多数成立した。一九八九年には、一五〇カ国以上に支部があった。その指導者は、多くの地域の出身者である。例えば、アフリカのセネガル出身の人権活動家もいる。彼らは、その他の団体に世論活動だけに依拠するのではなく、それ以上の活動をするよう呼びかけた。アムネスティは、一九六〇年代には、欧州会議にギリシアでの拷問をやめさせるために行動するよう働きかけ、一九七〇年代には、ラテンアメ

リカの権威主義的政権下で「行方不明」になっている人々のために運動し、その結果、国連に特別委員会が組織され、この組織は素早く行動することができた。一九八一年、人権団体の構成員六人が、ブエノス・アイレスで逮捕された際に、その構成員のうちの一人の妻がアムネスティに電話し、アムネスティは、国際的な電報集中作戦を展開、収監された六人は約一週間後に釈放された。この間に、この団体は、個々の人権侵害を暴露する活動を継続するため他のいくつかの活動を展開した。彼らは、アフリカのダイアモンド取引や、バルカンの少数民族紛争での暴力を取り上げ、最終的には、世界中の死刑制度に反対することを決定した。二一世紀の初頭には、この団体が取り上げる課題は、さらに広がり、女性に対する家庭内暴力、国内紛争でのレイプをも含むようになった。

しかし、基本原理は一貫して変わらないままである。二〇〇一年の定款は、その根本思想を繰り返している。

　アムネスティ・インターナショナルの目標は、世界人権宣言及びその他の国際的人権基準に掲げられたすべての権利をすべての人が享受する世界である。われわれは、人権擁護のグローバルな共同体を形成する。それは、国際的な結束、個々の犠牲者擁護のための効果的行動、全地球上の人権を対象とし、人権の普遍性と不可分性、公平と独立、民主主義と相互尊重を原則としている。人権の個別の侵害に対する活動に加えて、われわれは、すべての政府が法律を順守し、人権基準を批准し実行することを主張し、……諸政府間組織、個人、あらゆる社会の組織に、人権を支持し尊重するよう呼びかける。

　アムネスティはなお重要であり続けたが、まもなくこの組織は人権を支え、グローバルな関心を喚起す

ることに貢献する諸組織の急成長の出発点だったにすぎなかったことがわかってきた。その一つヒューマン・ライツ・ウォッチ（HRW）は、進行中の冷戦の直接的産物だった。一九七五年にヘルシンキで、ソ連圏と西側の国々とが冷戦の緊張緩和を進める目的で会合（全欧安全保障協力会議）をもった。その結果発せられた宣言（ヘルシンキ宣言）には、表現、信教の自由などの特定の人権保障条項が含まれていた。予想されたとおり、両陣営は、これにそれぞれ異なる説明を加えた。早速ソ連の人権状況を監視するために西側のグループが設立された。この宣言は、共産圏の内部で、最終的には、政治的自由の拡大を求める反体制集団を励ました。続いて、西側の監視活動は、その後のヒューマン・ライツ・ウォッチの設立につながった。これはアメリカを中心としていたが、まもなく、熱心に国際的な協力者の獲得に乗り出した。例えば、その後すぐアメリカ大陸支部を創設し、市民に対する暴力が広く拡大していた中央アメリカでの重要な紛争を取り上げた。

ヒューマン・ライツ・ウォッチは、アムネスティのように、専門的調査員とボランティアの支援者が協力して、多くの国々の状況を追跡した。この団体は、活動の領域を拡大し、政治的抑圧だけでなく、女性や子どもの権利をも取り上げた。「すべての人に平等に適用される国際的人権基準の公約」は、この運動の伝統の中心に据えられた。その目標は、世論の動員だったが、同時に人権侵害を系統的に進めている国に対して、アメリカのような政府に、圧力をかけさせることでもあった。この団体は、この活動でも、アムネスティ・インターナショナルとともに、例えば一九九〇年代のバルカン紛争での戦争犯罪に関する国際裁判を再三呼びかけた。また、アメリカにおける監獄政策や移民政策を批判するなど、西側諸国の問題にも目を向けた。それは、死刑制度批判も展開した。一九九三年には、この団体の女性の権利部はその他の団体と協力して、女性差別問題にもっと取り組もう「女性の権利は、人権である」との表題をつけた

二四万人分の請願署名を国連に提出した。その他の目標には、中国における政治的逮捕の問題やインドにおける不可触民の取り扱いの問題など、なお今日的で地理的広がりをもった問題が含まれた。

国際司法使節団（IJM）は、市民を対象にしたジェノサイドやその他の形態の暴力に反対する活動に取り組むキリスト教組織である。インタライツは、イギリスに拠点を置いているもう一つのグループである。その他には、人権のための医師団（PHR）、国際法律家委員会（ICJ）や国際人権連盟（FIDH）などの団体がある。すべての団体は、人権侵害を報告し、その改善のための世論喚起に取り組んでいる。全体として、これらの団体は、囚人に対する虐待や、不当な懲罰に対する議論を、諸政府間の抑制された外交的発言から、次第により厳しい対決に転換させている。

他の組織も役割を果たした。サーシップ〔検閲を確認し、表現の自由を守るための団体〕、国際法律家委員会（ICJ）や国際人権連盟（FIDH）などの団体がある。

これらのグローバルな広がりをもつ団体は、なお特に西側諸国を拠点にしてはいるが、各地域の人権団体の結成を促進し、現地で実際に起こっていることを報告し、親組織から注目させるうえで重要な役割を果たしている。このような広範な地方ネットワークは、一九九〇年代以後さらに広がっていくが、これについては後に触れる予定である。しかし、その前触れは、一九七〇年代、一九八〇年代にラテンアメリカで起こっていた。当時、この地域では、人権侵害に反対する非政府組織による最も重要な運動が始まり、それは、同じ方向に向けた努力が、その後、重要でより広範なものになることを示唆するものだった。一九七〇年代には、チリのピノチェト政権などの権威主義的政権による拷問や恣意的拘禁を含む新しい人権侵害に対するラテンアメリカ諸国の反対世論が高まっていた。いくつもの地域的非政府組織による地方的かつ国際的な世論喚起活動がまき起こった。ますます多くのカトリック教徒のグループが、人権問題に理解を示すようになっていたばかりでなく、アメリカの労働組合指導者を含む労働界からの支持も生まれた。

中央アメリカで顕著になっていた問題に特に焦点が当てられた。例えばエルサルバドルでのようなアメリカの後押しを受けた保守的な戦闘集団が、左翼だとみなした勢力に対して多くの残忍な行為を引き起こしていた。多くの場合この地域での暴力から逃れた移民は、アメリカやカナダに向かい、彼らの声をヒューマン・ライツ・ウォッチのようなより大きな団体が取り上げた。現地の残虐行為に関する新聞記事とともに、国際署名が急増した。欧州委員会と国際連合は、より人道主義的な行動原理の実施を試みるようになった。一九八〇年代中葉以降、一連の体制変革にもとづきより民主的な政府が誕生し、アメリカは武力介入政策から静かな撤退を進めた。

グアテマラのある活動家は次のようにのべている。

もし、特に、ヒューマン・ライツ・ウォッチのアメリカ大陸支部、アムネスティ・インターナショナル、世界教会協議会（WCC）、民主主義諸国の連帯団体、カナダの団体、アメリカやカナダ、ヨーロッパで活動していたグアテマラの団体のような組織から、国際的な道徳的政治的支援がなかったなら、われわれははるか昔に死滅し、軍部は、われわれの組織が発展するのを許さなかっただろう。……もし、あなた方が声をあげず、殺害している人々が、たとえあなた方が姿を消しても誰も何もしないことを知っていたら、あなた方は行方不明になってしまうだろう。……情報を外部に流出させる関係者がいたことは決定的に重要なことだった。

両者の連携は明らかだった。情報を集め、抑圧的な政策に対する憤激をかき立てる地元での活動が求められると同時に、人権原理に献身的でかつ残虐行為に抗議する大きな世論を巻き起こす力のあるNGOの国

際的ネットワークもまた不可欠だった。それは成功間違いなしの決まりきった方式ではなかった。同じ数十年の間に、カンボジアのような、いくらかの社会では、効果的な厳しい抗議が全くないままに野蛮な残虐行為が強行されていた。しかし、全体としては、民間団体の台頭は、グローバルな意見の一層の拡散や人権擁護にとって新たな重要な一歩だった。

◆ 国連と国際法

ほぼ同時に起こった一連の第二の転換は、国連やその関連団体を巻き込んだ。引き金は、法の下の明白な人種的不平等にもとづく南アフリカのアパルトヘイト制度であり、その原理と、南アフリカ黒人自身による抵抗運動への暴力的弾圧に対する国際的憤激の高まりだった。この制度そのものは、一九四八年から始まっていた。南アフリカのオランダ系白人が支配していた政府は、それ以後、基本的政治的権利だけでなく居住地や教育を規制する一連の法律によって黒人多数派を隔離してきた。そこには、国際的注目を集めるには理想的な材料を提供する一連の問題があり、法的平等を求める表現の自由のみならず、反植民地闘争の一部である民族自決権をも含む古典的な人権問題が含まれていた。新たに独立したアジア、アフリカ諸国の会議は、一九五〇年代初頭以後、繰り返しアパルトヘイトを非難してきた。彼らは、アパルトヘイトは、中でも国連憲章における「人種の区別なく」基本的自由を要求する公約に直接違反すると指摘した。この問題については、冷戦の対立も多少後押しした。ソ連が反アパルトヘイトの大義を熱心に支持し、アメリカがためらいながらアフリカでの世論を心配していたからである。

一九六〇年代初頭に圧力はさらに高まった。世界中の主要植民地の大半は、今や自由となり、南アフリカを先頭とする残された人権侵害の中心地に注目が集まったのである。一九六〇年シャープスヴィルでの

抗議運動参加者の大虐殺を含む現地での衝突は、全世界からの一層の憤激を呼び起こした。アフリカ、ラテンアメリカそしてアジアの国々が、ますます国連総会の多数を占めるようになると、はじめ戦術は曖昧だったが、経済制裁を含むアパルトヘイトに反対する手段を討議する機会が開かれた。西側の諸政府は、しばらくの間、ためらっていたが、この頃になると、西側のいくつかの団体もアパルトヘイトに注目し始めた。アメリカでの最初の反アパルトヘイト団体（アフリカに関するアメリカ委員会）は、黒人と白人の公民権活動家の連携組織として、一九五三年に設立された。

アパルトヘイトは、すべての基本的人権に対する全面的な侵害に当たるとの合意が広く行き渡るにつれて、国連には何ができるかが重要な問題となった。憲章は、参加国に基本的自由を促進するように求めていた。南アフリカは、国連加盟国だったが、明らかにその促進には取り掛かっておらず、むしろその逆だった。では、憲章が明示した義務の侵害に対して、国連は何ができるのだろうか。多くの政府が、国連に国内政策を批判する権限を与えてよいのか悩み、いつ果てともしれない議論の末に、一九六七年に一つの結論に達した。その結果、国連人権委員会は、「南アフリカ共和国で実行されているようなアパルトヘイト政策に代表される人権侵害の共通した型に関する詳細な研究」を任されることになった。この動きに伴って、国連憲章は、単なる原理の表明から、国連の執行権を伴う国際法の一つの道具に昇格した。一九七〇年には第二の決議がなされ、それによって国連のもう一つの組織が認可され「明白で根拠がしっかり論証された人権侵害の共通した型」を暴露する個人や集団からの情報を受け取ることになった。ここに、人権侵害と闘う共通の大義のもとに現地とグローバルなレベルでのNGO団体が、今や国連と協力し合うことができるようになった。

国連が、新たに市民的及び政治的権利に関する国際規約（ICCPR）を作ったのもちょうどこの時期

（一九六六年）だった。それにもとづき、それぞれの国で人権がいかに擁護されているかについて定期的に
締約国から報告を受けることになった。ここで、標準的権利とは何かが再定義された。そこには、すべて
の人の「その政治的状態を自由に決定する」自決権、及び人種、性、あるいは宗教の区別なく、すべての
基本的権利の適用が含まれていた。基本権には、表現、宗教、移動、投票権を含む政治活動の権利、及び
恣意的かつ行き過ぎた懲罰の規制が含まれていた。そこには、死刑を、最も深刻な犯罪に対する刑罰とし
てのみに制限すること、及び軍隊あるいは警察による恣意的殺害の禁止が含まれた。一〇年後に発効した
この条約にいくつもの国が署名したが、多くの国はためらった。署名した国でも、留保条件をつける国も
あった。例えば、アメリカは、妊婦以外のすべての人間に死刑を執行することができることを条件として
示した。二〇一〇年までには、二七カ国を除くすべての国連加盟国が少なくとも原理的にはこの条約を受
け入れた。新しい義務を考慮に入れて国内法を調整することはしばしば無視された。国家安全
する者もいた。法律家の中には、アメリカのような個別の国による保留は、条約の有効性を抑制するものだと
他の人々は、国連が、人権状況に関する監督結果を定期的に報告することを定めた新しい仕組みの果たし
た役割の重要性を指摘した。支持者たちは、団体の権利がきちんと保護されることも評価した。しかし一方では、
保障や公共の安全の利益に沿う団体にのみ認められるという条件付きではあったものの、その団体の権利
には、人権NGOの活動も含まれているとみなされたのである。
　すべての状況を勘案すると、人権基準に関し、単に声明を出すだけでなく、実施し監視する国連の責任を
明示した新しい宣言は、新しい転換を象徴していた。国連人権委員会が定期的に開催されるようになった。
各地域での一連の動きも続いた。米州機構（OAS）は、一九七八年に人権に関する新しい会議をはじめ、
その管理のために権限をもつ委員会を組織した。ヨーロッパの裁判所はより活動的となり、アフリカ諸国

の組織もまた少し遅れて（一九八六年）人及び人民の権利に関する憲章（バンジュール憲章）を発効させた。

これらの多様な展開は、人権分野における国際法の新しい責任のための新しい基礎を確立した。アパルトヘイトが国連の変化の引き金を引き、かなりの国際的注目を集め続けたが、どんなところであれ人権侵害に注目を集めるために新しい機関が利用できるようになり、一九九〇年代以後、新しいいくつかの標的が現れた。

アパルトヘイト自体は結局崩壊した。それは、人権原理と国際的圧力との結合の現実的勝利を意味したが、この勝利は、常に情熱的で、しばしば英雄的な地元の抵抗を基礎として実現されたものだった。一九七〇年代の終わりまでには、関心は確実に高まっていた。アメリカや西ヨーロッパでは、多様な宗教団体や労働団体が、人権集団とともに、アパルトヘイト非難の決議を採択していた。アメリカの大学では、学生たちが、大学当局に南アフリカへの投資を止めるよう圧力をかける運動を展開し、直接いくらかの会社に対しても抗議行動を展開した。いくつかの市役所は、その投資政策を見直した。一九八一年と一九八二年には、ワシントンで反アパルトヘイト行進が取り組まれ、イギリスでは、主要労働組合が、いくつかの小売りチェーンを説得して、南アフリカ製品を店に置くことをやめさせる運動を展開した。カナダ人の関心も高まった。ある研究者は、「他の政治的抑圧の事例でこれほど道徳的にはっきりしているものは少ない」とのべた。南アフリカ自体で、一九八四年に新たに自由南アフリカ運動（FSAM）が始まり、多くの逮捕者を出したため、それが国際的な抗議運動をさらに高めるきっかけとなった。ジミー・カーター元大統領のような多様な外国人指導者がこの国を訪れ、人権侵害の状況を証言した。この時点までに、アメリカだけで一〇〇〇を超える団体が、反アパルトヘイトのために活動していた。西側全体の世論調査では、過半数がアパルトヘイトを嫌悪しており、自国の政府により厳格な態度をとるよう求めていた。アメリカの

南アフリカへの投資は五〇％減少した。国内の人権運動の圧力を受けて日本もこれに同調し、一九八五年には南アフリカへの輸出を禁止し、それ以後はこの国からの輸入を規制した。欧州連合（EU）も発言し始めた。最終的には、国内の新しい指導体制の下で、南アフリカ政府が、一九九〇年ネルソン・マンデラのような複数の政治囚を解放し、一九九四年にすべてのアパルトヘイトを終わらせた。マンデラ大統領の新政権は、すぐ人権原理を採用した。

◆公民権とその波及

一九六〇年代並びに一九七〇年代の人権の革新の最終段階には、目標が拡張され、その中には、女性の権利への新たな関心の高まりだけでなく、全く新しいいくつかの課題も含まれた。もちろんこれに対する新しい反動も起こったが、拡張への圧力はいくつかの地域から生じ、異なった種類の運動を引き起こした。

その目標の一つは、より明確な社会的経済的権利への支持を勝ち取るための新たな試みだった。メキシコ大統領は、一九七二年に、アメリカやその他の裕福な国々の抵抗を抑えて新しい国際憲章を採択するよう主張した。国連は、一九七四年に諸国家の経済権利義務憲章（CERDS）を採択した。その内容は、政府に対するものであり、特に経済発展を速める努力に力点が置かれ、個人の保護や、彼らの待遇の最低基準貧しい国々に対する関税と技術的進歩に特別の配慮を求めるものだった。しかし、ここでの焦点は、には、向けられていなかった。

アメリカは、一九六〇年代に人権の世論喚起活動にとっての予想外に豊かな土壌であることを証明し、その守備範囲を拡張させた。最初の焦点は、特に南部諸州でのアフリカ系アメリカ人に対する法的差別に当てられた。アフリカ系アメリカ人は、南北戦争と奴隷制の廃止以後休むことなく活動してきたが、その

波は満ち引きを繰り返してきた。第二次世界大戦によって、にわかに新しい関心が呼び起こされた。ナチスの人種主義と人種差別に反対する国際的ないくつかの決議に注目が集まり、それは、明らかにアメリカ国内の関心をかき立てた。すでに見てきたように、冷戦のおかげで、アメリカの差別は、国際的に具合の悪いことになっていた。一九五四年の最高裁判所の判決は、アフリカ系アメリカ人のための分離された学校は、平等だとみなされうるという考え方に終止符を打った。そして、連邦政府は、いささか嫌々ながら、学校の人種統合を強制し始めた。この時点以後、マーチン・ルーサー・キングのような霊感を与える人物に指導されて、その他の分野の差別撤廃運動のうねりが高まった。しばしば、白人公民権活動家の協力を得たアフリカ系アメリカ人の個人や団体は、バスや水泳プールでの人種隔離に抗議した。学生たちは、ノース・カロライナやその他の場所で、簡易食堂での人種統合を要求した。投票制限とともに、居住区の人種隔離が標的にされた。一九六〇年代末までに連邦政府は、精巧に作り上げられた法的社会的差別構造の打破のための運動を積極的に支持した。事実上の人種隔離の多くは残ったが、法における平等は、かつてなくよりしっかりと確立された。

アメリカ史におけるこの重要な展開は、明らかに長いこと人権運動の重要部分だった原理の実現を含んでいた。その原理は、法的平等だけでなく、抑圧的な警察の介入なしに社会的不正義に抗議する権利をも含むものだった。しかし、エネルギーの目覚めは、より大きな広がりをもっていた。多くが非暴力的戦術を採用し成果を上げたアメリカの公民権闘争は、例えば、オーストラリアやカナダの先住民の間でのような他の人種差別撤廃運動にも広げられた。これらの運動は、アメリカの枠を大きく飛び越えて広がったのである。その結果、運動は、アパルトヘイトに対する国際的な運動にエネルギーを与えた。その結果、アメリカ国内では、公民権運動で全面展開された情念と論理が、他の集団を活気づけた。フェミニスト

運動の新たな盛り上がりは、最も顕著だった。女性の権利の拡張という考え方は新しいものではなかったが、西側諸国ではひとたび法律が大きく変更され、平等が拡大され、政府が投票権を与えると、フェミニズムの勢いはかなり後退した。全くそのとおりだと思われるが、彼らは、公的な法的権利に関してばかりではなく、彼らがなお男性支配や家族の構造だとみなしていた社会的経済的平等のための圧力の重要性をも強調した。女性には、職業経験や家族への責任について自分たちがもっている標準的観念から自分たちを解放する自由が必要だった。

一九六六年、全国女性組織（NOW）は、「女性が男性との真に平等な協力関係のもとに、すべての特権と責任を行使して、今日のアメリカ社会の主流に全面的に参加するために行動する」ことを誓って結成された。この新しいフェミニズムのための基本用語は、全面的な法的平等とあらゆる形態の差別――ここでは、もちろんジェンダーにもとづく差別――を終わらせることを要求し、馴染みの人権の伝統をよみがえらせた。

しかし、フェミニストの運動は、政府の政策の枠を超え、例えば学校や会社の政策にまで適用範囲を拡張すべく試みていた。彼らは、また、例えば、望まない妊娠や出産から女性を保護するための手段として中絶の権利（女性が自分自身の肉体を所有する権利）という新しい権利を主張した。また、これは新しい抵抗を生み出した。例えば、中絶問題をめぐる今日も続く大規模な論争では、出生前の胎児の生きる権利への熱烈な主張と女性の権利とが競わされた。より全面的な前進のために、NOWは、アメリカ憲法の平等権修正に多大な関心を寄せたが、批准に必要な数の州の支持を得ることができなかった。女性の権利の拡張は、なお進行中であり、引き続き争点となる目標が残されていた。

新しいフェミニズムのグローバルな影響は、いくらか単純だった。オーストラリアのような場所を含め

て、その他の西側諸国では、アメリカの前例に従い、権利と平等の要求を拡大していくのは容易だった。例えば、フランスでは、一九六八年の民衆抗議の後、アメリカの姉妹組織の特徴を多く模倣し、女性がより自由に避妊や中絶を選択でき、夫からの自律性をより高めることができるよう主張する新しい女性解放運動が台頭した。この国やその他の国で、フェミニストたちは、より多くの女性が公職に立候補し、あるいは政府の地位をえるように主張し、しばしば、その過程でアメリカをもしのぐ成果を上げた。すでに大部分で女性の参政権を獲得していたラテンアメリカでも新しいフェミニスト団体が蘇生した。これらの団体は、家族法への法的平等の適用、例えば、離婚の権利に関しては、経済的機会の拡大、子どもの養育に対する父親の適切な経費負担義務（これはアメリカでも重要な関心事である）、さらに女性の政治参加の拡大促進に力点を置いた。他の地域と同様、ラテンアメリカのフェミニストたちは、メディアやその他の大衆文化の場での女性の否定的な描写に厳しく対決した。ラテンアメリカのフェミニストたちはまた、より広範な人権要求を支持し、なお残っている権威主義的体制に抗議するために他の国々の人々と協力した。

言い換えれば、フェミニズムの新しい波は、政治的領域の内外の権利に関する定義をより徹底的に拡大しようという問題意識をかき立てた。それは、初期の運動が人権思想をジェンダー問題にまで浸透させてきたすべての地域で起こった。定義を拡張しようとすれば抵抗が起きたが、活動家たちはそれなりの成果を上げることができた。政治に進出したラテンアメリカの女性は、アメリカよりも多かった。ヨーロッパのフェミニストたちは、厳しい闘いの末に、アメリカの女性たちよりも先に進み、主に妊娠初期三カ月に焦点を当てて、中絶の可能性に関する妥協を広く受け入れさせることに成功した。

しかし、最新のフェミニズムの運動はまた、もっと広いグローバルな衝撃を与えた。一人ベティー・フリーダンらのアメリカのフェミニズムの指導者たちは、まもなく、多くの地域の女性た

ちが初期段階の権利要求運動を進めるためには激励が必要なことに気づき、より広範な国際的な結びつきを強める活動に積極的に取り組んだ。

この新しい動きは、現存の国連による法的平等の公約に加えて、女性の権利への国際的支援を新しいレベルにまで押し上げた。一九七五年に国連は、一〇年ごとに大規模な国際会議を開く「国際女性年」の企画を支援し始めた（最初はメキシコ、一〇年後にはケニアのナイロビで開催した）。既存のフェミニスト運動指導者を含む国際的な参加者を集めたこれらの会議をきっかけに、各地域に新しい権利を主張するかつてない多数の女性組織が誕生した。そして、人権NGOのように人権侵害について報告する準備が整えられた。

この時点で、アムネスティなどのNGOが、女性の権利をはっきりとその課題に加えたのは、偶然ではなかった。例えば、アフリカでは、ナイロビでの「国際女性年」会議の翌年の一九八六年に「アフリカ女性タスクフォース（対策委員会）」が登場した。同じ運動に支えられて、一九八二年には、女性器切除に初めて明確に反対する国際声明が出された。この脈絡の中で、憲法の中に女性の法的平等に関する条項を挿入した国が続々と増えたのは驚くべきことではない。エジプトのような地域では、それ以前には女性の権利条項がなかった。一九八一年アフリカ統一機構（OAU）は、「女性に対するすべての差別」除去を確認し、西アフリカのコートジボワールでは、この分野に関連するすべての国際基準を受け入れる憲章を提示し、女性の権利団体が次々と生まれた。インド亜大陸の新しい地域でも活発な女性権利団体が女性省を設けた。ほとんど例外な

く、少なくとも基本的なレベルのフェミニズムは、グローバルになりつつあった。

公民権運動の高揚とその原則の広がりは、最終的には、いくつかの全く新しい領域での集団的権利の主張を生み出す圧力となった。特に重要なのは、アメリカで最初に始まったゲイの権利運動の確立だった。公民権運動の一〇年間までは、彼らは、同性愛者を支援する団体はけっして新しいものではなかったが、

かなり静かにお互いに助け合うことに集中していた。一九六九年、ニューヨーク市のゲイ・バーに対する警察の弾圧から始まったストーンウォール暴動をきっかけに新しい抵抗の波が現れた。まもなく、より広範な権利の訴えが現れ、彼らは、社会的文化的受容を拡大し、法律的差別をなくすことに力を注いだ。特定の権利運動の目標には、養子を受け入れる権利、同性愛者のための給付金受け取り、同性愛者のパートナーを病院に見舞う権利、そして最近では、同性愛者との結婚の法的承認の要求が含まれている。同性愛行為を標的にした以前の法律の廃止は、重要な目標だった。要するに、同性愛者は、異性愛者のもつすべての法的権利を与えられるべきだというのである。人権要求の標準が、新しい範疇として認められた人々にそのまま適用されるべきだというのである。アメリカでは、特に若い年齢層で世論の支持を得るようになってはいるが、同性愛者の権利運動はかなりの抵抗に直面し、その論争はなお進行中である。アメリカのモデルに力を得て、その他の先進諸国で運動は急速に発展してはいるが、グローバルな趨勢はなお流動的である。

例えば、イギリスでは、結婚そのものを認めさせる運動はアメリカよりもゆっくりしか進まなかったが、二〇〇二年に養子を受け入れるゲイの権利が認められ、二〇〇五年には、同性のパートナーシップを取り結ぶ権利が認められた。

さらに、まだ他の標的があふれ出した。アメリカでは、一九七三年、障害者が、可能な限り最大限、就職や教育のチャンスを得られるようにする権利の保護を目的とした新たな法律が成立した。これはもう一つの重要な新しい方向だった。一九六九年には、肥満者の受け入れを促進させるための全国協会（NAAFA）が結成され、特に体格にかかわらず平等な就職機会が保障されることを求めて、肥満者の公民権の必要を主張した。少なくとも西側世界では、人権の基本的原則を可能な限り広く適用する新しい機会の拡大が始まった。

◆ 相互作用

一九六〇年代、七〇年代の人権運動の前進は、最終的には、明らかに、しっかりと相互に影響しあうようになった。われわれは、国連の新しい規定は、活動領域を広げつつあったNGOとの協調を促進してきたことをみてきた。その結果、両タイプの組織の人権要求への関心が高まった。国連のいくつかの新しい協定は、（少なくとも原理的には）加盟国に国際法上の義務を課し、NGO自身の結社の権利を保護することもできた。特に女性の権利についてだが、それだけではなく、それぞれの権利の定義の拡張は、最初の運動の高まりの多くが、新たな一つの地域から発生したものだとしても、すぐさま国連とNGOを巻き込んだ。アパルトヘイトに反対する取り組みのような主要な人権闘争の勝利は、NGO、国連、そして、アメリカのような場での公民権の大義に新たなエネルギーを吹き込んだ。個々の指導者の中には、この新しい世界の流れから新たな力を得た者がいた。アメリカで、一九七七年から一九八一年まで大統領だったジミー・カーターは、自分が生まれた南部で公民権運動が闘われたこともあって、人権については、深い責任を感じていた。彼は、国連が人権問題により強い関心を抱くように促し、ラテンアメリカでの政治的抑圧を除去するために積極的に取り組み、米州機構が新たな人権監視を確立するよう取り計らった。現代の第二段階の人権の重要な発展の中で、地域の拡大と個々の権利の定義の発展、そして運動組織構造の変化、さらに単なるエネルギー水準の高まりは、相互に絡み合っていた。

◆ 第三局面——一九八九年から現在まで

人権拡張の近年の最終局面は、それ以前の二つの局面での達成の上に直接構築されたものだった。NG

Oのネットワークはより密になり、国連の計画も拡張された。公民権運動の熱狂はいく分か鎮静化したが、例えばゲイの権利のようないくつかの新しい目標はずっと注目を集め続けた。

しかし、新しい要因もまた大事だった。新しい要素が加わり、全体的脈絡に大きな転換が生じ、その結果、人権の様相にかなりの変化がもたらされた。

まず、一九八九年から一九九一年の間にソ連型共産主義は事実上消滅し、ロシアの帝国的支配の多くが崩壊した。その結果、中央・東ヨーロッパ及び中央アジアに多くの新しい国々が登場した。そしてロシア自体においてすら新しいポスト共産主義体制を構想する必要が生まれた。その最も顕著な結果は、多くの国々で標準的人権の確認が可能になったことだった。共産主義体制のもとでは不可能だった政治的権利の保障が誓約された。中央・東ヨーロッパの新しい国々の政府は、即座に、宗教や出版の自由を保障し、同時に恣意的な逮捕や習慣を規制（除去ではないが）する憲法を採択した。少数の国はなお権威主義的な体制を維持したが、しかし全体としては、人権の地理的範囲は顕著に拡大した。

くわえて、共産主義の事実上の崩壊は、人権に関する国際的な論争を単純化した。国連での人権問題に関する共産主義者と西側陣営との二極化は解消され、間違いなく、一層自由でグローバルな努力が可能になった。この変化には、いくらかのマイナス面があった。冷戦の競争があったので、アメリカは、人権の指導権を発揮しようと動かざるを得なかったのだが、今やその圧力が除去され、その結果、いくらかのゆるみが助長された。共産主義の崩壊と、グローバル資本主義の伸長は、疑いもなく社会的・経済的権利への配慮をないがしろにすることにつながった。これらの権利は、かつても人権綱領の中にしっかりした場を確保したことはなかったが、今やはっきりと消えつつある。さまざまな理由から、ヨーロッパやアメリカだけでなくインドやラテンアメリカを含む多くの国々で福祉計画を削減し始めた。収入格差と最下層の

貧困状況は明らかに悪化した。しかし、これに対する人権論からの系統的な反応はない。

要するに共産主義の崩壊は、人権のグローバルな地理を単純化し、多くの点で人権運動を推し進めはし
たが、人権の範囲を縮小する危険性を生み出した。

第二に、部分的には共産主義が崩壊したためではあるが、同時に、それとは別に独自に民主的な政治制
度を採用する国の数が拡大し始めた。多くの地域で、一党支配の軍事政権が、けっして消滅はしなかった
が、減少した。ラテンアメリカの大半の国では、一九八〇年代までに、多数政党間の競争と報道の自由化
によって民主主義が機能するようになった。フィリピンは、一九八〇年代の中葉に民主主義を再建し、直
ちに人権をしっかりと保障する憲法を採択した。一九八九年以後、明らかに中央・東ヨーロッパに民主主
義が広がった。一九九〇年代にアフリカでは、二五カ国が民主主義に転換し、大きな変化が起こった。こ
こには、アパルトヘイト以後の南アフリカとともに最も人口の多いナイジェリアが含まれている。二〇一
一年のいわゆるアラブの春で、いくつかの中東諸国の権威主義的体制が瓦解したが、これが人権にとって
何を意味したかについてはまだはっきりしていない。

民主主義は、依然として一様のグローバルな約束ではなかった。それぞれ異なった国がそれぞれ独自な
やり方でこの制度を定義し続けた。それにもかかわらず、少なくともさしあたり、実質的な傾向があり、
それは人権に対する配慮の拡大とともに進歩した。

第三に、共産主義の崩壊と、同時に起こった企業組織と技術の変化は、新たなグローバリゼーションを
世界の中心舞台に押し上げた。もちろん、グローバリゼーションは新しい現象ではない。人権の分野だけ
でいえば、グローバリゼーションは、少なくとも一世紀の間進行してきた。しかし、一九九〇年代の状況
は、いくつかの面で異なっていた。多国籍企業と呼ばれているグローバル企業の力は、一層大きく一層明

確になった。多くの企業が、最低限の労働コスト、有望な資源、交通事情など、最も統御しやすい社会的環境を求めて、世界の別々の場所で部品を製造していた。これらは、広範囲にわたる経営を監督する国際的な情報能力を維持し、多くの政府が管理できるよりも大きな能力と資本力をもつようになった。ますます、多国籍企業は、世界中の人口の多くの部分の労働条件や環境基準を決定するようになった。グローバリゼーションは、また、技術を変化させる力を強化した。一九五〇年代以後次第に利用可能になったジェット航空機による国際的な旅行とともに、グローバルな技術は距離のもつ意味を激減させた。

それは、国際的な交易の速度と量を質的に転換させた。一九九〇年頃にインターネットの導入が可能になり、それは、国際的な交易の速度と量を質的に転換させた。

グローバリゼーションの新しい側面は、人権にとって積極的な意味でも、否定的な意味でも多くの潜在的重要性をもった。一つの否定的な側面は、大企業と彼らが他の企業に対して加える競争の圧力は、労働条件の悪化を招き、抵抗のために労働者が団結することを困難にした。それは、力の不均衡があまりに大きかったからにすぎない。極端な事例を挙げれば、多国籍企業にとってある場所の条件が困難になれば、経営者は、簡単に荷物をまとめてどこへでも簡単に移動することができた。プラスの面では、常に変化する技術を通じて、インターネット、携帯電話、ツイッター、フェイスブックなど異なった人々の間の情報交換が革命化された可能性がある。ここには挑戦があった。思想の自由に神経をとがらせている政治権力は、かつてなく熱心に新しい抑圧の手段を求めている。しかし、たぶん、完全な抑圧は、これまでと比べおそらくより困難になった。というのは、新しい考え方に興味をもつ多くの人々が、技術的にも熟達する可能性があったからである。最も顕著なことは、今日のグローバルな情報能力は、人権侵害に関する情報や前向きな政治的変化の可能性についての情報交換の機会を拡大したことである。二一世紀に入ると、アムネスティ・インターナショナルのような組織が、ひとたび人権侵害の可能性が明示されるや、

Eメールで署名運動を呼びかけ、一日か二日で数十万筆の署名を集めることができるようになった。ナイジェリアの宗教裁判所が、密通した女性に対して、石打による死刑を宣告したとき、地元の人権団体がすぐさまグローバルNGOに通告し、NGOは、Eメールのネットワークを使って会員に知らせ、短期間のうちにナイジェリア政府には抗議が殺到し、彼らは即座に宗教裁判所の判決を覆し、その女性を助命するよう取り計らった。すべての話がハッピー・エンドだったわけではなかったが、彼らは最新の技術を十分に使いこなせるようになった。同じ技術は、かつてよりも迅速に運動を広げることを可能にした。二〇一一年のチュニジアからエジプト、イエメン、リビア、シリア、そしてその他の地域に次々に広がったアラブの春の民衆蜂起の際には、携帯電話とフェイスブックは、世論喚起運動の一つの中心と他の中心との情報交換にとって決定的に重要だった。

　第四は、新しく人権のエネルギーを駆り立てた新しい問題が現れたことである。冷戦が終わり、非植民地化の主な課題が解決すると、多様な地域が新たな一連の問題に直面し始めた。多くの地域の内部で、経済的不平等が拡大し、また、環境悪化が進行するに伴って、新しいタイプの地域紛争が表面化した。アフリカの多くの国々が、住民同士の残忍な紛争によって分裂させられた。別々のエスニック集団がお互いに攻撃しあい、場合によってはジェノサイドのレベルに達する大規模な流血事件が発生した。一九九〇年代には、バルカン半島では、旧ユーゴスラヴィアの分裂に伴って、別々のエスニック集団・宗教集団の間での激しい戦闘が起こった。少なくともしばらくの間は実際に通常戦争は鎮静化したが、しかし、いくらかの場合には、公的な政府が事実上解体したあと国内の集団間の暴力的な紛争が激化した。最後に、新しい水準のテロリズムが表面化し、組織的な攻撃が、いくつかの国々――アメリカ、スペイン、イギリス、インド――に対して加えられた。そればかりでなく、パキスタンやイラクのような個別の国の内部でも大規模

なテロが発生した。これらのテロ攻撃とこれに対処するための施策は、いくつもの人権問題を引き起こした。

以前と比べて、アメリカの人権に関する指導的役割は明らかに後退した。アメリカの政治は、一九八〇年代以後、より保守的になった。多くの新しい有力な指導者たちは、人権に対して興味がないだけではなく、積極的に敵視するようになった。例えば二〇一一年に、ある大統領候補者は、人権というのは、「伝統的価値を教える諸機関に対し攻撃を加えるための見せかけ以外の何物でもない」と率直に語った。いくつかの象徴的な場所への九・一一攻撃（二〇〇一年）後のテロとの対決を含む新しい問題が、国民を混乱させ、実際に人権を抑制した可能性があることも真実である。この国は、人権に対して全面的に背を向けたわけではないが、例えば、はっきりと人権の強化への道をさらに進む方向を示している欧州連合にその指導権を譲った。そしていくつかの事例では、アメリカは国際的な抗議を引き起こす行動に出て、人権に関し、他者批判の発信地であるだけでなく、再び、批判される標的になった。国務省は、毎年他国の人権侵害に関する分厚い報告書を作り続け、多くのNGOは、アメリカの支持に多くを依存し続けているが、この国の役割は変化している。

しかし、最も重要なことは、グローバリゼーションの加速、冷戦の終結、民主主義の普及などの新しいタイプの諸問題が生み出した効果の組み合わせだった。

◆ 新たな地理的拡大

公的に人権擁護を公約している国の数が増えたことは、重要な出来事だった。どんどん多くの憲法が、人権条項を採用するようになった。例えば、一九九七年のポーランドの憲法は、共産主義とソ連の支配の

崩壊の後に、それ以前に「わが国内で、基本的な自由と人権が侵された時代のつらい経験に十分配慮し」、この国が「普遍的価値」を順守することを特に約束した。この憲法は、性や職業の違いにかかわらず法の下の平等を保障し、言論と表現の自由、平和的集会の権利を主張していた。それはすべての基本権の尊重を保障し、適切な労働条件と福祉レベルに関し、重要な条文を含んでいた。一八歳までの義務教育条項を含む子どもの権利を保障し、恣意的な逮捕、拷問、あるいは、いかなる形態であれ肉体的懲罰の中止を宣誓した。この憲法は、今日の古典的な人権文書だった。

そして、民主的な体制が確立された中央・東ヨーロッパだけでなく、アフリカやアジアの多くの場所で新しく採用された憲法についても同様なことがいえた。基本法の一部として人権がこれほど多くの国々で保障されたことはかつてなかった。

しかし、それだけではなく、新たな活動地域の広がりによって、地元のNGOや改革者たちが、より高い水準を目指して活動を展開する可能性も広がった。例えば、インドネシアの権威主義的な体制が崩壊した後、地元のNGOは、労働組合活動家たちがその活動を理由に解雇された際に、比較的自由にその労働条件を調査し、世論を喚起する活動に取り組むことができた。多くのアフリカ諸国のNGOは、女性の権利への意識向上をはかる活動に取り組んだ。インドでは、地元の多様な集団が、女性に対する待遇をより根本的に変えさせるために闘った。彼らは、家庭内暴力や殺人の事件についての証拠集めを行い、夫の監視の下でのみ女性の投票を許す規則を改め、女性の政治参加の機会を拡大するよう政府に要求した。その結果、すべての地方選挙で特定の割合で女性を選出することを求める新しい立法が成立した。ほかの組織は、児童労働に反対して活動した。疲れを知らない活動家カイラシュ・サティヤルティは、労働法のより厳格な強制と義務教育の実施を求めて、インド国内だけでなく国際組織と提携しながら活動した。彼は、児童

労働に反対するグローバル・マーチ運動（GMACL）、また教育のためのグローバル・キャンペーン運動（GCE）をはじめ、その過程でインドのみならず国際的な支持を得た。サティヤルティは、彼の努力によって、工場や家庭、サーカスで無理やり働かされていた六万六〇〇〇人の子どもの数を減らすことができたと主張した。

言い換えれば、ますます多くの地域が、しばしば、国際組織と連携しながら、その原理に同意したばかりではなく、その国内での監視活動や改革理念を許容し、あるいは、ときには自ら進んで受け入れるようになった。

そして、まだ人権活動を許容していない国々にさえ、ほとんど、国内の問題や人権侵害を確認し報告する個人や小さな集団が存在した。例えば、（ロンドンの）シリア人亡命人権組織は、定期的に、政治的逮捕や新聞の弾圧、その他の権威主義的手法について報告している。道はなお平坦ではない。多くの活動家が逮捕され──これは中国で再三起こっている問題である──その中には、暴行され殺された者もいた。権力者の対応は非常に多様だったが、しかし、何らかの重要な人権活動が存在しない主要な地域はなかった。

これもまた、地理上の大きな変化だった。

◆ 国際組織

以下の二つの事態の進展によって、一九九〇年代初頭以後、国連と人権を促進する関連団体の役割が拡大した。第一は、一九九三年の会議とその結果にもとづくウィーン宣言によって、人権の大義全体に対して、新しい国際司法機関を通して極端な人権侵害に対して、再度、敬意が示されたことである。第二は、懲罰を加え、あるいは懲罰を試みるためのかつてない手段が導入されたことである。

ウィーン宣言は、国連の呼びかけで開催された人権に関する世界会議（国連世界人権会議）から生まれたものだった。人権にのみ焦点を当てた国際会議は、これが二回目だった。最初の会議は、一九六八年の世界人権宣言二〇周年を記念して開かれた。第二回目のこの会議は、冷戦終結の興奮の下、今や国際会議によってグローバルな問題解決が実質的に進展しうるとの確信の下で一九八九年に準備が始められた。しかし、一九八九年直後の数年間は、参加者の間の激論とむき出しの緊張が続き、よりよい世界がすぐそばまで来ているとの楽観論はいくらか後退した。アムネスティ・インターナショナルの指導者たちは、「あまり熱狂的でない政府があるのは何ら驚きではない。結局のところ、人権を犯しているのは彼ら自身だからである」と辛口のコメントを加えた。

しかし、ウィーン宣言は、いくつかの意味で意義深いものだった。それは、世界人権宣言の原理とその重要性を再確認し、加盟国に対して行動することを呼びかけ、国連自身が、人権の領域でより強力な手段を取ることを約束していた。そして、この宣言は、人権概念そのものをいくらか拡大することを決めた。宣言の基本テーマでは、「すべての人権の促進と保護は、国際社会の正統な関心である」ことが強調された。それは、すべての人民と政府に「すべての人権と基本的自由を促進・保護し、これらの権利を全面的かつ普遍的に享受できるようにするグローバルな任務に再度献身するよう」呼びかけた。

宣言は、市民的・政治的権利と社会的・文化的権利との区別を除去することを求め、すべての範疇が大切だとした。この宣言は、実効ある民主主義──選択の自由にもとづく投票権──は今や基本権であり、民主主義の承認は、グローバルな流れになっていると主張した。この宣言は、有毒物質の廃棄を規制し環境を保護することを、人間の生命と健康についての人権リストに付け加え、人種主義と差別を攻的な経済発展と貧困の除去は、人権目標の本質的側面であると主張した。

撃し、マイノリティ保護についての国連の約束を繰り返した（前年に、この問題に関する別の国際会議が行われた）。この宣言は、セクシュアル・ハラスメントや性的搾取からの保護を含む女性の権利に注意深く言及し、また、子どもへの十分な衣食住、医療、基礎的教育の保障、及び少なくとも「有害な」児童労働の除去を通じて子どもの権利を擁護するよう特に指摘した。別の節では、障害者の権利の保障、障害者に対するすべての差別の禁止、平等な機会の保障、社会的に作られた障壁の除去が明示された。その結果、国際的に確立された人権のリストは、かつてなく最も長いものとなった。宣言は最後に、権利をより一層保護し、理解を広めるための適切な教育を実施する国際組織や各国の政府による行動を再度呼びかけた。人権の監視と人権のより完全な履行を促進する国連人権高等弁務官という新しい職位が設定された。

いくつかの特定の新しい問題への関心とともに、人権に対する国際的関心の新たなレベルでの高揚も、重要な人権侵害で告発された個人を裁判にかける——人道に対する犯罪の主張に実効性を与える——試みを復活させる根拠となった。もちろんこれは、第二次世界大戦への対応としてすでに行われたことだったが、冷戦のもとでの非常に大きな国際的な不一致もあって、まもなく姿を消してしまっていた試みだった。

一九九〇年代に、新しい南アフリカ政府は、アパルトヘイトの人権侵害を調査するために「真実と和解のための委員会」を設立した。目的は、何よりも支配的な空気を清浄化することであり、個人を処罰することではなかった。ここでは、人種差別の強制や、抵抗運動への弾圧で自分が果たした役割を認知し、その罪を認めた者については恩赦が認められた。寛大さは、必ずしも全面的に共感を受けたわけではなかったが、この類の人権侵害はもはや受け入れられないことを明確にするとともに、社会の責任を明確にするのを手助けした。このやり方は、例えばアルゼンチンのようないくつかのラテンアメリカの国々での軍事政権、あるいは権威主義的政権の下での人権侵害に対しても導入された。国連自体も、エルサルバドルで起

こっていた抑圧に対して調査委員会——真実委員会——を確立した。他の国際法廷は、旧ユーゴスラヴィア及びルワンダでの戦争犯罪とジェノサイドを調査した。その後もこの流れは継続した。二〇一一年、エジプトでは、権威主義的政権に対する抗議運動が、まもなく、抵抗運動に対する警察の弾圧にかかわってきたそれまでの指導者を裁く裁判につながった。国連はさらに進んで、個々の国家が、ひどく人権を侵害した者を守る恩赦を許さない方法を模索し始めた。

しかし、もっと徹底していたのは、二〇〇二年の新しい国際刑事裁判所（ICC）の確立だった。その目標は、ジェノサイド、人道に反する犯罪、戦争犯罪、さらに侵略罪（ただしこの罪に対する裁判は、二〇一七年まで始まらなかった）で個人を訴追する裁判を恒常的に行えるようにすることだった。アメリカを含むいくつかの主要国はこの国際的取り組みを拒否したが、興味深いことに一〇年間のうちに、ラテンアメリカのすべての国、ヨーロッパのほぼすべての国、アフリカの約半数の国など合計一一六カ国が参加した。

個別の政府が行動することができなかったり、する気がなかったりした場合、人道に反する犯罪を取り扱うこの種の裁判の必要性については、第一次世界大戦以来議論されてきたことだった。ニュルンベルク裁判に参加した何人かの法律家たちが、この種の法廷が必要不可欠だと主張したが、冷戦下の論争の下で、前に進むことは不可能だった。冷戦が終結し、新たな地域紛争とそれに付随した人権侵害が一九九〇年代に急増し、ついに行動のときが到来した。人権NGOが、裁判開始に重要な役割を果たし、告発とそれを裏づける情報収集の機能を果たし続けた。この裁判所自体、法的弁護と最初の評決に対する控訴の権利を守る条項を注意深く規定し、恣意的な取り扱いを防ぐよう適切に人権を保護する設計がなされていた。同時に、すべての人権問題と同様に、取り扱い範囲とその定義についての大きな論争が始まった。いくつかの国々は、テロ行為を裁判所に持ち込めるように望んだが、何がテロリズムにあたるのかについての国際

的な合意は、まだできなかった。インドとその他の国々は、核兵器の使用は人道に対する犯罪だとみなされるべきだと主張したが、これを裁判所の管轄範囲に加えることについては、十分な合意が得られなかった。

この裁判所（ICC）が、グローバルな人権状況に実際にどれだけ影響を与えたかについてはなお断じ難い。主にアフリカの戦闘地域から、いくつかの告発が裁判所にもち込まれたが、その中で、告発された人物はなお拘束されていない。二〇一一年には、進行中の裁判がなお続いていた。裁判所の最初の指導者は、ラテンアメリカ出身だったが、潜在的戦争犯罪者に対する管轄権を積極的に主張した。真に新しい取り組みとしての不安定性がいかなるものであれ、裁判所の設立自体は、人道に対する犯罪を確認し、それに対して行動する恒久的機会として、人権の進化とグローバルな対応におけるさらなる興味深い歩みを示していた。国際的組織における革新は、基本的原則と責任の再確認とともに、人権の歴史における現代の章の根本的部分であり続けている。

◆ 目標の拡張

近年の人権の歴史の最終章では、一九六〇年代と一九七〇年代と同様、一九世紀末以来繰り返されてきたテーマを取り上げる。すなわち、人権リストの継続的拡張である。拡張には、現行の基礎的標準からするとすでに実質的な合意のある領域と、すぐその時点から論争を巻き起こす新しい領域が含まれている。それも、今ではなじみのある組み合わせである。

◆子ども

一九八九年、国連はついに児童の権利に関する条約（子どもの権利条約）を採択することができた。それは、もちろん数年後に発せられたウィーン宣言でも標準的な概念として言及された。われわれは、子どもは、しばしば、人権思想の中の難しい問題群だったことをみてきた。たしかに多くの国では、特定の権利の基準については、すでにかなり昔から解決済みだったが、新しいだけでなく驚くほど困難だったのは、この問題についてグローバルな合意を生み出すことだった。

ILO事務局は、重要なイニシアティブを発揮してきた。一九二〇年代以来、ILOは、工業国では一般的だった法律を世界全体に広げるために、児童労働禁止決議を挙げたが、進歩は遅々としたものだった。一六歳以下の児童労働禁止に関するグローバルな合意を実現するための一九七三年のキャンペーンは失敗した。それは非常に多くの国々が、なおこの種の労働に依存し、あまりにも多くの両親が、家計を維持するために子どもの貢献を必要としていたからである。例えば、インドでは、ある重要な人物は、多くの範疇での権利の実現を呼びかけてきたが、この分野での行動に強く抵抗した。アメリカも、移動農業労働者の間での児童労働使用の継続を希望し、またこれまでもずっと国際的な監視を嫌ってきたので、これに抵抗した。一九八九年の条約は一つの妥協だった。児童労働は、署名国によって禁止されるが、その児童労働とは、例えば、性産業での子どもの使用、家族の借金の支払いに充てるための子どもの売却、子ども兵の利用など極端な事例に限られていた。この条約は、子どもには、適切な衣食住を提供し、教育の権利が保障されなければならないとの原理の標準的な合意を繰り返した。しかし、より広い努力も続けられた。古くからの伝統ある自由のとりでである反奴隷制協会は、一九九八年、グローバルな児童労働反対運動を開

始した。国際サッカー連盟（FIFA）は、ちょうどその頃に児童労働で作られたスポーツ用品を禁止する「反則ボール」計画を展開した。子どもの権利に関する理念は前進したが、なおそれは限られていた。その懲罰についても新たな論争が起こった。大半の国々は、未成年者の死刑禁止には合意した。アメリカは、極端な懲罰規制への人権活動家たちの古くからの関心を子どもに適用したものだった。ソマリアとともに長い間、署名を拒んできた。しかし、二〇〇五年合衆国最高裁判所は、判決の決定的な根拠として国際的な法的基準を引用して、一八歳以下の子どもは、いかなる犯罪に対してであっても処刑することはできないとの判決を下した。グローバルな基準は、ひとたび定義されると、それなりの違いを生み出すことができたのである。

◆ 労 働

二〇世紀の終わりにグローバルな人権への新しい関心が向けられた労働権は、けっして新しい分野ではなかったが、経済のグローバル化によってその重要性が増した分野の一つだった。多国籍企業は、ときとして労働者に対して長時間労働、安全でない労働条件、そして低賃金を押しつけ、搾取を強化することがあった。多国籍企業との競争にさらされた下請け企業やその他の地元企業が、コストを必死になって切り詰めようとして、労働者への圧力を強化することが一般的だった。労働者の抵抗を抑え込み、潜在的な「トラブルメーカー」を罰することが多くの場面で行われてきた。

一連の国際的なNGOは、労働権の理念を世界中に広げることによってこれに対抗した。彼らは、各地により大きな監視団体の網の目を生み出すことを手助けした。これが、よくあるパターンとなった。オランダを基盤とする団体、クリーンな衣服運動（CCC）は多くの国に支部をもち、労働組合と密接に協力し

て、個々の工場でのニュースに焦点を当てた緊急アピールを出し始めた。搾取工場に反対する学生連合（USAS）は、多くの大学に支部をもつアメリカ中心の団体であるが、中でも、大学当局に対して、搾取労働で作られた商標製品への支援をやめるよう圧力をかけた。労働者権利コンソウシアム（WRC）は、より大きな団体であるが、多様な国々に調査員を派遣しグローバルな監視リストに掲載すべき工場の情報を提供した。アメリカを基盤とする全国労働委員会（NLC）は、特に、よく知られたブランドや有名人が投資している搾取工場に対する大規模な広報活動に従事している。何人かの有名人が、ひどく低水準の労働条件の下で経営している、主に中央アメリカやその他の地域の工場の株を所有していることが突き止められ、ひとたびそれが公開されると、彼らはすぐにそれを止めると誓った。一九八八年に設立されたもう一つの団体グローバル・イクスチェンジ（GE）は、ナイキのような有名な企業が管理しているベトナムの企業に焦点を当て、最終的には、製品ボイコットを主張し、いくつかの会社によるより公正な政策の採用を促進した。一九九〇年以後、ILO自体が、特に、苛酷な労働条件に注目し、労働者の組合結成の自由を保護する目的で、一連の会議を催した。西側諸国や日本の豊かな社会における消費者に自分たちが購入している製品が、搾取労働によって作られたものであることを直接知らせる別の努力も行われた。

新たに生まれたグローバルな監視活動は、他の人権活動と非常に類似していた。二〇〇三年の一つの事例は次のようなものだった。インドネシアの労働搾取工場の五〇〇人の労働者が標準以下の労働条件に抗議して、職場放棄をした。彼らは即座に解雇され、入れ替えられた。地元の監視集団である法律支援協会（LAI）は、直ちにいくつかのグローバルNGOに通報した。これらのNGOは、国際基準に則った保護立法を採択しているインドネシア政府に請願し、同時に会社を所有しているヨーロッパの投資家たちに圧力をかけた。インターネットの記事は、解雇後の労働者の写真を掲載し、けがや病気になっても労働を強

制されていたことを詳しく伝えた。関連商品に対する消費者のボイコットがヨーロッパで始まった。そし

て、少なくともしばらくの間、会社は後退し、解雇された労働者たちを再雇用した。もう一つの事例では、

これもインドネシアのケースだが、ある繊維工場の労働者たちが、安全装備なしで頻繁に負傷していること、低賃金、サービス残業の強制、疲労困憊するまでの長時間労働について報告した。地元のNGOの支

援を得て、彼らは、ウェブサイトを立ち上げ、「[この会社を統括している衣服産業企業]PTブサナでは、労

働者の法的権利及び人権が尊重されていない」と断固として抗議した。再びこのケースでも、グローバル

NGOがこれに乗り出し、労働者の団結権は、世界人権宣言にはっきり書き込まれていると指摘した。地

元インドネシアのNGO自体からの強い支持に加えて、西洋ばかりか、東アジア、特に韓国に加えてオー

ストラリア、ニュージーランド、そしてラテンアメリカから支持署名が殺到した。

　人権を労働者の権利に適用すること自体は前例のないことではなかったが、企業活動のグローバル化に

伴って、注目の度合いも作戦も新しいものとなった。その結果、特に南東アジアと一部のアフリカにおけ

る住民に対する新しい範疇の活動と結びついた人権活動が重要な発展をみせた。

◆　環　境

　二〇世紀の末までには、地球の温暖化、オゾン層の破壊やその他の現象の証拠が示され、地球環境の破

壊への憂慮が急速に高まった。多くの場合、国連が主催する一連のハイレベル会議がもたれ、環境汚染制

御のための政府間の合意を取りつける努力がなされた。

　取り上げられた問題は、多くの論争を引き起こしたが、そこには、重要な問題が含まれていた。ハイレ

ベルな政策や科学的研究の成果に強い関心が集まり、二〇世紀末の人権環境の成長は、この分野でも結び

つきが強まった。

その結果、ウィーン文書のような現代の宣言には、拡大された人権の範疇に環境権が含められ始めた。この宣言は、人々は極端な環境破壊及びその結果生じる健康や生殖への影響から保護される権利があるとのべている。労働問題と同様に、人権と環境の結びつきは、個々の事例に適用された。一九九〇年、その流れの中で、ナイジェリアの活動家ケン・サロ・ウィワは、石油抽出によって地元の環境悪化を引き起こした石油会社シェルに補償を求める団体を結成した。逮捕されたサロ・ウィワは、裁判で地元の人々の「環境権」を雄弁に語った。サロ・ウィワは、人間による環境破壊からの自由について、権利の言葉を使ってはっきりと主張した。彼は、拡張が求められているグローバルな人権概念を、学生としていかに学んだかを説明した。彼は、ナイジェリアのマイノリティ集団に「自分たちの権利のために、今こそ立ち上がり、恐れずに平和裏に闘う」よう呼びかけ、クルアーンを引用して、「抑圧されたときにこれと闘ういかなる者も罪を背負うことはあってはならない。アラーは抑圧者を罰するはずである」とつけ加えた。インドのような他の地域における環境運動もまた、人権の言葉を使った。

一九九二年のリオデジャネイロでの国際会議（地球サミット）は、環境と開発に関する宣言を発し、「持続可能な発展のために」「自然と調和した健康で生産的な生活を確かなものにする権利」を人類の中心的関心に位置づけ、より公的に両者の関係をはっきりさせた。この原理は、個々の政府が環境破壊的経済活動に終止符を打ち、環境破壊から一般市民を救済する法的手立てを提供することを意図していた。この宣言は、また、マイノリティないし先住民集団を保護する特別の必要についてものべている。彼らは、彼らなりの自然との均衡を保ってきたが、巨大会社の侵入を防ぐために支援を求めていたのである。人権論をめぐる論争は、第一の注目を集める環境の劣化を抑制するために進められていた活動の中で、人権論をめぐる論争は、第一の注目を集める

ことはなかった。しかし、これらの論争は、人権論が注目を集めるのにそれなりの役割を果たしたし、人権論の訴えは、権利という言語がいかに拡張され、いかに多様なグローバルな問題に重要な理論的根拠を提供したかを示す、顕著な実例だった。

◆ 性に関する問題

歴史的に人権の言語が、性行動の領域にはっきりと結びつけられたことは通常なかった。しかし、全体として、権利の論理は、性的活動のより大きな自由を生み出す努力と結びつけられる可能性があった。宗教的自由は、最終的には、適切な性的ふるまいについての考え方の違いに対する寛容を含む可能性があった。政府は、いかなる単一の性的基準であれそれを強制しないよう求められた。出版の自由が、性的題材に適用された。これは一九五〇年代のアメリカ最高裁の重要ないくつかの判決が扱った事例だったが、これらの判決は、多様なメディアに対する検閲を劇的に抑制することになった。西洋の多くの場で同性愛の権利が人権の一覧表につけ加えられるようになったのは、性的自由の領域拡大を求めた人権活動家たちの努力の賜物だった。性的規範の変化は、常に大論争を引き起こしたが、全体としてそれに人権が結びついていたことは、当然明らかだった。

二〇世紀末までの女性の権利運動の新しい発展は、この全般的な人権との結びつきを変更することなく、興味深いいくらかの変化をさらに進めた。西洋諸国では、女性に対するセクシュアル・ハラスメントからの自由への関心が高まった。この問題は、一九七六年のある雑誌の記事が、少なくともはっきりした言葉遣いで、従業員、特に女性従業員が肉体関係を受け入れるよう脅かされ、肉体的・精神的苦痛を引き起こしている職場環境に注目すべきだと呼びかけ、初めてその存在が確認された。次第にアメリカ、西

ヨーロッパ、そして日本でも、公的な強制力を伴った新しい法律を作り、特に経営者と従業員、教師と学生のような不平等な関係のもとでの、望んでいない異性に対して言い寄ることを禁止するようになった。

ここには、伝統的なタイプの性的虐待と同時に、現代の性的自由の行き過ぎに限界を定める努力があった。

しかし、グローバルなレベルで言えば、性に関する問題の領域での最も重要な人権の発展は、レイプを人道に反する犯罪だと分類したことである。これはそれ以前の伝統的な人権の関心事ではなかった。個々の国では、レイプは、国内法の問題としてさまざまに扱われてきた。戦時中には、一つの問題だと認識されることもあったが、しかし、それは主に、侵略軍と現地住民との関係の問題として扱われてきた。第二次世界大戦後の東ドイツの高官たちは、ロシア人兵士によるレイプによって、地元の人々が共産主義を受け入れにくくなるのではないかと心配した。多くの軍高官は心配していたが、それは主にレイプが、兵力を弱体化させる性病の原因となることを心配していたからだった。第二次世界大戦後のドイツでのイギリス軍とアメリカ軍の場合がそれだった。犠牲にされた女性たちは何が起こったかを知っていたが、それが犯罪なのだという認識をもって聞いてくれる人は少なかった。

一九九〇年代までには、それは変化した。バルカンでの紛争中の証拠の増加に加えて、女性の権利への関心が高まった結果、人権分野での基準に変化が生まれ、重要な新しい範疇が生まれた。これまでにみてきたように、アムネスティ・インターナショナルのようなNGOは、早速この問題を取り上げ、それを単に戦時における女性に対する犯罪としてのみ注目するのではなく、家庭内暴力での場合も犯罪とみなし、これを今日の主要な人権問題だと確認した。二〇〇〇年とさらに二〇〇六年の決議で、国連は、性的暴力が根強く継続していることを指摘し、より効果的な手段が講じられるよう主張した。

国際的関心は、さらに女性と子どもの売買に向けられた。これは、子どもの権利に関する会議ではっきり言及された。一九九五年、北京での「国際女性年」会議は、女性に対する暴力を、「女性の人権と根源的自由を侵し傷つけ無効にする」ものだとはっきり断定した。その提案は、レイプ、人間の売買、強制的売春、ハラスメントは「人間の尊厳と価値とは両立しえない」叱責されるべき範疇に一括すべきだと断言した。この決議は、特に、この分野で伝統的かつ今日的施策への注目を求め、そこには、国家の政策と私的な行為がともに含まれていると指摘した。

◆死　刑

最後に、人権思想の最も興味深い伸張の一つは、死刑をめぐる新しい一連の論争だった。ここでの論争は、他の現代の範疇についての議論と同様、より古くからの人権論との結びつきがはっきりしており、重要だった。一八世紀以降、人権論者たちは、常に極端な懲罰を減らし、正当化できない肉体的苦痛を強いることを避けることに焦点を当ててきた。これには、常に死刑に関する何らかの憂慮、しばしば、その結果、この刑罰を適用する犯罪数の削減、可能な限り苦しみの少ない死刑の方法を採用することへの新しい関心、そして、刑罰は、衆人監視の下ではなくひそかに行われるべきだとの確信が強まったことなどが含まれていた。

しかし、今やいくらかの人権団体はさらに進んで、いかなる状況のもとでも死刑は、人権侵害だと論じるようになった。改革の訴えは、第二次世界大戦後に、特に多くの西ヨーロッパの国々で勢いを増した。あるイギリスの広報官は、死刑は人間の生命の尊厳尊重とは相いれないとのべ、一九四〇年代末に新しい立法を提案した。多くのスカンディナヴィア諸国では、第一次世界大戦後にすでにその刑罰を廃止してい

た。ドイツ、イタリア、オーストリアでは一九五〇年代、スペインとイギリスでは、一九六〇年代までに
そのような政策を採用していた。この時点までにこの地域全体での世論調査では、死刑は、犯罪を防ぐの
に有効ではなかったので無益であり、またしばしばのちに無罪だと判明した人に適用され、それゆえに全
体として野蛮であり、正しくないという見解を大部分が支持していた。二〇〇三年までに全EU加盟国は、
死刑は、「人間的尊厳の否定」だとして法律で禁止していた。EUへの加入を求めていた中央・東ヨーロ
ッパの諸国は、「国家の行為は、人間を犠牲者にしてはならず、犯罪学は人間を高める目的をもたねばな
らない」という考え方を進んで受け入れた。ラテンアメリカのいくつもの国々が同じ立場に立った。アパ
ルトヘイト以後の南アフリカも一九九五年にこれに参加した。

　その変化は単なる地域的な変化ではなかった。ローマ教皇を含むヨーロッパとラテンアメリカの指導者
たちは、しばしば、他の地域での死刑適用に反対して介入に乗り出そうとした。アメリカのいくつかの州
政府には、際立って世間の注目を浴びていた人物の死刑判決に反対する大量の請願署名がしばしば殺到し
た。一般庶民もこれに参加した。アムネスティ・インターナショナルは、グローバルな計画の一部として、
次第に死刑反対活動を活発化させた。

　個々の州では、一致する方向への動きがみられるものの、アメリカでの傾向は、長い間ヨーロッパやラ
テンアメリカのパターンとは逆行していた。一九九〇年代には、アメリカの世論調査では、八〇％が死刑
に賛成であり、実際の死刑執行率は急増した。インドと日本を含む、多くの点で人権思想に友好的な他の
国々も死刑を止めなかった。

　さらなる変化が醸成されつつあるようにみえた。日本では、事実上たまにしか死刑を執行しなかったが、
法律に変化はなかった。この国では、多様なNGOの運動のおかげで、世論の間で死刑に対する嫌悪が次

第に広がった。アメリカでは、州や地域によって大きな開きがあるが、二〇〇〇年以後、死刑支持率は下がり始めた。何年もの人権活動家の努力の結果、二〇〇二年には、最高裁が知的障害者の死刑を廃止した。個々の州も問題が十分に調査されるまでは、死刑執行を停止し、新たな懸念を表明し始めた。他の重要なトピックと同様に、人権論争は、地方レベルだけでなく、グローバルなレベルでも続いていた。

◆ 結論——今日の傾向

第二次世界大戦以降の人権における急激な変化は、まだ多くの未完成部分を残している。重要な革新は、まだ十分試されていない。同性愛者の権利は、どれだけ広く標準的目標に組み込まれるだろうか。死刑に関するグローバルな合意は、拡大するだろうか。国際組織による人権達成の約束の強化を前提とすれば、人権を、法的強制力をもつものとして認める国の数は増えていくのだろうか。まさに、大変多くの問題が発生しているがゆえに、まだ答えを出さねばならない問題の一覧表は、長い。

より一般的には、一連の新しい問題が同じように多く発生している。人権リストの長大化は、真に注目されるべき優先事項に対する関心を薄めてしまうことにならないだろうか。そしてその優先順位は誰が決めるのだろうか。近年の拡大は、不可避的に、新しい不一致だけでなくいくらかの対立に近い状態を引き起こしている。特にアメリカで鮮明に現れているが、妊娠中絶における権利の主張の衝突は、共通で情熱的な権利実現の約束が、著しく多様な方向に向かいうる一つの典型的な実例である。今日の性に関する人権は、伝統的な支配からの新しい自由を意味するのか、衝動を抑制する一連の新しい法的束縛を意味するのか。この類の議論はおそらく避けられないし、たぶん当然のことなのだろう。しかし、それらの議論は、人権の領域全体に混乱をもたらす可能性がある。

この類の複雑さと多くの未達成な課題にもかかわらず、近年の人権における革新は真に積極的なものだとみなすことができる。初期の人権原理は、かつてなく広く適用されるようになった。例えば、女性の権利の問題に関する分野で、適用範囲をさらに広げることへのためらいは、今や全面的に取り払われるようになった。それまでばらばらだったNGOの活動は、組織的なネットワークのうねりに変わった。公的な国際組織によってそれなりの注目を集めた方策であろうと、人権のリストに正当な場を与えることを要求する個別の国の努力であろうと、政治的グローバリゼーションにおける人権の役割は、根を深く張り、永続的なものに変わった。地理的グローバリゼーションはなお問題であり続けているが、主要な人権目標を支持する地域は、疑いもなく広がっている。すべてこれらのことは、過去二世紀の間に確立された確固たる基礎なしには不可能だっただろう。しかし変化があまりにも大きいので、がまん強く歴史を追う十分な忍耐力のない観察者の中に、人権の記録は、一九四五年に始まったのだと誤解してしまう者がいたとしても驚くべきことではない。多様な人権の発展が、わずか二世代の間に世界史の重要な側面を変容させてきたのである。

参考文献
第二次世界大戦以後の人権のグローバルな枠組み（国連、アムネスティ・インターナショナル、人権要求の拡大）については、以下を参照。Ronald Burke, *Decolonization and the Evolution of International Human Rights* (Philadelphia: University of Pennsylvania Press, 2010); Stefan-Ludwig Hoffmann, *Human Rights in the Twentieth Century* (New York, NY: Cambridge University Press, 2011); A. W. Brian Simpson, *Human Rights and the End of Empire: Britain and the Genesis of the European Convention* (Oxford, UK: Oxford University Press, 2004); Elizabeth Borgwardt, *A New Deal for the World: America's Vision for Human Rights* (Cambridge, MA: Har-

vard University Press, 2005); Roger Normand and Sarah Zaidi, *Human Rights at the UN: Political History of Universal Justice* (Bloomington, IN: Indiana University Press, 2008); Mary Dudziak, *Cold War Civil Rights* (Princeton, NJ: Princeton University Press, 2002); Anthony Pagden, "Human Rights, Natural Rights, and Europe's Imperial Legacy," *Political Theory*, 31(2) (April 2003), pp. 171–199; Mary Ann Glendon, "The Forgotten Crucible: The Latin American Influence on the Universal Human Rights Idea," *Harvard Human Rights Journal*, 16 (2003), pp. 27–40; Samuel Moyn, "The First Historian of Human Rights," *American Historical Review*, 116(1) (February, 2011), pp. 58–79.

　ＮＧＯについての優れた概説には、Jackie Smith, Pagnucco, and George A. Lopez, "Globalizing Human Rights: The Work of Transnational Human Rights NGOs in the 1990s," *Human Rights Quarterly*, 20(2) (May, 1998), pp. 379–412; Michael H. Postner and Candy Whittome, "The Status of Human Rights NGOs," *Columbia Human Rights Law Review*, 25(3) (Spring, 1994), pp. 269–290; David Chandler, "The Road to Military Humanitarianism: How the Human Rights NGOs Shaped a New Humanitarian Agenda," *Human Rights Quarterly*, 23(3) (August, 2001), pp. 678–700; David P. Forsythe, "The United Nations and Human Rights, 1945–1985," *Political Science Quarterly*, 100(2) (Summer, 1985), pp. 249–269.

　以下も参照のこと。Douglas Sanders, "Getting Lesbian and Gay Issues on the International Human Rights Agenda," *Human Rights Quarterly*, 81(1) (February, 1996), pp. 67–106; David Tanenhaus, *The Constitutional Rights of Children* (Lawrence, KS: University Press of Kansas, 2011); Rajendra Ramlogan, "The Human Rights Revolution in Japan: A Story of New Wine in Old Wine Skins?" *Emory International Law Review*, 8 (1994), pp. 127–214.

第6章　抵抗と反応——グローバリゼーションの推進か、抑制か

多様な人文・社会科学者が一九九〇年代にグローバリゼーション（この時期に、この言葉が英語として初め
て使われた）について書き始めるや、たちまちグローバルな市民権とは何かに関する関心が高まった。多
くの論者は、グローバルな政治構造及びその政策とグローバルな経済と地球環境の変化の速さとのギャッ
プについて言及した。グローバリゼーションが世界全体に引き起こしているその破壊的影響をいくらかで
も補修するためには、グローバルな倫理に一層まともに向き合うことが極めて重要であるように思われた。
　その議論は、中でも、とりわけ第二次世界大戦後に達成された人権という視点からみると興味深い。も
し人権がこれだけ多方面で進歩してきたのだとすると、グローバルな問題がむしろ深刻化しているとの印
象が広がっているのはなぜなのだろうか。この章では、特に冷戦後の二〇年間に、原理的には、より明快
な国際政治上の進歩の道が開かれたはずなのに、どうしてこのような停滞が生まれたのかについて探求す
る。

◆優先順位と影響力

　その問題を説明するためには少なくとも、次の二つの方法がある。第一は、人権の進歩は現実かもしれ
ないが、グローバル化とは関係がない部分もあるというものである。というのは、主要なグローバルな課

題は他の事柄を含んでいるからである。第二は、人権の達成自体、その見かけの進歩が示唆するほどには多くの具体的な結果をもたらしてはいないという見方である。

一九九九年一一月、シアトルで開かれた世界貿易機関（WTO）の閣僚会議に対して、WTOが代表しているように思われたグローバリゼーションの多様な側面に抗議する大きな国際的な抗議行動が行われ、およそ六〇〇人のデモ参加者が逮捕された。この事件以後、多くの国際経済機関の会議は、敵意をもつ群衆のデモに包囲されるようになった。

いくつもの不満が含まれていた。中には騒ぎを起こすことを単に求めていた者もいたが、多くの人々は、グローバルな経済活動によって消費主義的価値観が煽られていることに敵意を抱いた。この価値観は、浅薄で破壊的にみえた。環境問題への憂慮は重要な動機であり、またグローバルな貧困問題はこの運動家たちの主要な標的だった。彼らは、WTOを含む国際的な経済機関は、発展途上国を十分援助していないと確信していた。そして最後に、彼らは、あまりにも多くの多国籍企業が、安全な労働条件と労働者の適切な生活水準に無神経であると非難した。

抗議者たちは、全体として、けっして人権に対して敵対的だったわけではないが、彼らは、暗に、人権の主張は、彼らが主要なグローバルな問題とみなしていることに照準を合わせていないと感じていたのである。もちろん人権論は、環境問題に取り組み、経済開発に対決するかもしれないが、大半の人権論者たちは、これらの課題を自分たちの目標の一番上には置いていなかった。そして、彼らの個人の権利への注目は、おそらくそれらの領域での必要な政策変更を実現する最も良い方法ではなかった。他の活動領域で人権運動は、グローバルな消費主義について多くを語ってはこなかった。労働問題は、勤務上の最低基準の保護努力、児童労働規制及び労働者の結社の自由確保に取り組む過程で、人権論の中核に近づいた。ア

ムネスティ・インターナショナルは、例えば、一九九八年「労働者の権利は人権である」と題する重要な呼びかけを発表し、とりわけ、多国籍企業の力の増大によってもたらされた問題を取り上げた。しかし、ここですら、反グローバリゼーション運動家たちは、より広範囲の政策提言と比べて、人権アプローチは必ずしも最適な方法ではないと信じていたようである。

このように、もし今日のグローバルな課題を、環境、経済発展及び地域的貧困問題を第一の関心として強調する立場でとらえるとすれば、人権は、実際に必ずしも中心的な目標ではなかった。人権活動が、歴史的にも現実的にも、企業に対してよりは、政府ないしは準政府に焦点を当ててきたのも事実である。しかし、多くの反グローバリゼーション活動において第一に関心を向ける必要があるのは、国際通貨基金（IMF）や世界銀行（WB）のような主要な国際経済機関とともに多国籍企業である。やはり、人権と主要なグローバルな問題との乖離がなお存在するようである。この乖離は、人権の進歩とその他の面での世界的状況の評価との不協和音をいくらか説明している。

この不協和音は、少なくともしばらくの間、二〇〇八年以後のグローバルな経済後退に伴う最近の混乱によって、増幅された。失業、銀行の倒産、緩慢な経済回復、支えきれない公的債務が、世界中の多くの新聞の一面を飾り続けた。そして、ここでも人権は、ここに含まれる問題に明らかな関連性があるとはいえない。近年あるいは過去二世紀以上の世界史の大きな枠組みの中に、人権の優先的な場を見出すことはやりがいのある課題だろう。多くの団体や個別の研究者は、二一世紀に人権をより適切なものとするために、人権の目標を熱心に拡張しようとしているが、そこにはなお重要な食い違いがある。

問題は、グローバルなレベルばかりでなく、地方のレベルでも表面化している。最近、何人かの人類学者が、人権NGOのアフリカ、ラテンアメリカの農村での善意から出たと思われる活動に関する研究を行

った。彼らは、国外のNGO職員が、地元の問題や不満を、国家から個人の権利を保護するという枠組みで読み替えるよう迫っていたのを発見した。しかし、その枠組みは地元の人々が考えていた問題には、必ずしも適合していなかった。例えば、この人たちは村落による土地の管理を求めており、近代経済の発展がこのような伝統的な保有権を無視する傾向があることを憂慮していたようである。しかし、人権組織の職員は、しばしば、地元の考え方は時代遅れであり、不十分であるとみなし、これに代わる彼らの目標を単純に押しつけている。彼らは、地元の価値観と地元の現実的な経済的な利害という視点にもとづいて、自分たちの観念をとらえなおそうとはしない。それぞれの地域性は異なっており、事態は複雑である。しかし、主な点は、グローバルなレベルで見ることができる問題を引き写している。すなわち、少なくともこれまでは多くの人々が現代世界で最も重要な問題だと考えている課題を、人権要求項目ではとらえることができないかもしれないのである。

今日の世界の現状を見つめている誰にとってもこの問題は避けて通ることはできない。グローバルな緊急課題の正確なリストは何なのか。人権問題は、（もしあるとすれば）そのリストのどこに当てはめることができるのか。あるいは、人類学者たちの視点からみると、緊急な地元の課題の正確なリストは何なのか。また、（もしあるとすれば）人権の課題はそのどこに当てはまるのだろうか。

しかし、人権の歴史そのものが避けることのできない部分は、第二の種類の課題である。そこでは、人権の影響力の測定が中心となる。挑戦すべき課題は、人権思想と組織の実体ある進歩が、政治的自由と平等で始まる明らかに関連のある分野で、どれだけはっきりした違いを生み出したかを知ることである。こでもまた、厳密な答えは不可能であるが、しかし、問題を整理するためには、異なったいくつかのレベルが存在する。

・自由は測定することが困難である。あまりにも多くの要素が含まれることもその理由である。今日の世界では、七〇年前と比べて、出版の自由が大きいのはほぼ確かである。しかし、もちろん、メディアも大きく変化しており、出版の自由が、いくつかの新たな発展に遅れずについていっているかどうかは、明確ではない。多くの地域で、女性たちは、七〇年前よりは、法的及び個人的権利をより享受している。しかし、いくらかの反動もみられる。女性に対する暴力が特定の分野で増大し、緊密な家族のネットワークのようなより伝統的な保護が多くの場で弱体化している。すべてのことを考慮に入れた場合、女性の暮らし向きがよくなったかどうかについては、大いに議論がありうる。しかし、法的権利に関していえば、前向きの変化があった。好むと好まざるとにかかわらず、他の分野、児童労働に関して見てみると、世界中で明らかに減ってきた。南アジアでは、一時的にではあれ増大していたが、今ではこの地域もグローバルな傾向に沿って変化している。言い換えれば、多数の古典的権利やいくらかの新たな権利において積極的な変化があった。

・しかし、同時に、正面から抵抗する地域は別にしても、これらの同じ権利の領域は、大半の人権運動家たちが望むように一様には保護されていない。国境なき記者団（RSF）という団体は、世界報道自由度ランキングを毎年発行し、この領域の人権を擁護することをはっきりと約束している国々の間ですら、報道の自由には大きな格差があることを示唆している。判断基準の中には、公的な規制だけでなく、より偶発的な記者の逮捕事件、その他の圧力も含まれている。二〇〇九年現在で最も自由な国には、フィンランドが挙げられ、アメリカは二〇位になっている。イタリアは、もっとずっと下に位置していた。明らかにここでの評価は、論駁されうるが、長い人権の歴史をもっている国々の間ですら、それに実際の変動があることは否定しえないようにみえる。

・労働組合の自由については、一層、疑わしくさえある。法的あるいはその他の障壁について言えば、これは、アメリカで過去三〇年間に特に全面的敵対への大規模な転換もなしに明らかに衰退してしまった部門である。信教の自由に関しても、変動しやすい。アメリカでは、過去一〇年の間に、イスラム教にとっての自由はいくらか抑制された。政府が、イスラム教組織を捜査し、新しいモスク建設に広範な世論が反対したからである。この国は、宗教的自由に背を向ける方向に動き出してはいないのだが、ここでも、この自由という概念は不変ではない。問題は、多くの人権擁護の約束の完全な履行は困難であり、時間とともに変化し、原理が広く受け入れられている国々の間でも変化しうることである。そしてこのことは、おそらく過去七〇年、あるいは過去二〇〇年間の進歩は、想像されているよりは、全く明瞭ではないことを意味している。最後に、いくつかの人権部門では、すでに達成されたとされている進歩ですら確かだと確認することは難しい。拷問や恣意的な逮捕は減少したのだろうか。われわれは人権運動の前後でどのような変化が起こったのかははっきりした比率を知らない。しかし、改革の熱狂から期待されるほどには、急激に減少しなかったことは確かである。すべての人権の進歩にもかかわらず、この数十年間に、国際的な介入の効果がほとんどか、あるいは全くなかったため、バルカンやアフリカの多くの場所で、内戦によって文字どおり数百万人もの民間人が殺害された。言いかえれば、その逆もあったとはいえ、多くの場所の多くのグループは、人権により敬意を払うようにはならなかったのである。

そして、(少なくとも)二つの問題がある。一つは、できれば、グローバル・レベルでの変化を測定するという挑戦であるが、これは率直に言って極めて困難である。われわれが人権について考えるとき、われはその影響の複雑さを認識し、評価を進歩させる方法を考え出さねばならない。

しかし、第二の問題は、人権の歴史そのものの一部として直ちに立ち向かわねばならない問題である。人権は、なぜその潜在力を発揮できなかったのか、特に過去七〇年間、さまざまな宣言の熱烈な文章や組織的な支援があったにもかかわらず、人権の現実の記録が、それとはあまりにもかけ離れていたのは、なぜなのだろうか。このテーマを探求することが、この章の最初のいくつかの項の目的である。

◆事実上の拒絶

二〇世紀の後半から二一世紀の初めにかけて、内戦に巻き込まれた少数の国やそれよりも多くの地域は、よくで形ばかり人権順守の方向に合意を示しはしたものの、事実上人権を無視した。頑強に抵抗する国のリストは変わったが、けっしてなくなりはしなかった。国際的な人権の呼びかけがほとんど何の効果もなく、しばしば大規模な人道危機の恐ろしい結果が生み出された。

この問題に関しては、このような事実があるだけでなく、国際的な基準の方向に向かう口先だけの身振りすらする必要を感じない指導者たちもいる。人道に対する犯罪への懲罰の脅しは、効果がなかった。というのは、他の問題の方が大事であり、のちにその結果から逃れることができるとみなしているからだった。

繰り返された内戦は、人権などとは全く関係のない非公式な軍事力を生み出した。彼らの目標は、個人的な野心や指導権の確保であるが、それは特定のエスニック集団や部族集団が、相手の地域を浄化せねばならないとの確信によって粉飾されることがあった。それは、極端な場合には、ジェノサイドそのものに進む「民族浄化」政策を生み出した。コンゴでは軍隊が民間人に対して残虐行為を繰り返した。傷害、レイプ、拷問はもちろん、何百万人もの人々が殺害された。特に国際的な介入がなく、あるいはそれがほとん

ど効果的ではなかったところでは、この類の紛争は何年も続いた。アフリカのいくつかの戦闘地域では、バルカンやカンボジアその他の地域で以前に起こっていたような人道悲劇が、繰り返された。

少数の既存の政府も公然と人権を嘲笑した。例えば、北朝鮮の権威主義的政権は、一九七二年憲法のもとで運営されていた。この憲法は、信教と表現の他多様な権利の保護を約束する標準的な条項を含んでいたが、同時にこの政権は、「人民の独裁」であるという不気味な但し書きも含まれていた。実際に恣意的な逮捕や拷問が頻発した。政府はメディアをすべて管理し、この領域では自由を許さなかった。国際的なNGO活動は、禁止されていた。憲法上の興味深い見せかけにもかかわらず、確認できる限りここでの人権は、この社会を政権と奇矯な指導者に服従させるうえでの障害物としてしかとらえられていなかった。

ミャンマーの軍事政権は、最終的には民主主義を復活させるとの約束（多数の政治囚釈放の約束は、二〇一一年に行われた）にもかかわらず、人権を無視し、嘲笑している政権だった。そして、ジンバブエのロバート・ムガベ政権も、政治的反対派を厳格かつ野蛮に抑圧しており、同類だった。

国際的な原理の表明と現地における現実との最も広いギャップを生み出す――とりわけ内戦勃発下での――この類の事例は重要だった。しかし、これは大半の国家では典型的なことではなかった。より共通の型を見出すためには、われわれは、人権の公的表明と実際に行われていることの間のより微妙で複雑な相互作用に目を向けねばならない。

◆実際に行われていることと原理とのギャップ

人権という言葉を原理的に受け入れ、その立場を表明している世界中のどんな社会でも、実際には人権を犯している事例として取り上げられる可能性がある。社会的政治的安定への現実的ないし想像上の脅威

に直面した大半の政権は、言論・集会の自由のような権利の規制に踏み込む誘惑にかられるだろう。原理と実際のギャップの大きさという点では、この類の現実はあちこちで見られる。全体としてまとめてみると、近年の歴史的現実が、人権の夢をいかに裏切り続けてきたかより理解を深めることができる。

多くの点で、対内的にも対外的にも人権の正真正銘の擁護者であるアメリカは、重要な実例となっている。われわれは、一九五〇年代の共産主義に対する恐怖が、職業差別や監視などを通じた個人的権利の明確な侵害を引き起こしてきたことをみてきた。九・一一事件に対応した「テロとの戦争」は、人権の原理を取り繕いながら潜在的犯行者を罰し、可能な限りの情報を引き出したいという現実の目的を実行する魔術的奇術を生み出した。二〇〇三年に始まったイラク戦争では、軍人が、イラクで捕捉された人々、特にアブ・グレイブ監禁所の人々の人権と人格を繰り返し侵害した。この監禁所の中で正確に何が起こったのかについては、議論のあるところだが、少なくともここでは、囚人が皮で縛られ窒息させられる殺人が行われ、多数のレイプとその脅し、さらに看守が強制的に多数の囚人に恥ずかしい格好をさせて写真を撮るなどの行為が行われた。これらすべてのことは、テロの恐怖の雰囲気、そして場合によってはイスラム教徒への全般的脅威が煽られる雰囲気の下で発生した。そして、この国のジュネーヴ条約順守の約束にもかかわらず、ここでは、アメリカの看守は、明らかに何らはっきりした条約順守の指針や指示を与えられていなかった。この虐待は、最終的には、この国の検閲を受けない新聞記事によって暴露された。何人かの一般兵士が不名誉除隊を命ぜられ、二人が投獄された。これに加えて、何人かの上官が譴責処分を受け降格させられた。

しかし、話はイラクにとどまらなかった。徹底的な秘密保持のゆえに正確なことは確定しがたいが、イラクやアフガニスタンの軍事行動の中で捕まった何人もの容疑者も他の状況の下で拷問を受けた。囚人に

自白を迫るための「水攻め」が広く行われ、その拷問についての論議が盛んに行われた。この拷問では、囚人を身動きできないように縛り上げ、大量の水を顔に注ぎ、のどの奥から吐き出す反応を引き起こさせ、おぼれたときの感覚を引き起こさせる。それを最初の取り調べの際に繰り返し行う。この拷問は古く、少なくとも近世から行われていた。これは第二次世界大戦中に日本やその他の国々、アルジェリア独立戦争の際のフランス、その他の地域でしばしば使われた方法だった。アメリカがテロとの戦争でこれを再導入したことに対して、有益な敵の情報を得る手段として、称賛する高官が何人もいた。ジョージ・W・ブッシュ政権（二〇〇一〜〇九年）の多数の指導者たちは、水攻めは拷問ではない——それゆえに国内からも国外からも異論が多く発せられ、二〇〇九年後継大統領オバマによってこの取り調べ方法は禁止された。なお直接敵対するものではない——とこれを正当化しようとした。しかし、これに対しては、国内からも国外からも異論が多く発せられ、二〇〇九年後継大統領オバマによってこの取り調べ方法は禁止された。なお

ほかの事例では、中央情報局（CIA）は、リビアなどにある秘密の施設に捕虜たちを送り込んだ。そこでは、実際に、アメリカが公的な情報を公開せず、責任を負わない形で、彼らは拷問されていたらしい。人権公約のむき出しの侵害を非難されないようにふるまうその努力には好奇心をそそられる。彼らが国家的危機と感じる場合ですら、高官たちは、人権原則に直接言及することを嫌がった。実際には、大規模な人権侵害は、高位にある多数の政治的軍事的指導者の称賛のもとに行われたのである。

巻き込まれた犠牲者の苦しみは別にして、その結果には二面性があった。第一に、このエピソードは再び、脱植民地戦争でのフランスや、北アイルランド武装紛争におけるイギリスの行為で実証されているように、長い人権擁護の伝統をもつ国々でさえ、事態が厳しくなってくると自分なりのやり方に走る可能性があることを示したのである。しかし、同時に、このような人権侵害の証拠が世界中に拡散するにつれて、他の政府は、自分たちが繰り返し行ってきた人権抑圧が弁護されたと感じた。もしアメリカがこのような

人権侵害をそのまま続けるなら、自分たちの政権はどうして手加減する必要があろうか。そして、アメリカは、自分自身の実績がひどく汚れているというのに、他の国々の行為を批判する際に、一体どんな立場をとったのだろうか。

人権の成果が、原理の進歩を達成できなかった一つの理由は、長い間人権擁護を公約してきた多くの国が──いかに彼らがむき出しの逸脱を隠そうと努力しても──危機の際に膝を屈し、進行中のグローバルなより大きな努力に水を差してしまうからである。

実際と原理の乖離の問題は、近年の世界史において、一層ひどくなっている。多くの国々が、はじめから守る気もないのに主要人権項目を掲げた原則を採用しているからである。一九四五年以降、はっきりしていることは、多くの国々に対して、人権会議の宣言に署名するよう非常に強力な国際的圧力が加えられたことである。おそらく、国際的支援の提供者を満足させ、可能なら（少なくとも当座は）国内の人権擁護運動を黙らせる手段として、彼らは体面上グローバルな基準を採用したのである。人権が、大いに流行したのは、それ自体重要な変化ではあるが、実際にその履行が保障されたわけではなかった。

具体例はもっとたくさんある。エジプトは、その適例である。二〇一一年以前の民衆抗議は、部分的には、人権の保護の欠如と警察による不断の人権侵害に刺激されたものだった。この政府は、「個人の自由は自然権である」と明記している一九七一年憲法にもとづいて原理的には、統治されていた。これに続いて憲法は、信条の自由、宗教的権利を執行する自由（興味深い言葉遣いである）、表現と出版の自由、事前に政府の了解を求める必要のない集会の自由を保障していた。それは、きちんとしたリストであり、公言された国際基準に全面的に沿っていた。そして、導入されたときには、誠実に執行される意図があった。

しかし、まもなく、これらの条項は覆された。一九七〇年代に権威主義的新政府によって非常事態が宣

言され、人権の重要性を否定する何らの明確な対案や説明もなく、憲法が停止された。そして一層の抑圧的な手段さえ正当化する新しい反テロリズム修正条項が導入された二一世紀初頭には、抑圧が一層強められた。

この大国エジプトの内外の観察者によれば、その結果は、通常の人権がほとんど一貫して保障されていない状態だった。しかし、同時に、いくらかの肯定的な反応も残っていた。おそらく宗教が最もうまくやっていた。非イスラム教マイノリティは、自由に礼拝し続け、イスラム教が公的な国家の宗教であったにもかかわらず、政府はこの開放性を積極的に支援した。とはいえ、ヒューマン・ライツ・ウォッチは、エジプト法がイスラム教からその他の宗教に改宗することを認めず、いかなる宗教に対しても「侮蔑すること」を厳しく禁止する法律があることを憂慮する報告を発表した。キリスト教徒に対する私的な暴力事件も発生した。そして、キリスト教徒は、教会を修理する許可を得る際に些かの困難に直面した。しかし、別の領域では、政府は、（完全には成功していないが）女性器切除を禁止するなど女性の権利を保護するそれなりの努力をした。

メディアの領域は複雑である。例えば、大統領を批判することを違法とするなどの多様な法律で報道が規制されている。ジャーナリストは繰り返し投獄され、二〇〇六年国境なき記者団は、エジプトの報道の自由度を一六七カ国中一四三位にランクづけした。これに対して、（人権に敏感であることを示すために）エジプトは新しい法律を制定し、反対派の記者の投獄を禁止したが、罰金は許可した。同時に外国メディアが、教育あるエジプト人に情報を提供することを許した。そして、二〇〇六年以後、地方紙にすらより批判的な記事が現れるようになった。これも人権機関の批判がいくらかの影響を及ぼした兆候だった。もっと重要なことは、テレビ番組の内容の変化だった。二〇世紀末までには、教育レベルの高いエジプト人は、

一九八〇年に始まっていたアメリカ人所有のケーブル・ニュースのCNNや、BBCのニュース番組を頻繁にみるようになっていた。新しいアラブ系ニュース番組アルジャジーラが一九九六年に作られ、はるかに大きな影響力を行使するようになった。これはカタールを拠点とした放送局で、テロリストのアルカイーダの声明を報道することから、パレスティナ問題に関するイスラエルからの観点を説明する特集番組までを含む重要なニュースを多様な視点から伝えた。アルジャジーラは、次第に、他の国外ネットワークや国営放送よりも信じられるニュース・ソースとなった。顕著な事例を挙げれば、二〇一一年にカイロで民衆抗議が始まった際に、政府はアルジャジーラのカイロ支局を短期間閉鎖し、そのジャーナリスト六人を逮捕した例があるが、エジプト政府は、まれにしかこのような弾圧に乗り出そうとはしなかった。特に二一世紀になってからであるが、エジプトのメディアの自由と活動範囲は、抑圧と自由が混在する領域となった。

しかし、その他のいくつかの人権基準は、より一貫して拒絶された。エジプトの同性愛者は、「放蕩ないしイスラム教に対する侮辱」だとして繰り返し襲われ、投獄され、殴打されてきた。拷問の事例が数多く報告された。そしてこの問題に関するエジプト政府の公式の反応は、はっきりした無視か否定だった。

そういうわけで全体として、多くの国、実際にはほとんどの国が、宗教政策であれ、現実の行動をほとんど伴わない一定のレベルの人権の約束をしたのである。それが警察の行為であれ、宗教政策であれ、自由な言論の機会であれ、言っていることと実際との不一致は、過去数十年間の人権機運の向上と現場での実情とのずれの多くを説明している。アメリカとエジプトの比較が示唆しているように、この広いグループ分けの中で、それぞれの国の関心と順守の度合いは、かなり多様だった。アメリカの高官たちは、エジプトの高官たちと比べ、公然と主要な基準を侵害することにはるかに気まずい思いをしていたが、定期的に権利の論理を受

け入れてきたエジプトの高官たちが、まれにしかそれを実行しなかったのと同様に、特定の状況の下で、アメリカの高官も、実際には人権を侵害したのである。特定の監視グループが指摘しているように、報道の自由のような分野について、また、少なくとも人権に関心を払っていると公言している国々の間でのおおよその順位づけをすることは可能であり、その違いには重要な意味があった。しかし、権威主義的な政権が、日常的には、公言された基準をあまりに体系的に侵害することをためらうようになってきた一方で、かなり人権を忠実に順守してきた国でさえ、危機に直面すると予期せぬ抑圧のレベルに追い込まれることがありえた。

◆ マイノリティ集団

　人権の表明と現実のふるまいとの間にさらに対照を生み出す根拠となりうるもう一つの問題領域がある。多くの国々が、正常な人権順守からの逸脱がやむを得ないように見えるやり方で、内部のマイノリティ対策に苦労し続けた。いくつかの事例では、マイノリティに対する偏見が残っていたために法の前の全面的平等が、実際には実現できなかった。他の場合には、マイノリティの抵抗運動が一部でむき出しの暴力に発展し、社会の安全を脅かし、あるいはそのように見え、結果として抑圧的な政策がとられた。

　われわれは、集団間の小競り合いが昂じて内戦や民族浄化作戦に発展し、人権への配慮が一挙に覆されてしまったいくつかの事例をみてきた。事態の悪化がより限定的だったこともあった。例えば、アメリカでは、公民権の進歩は無視できないものの、警察官は、人種的マイノリティを殴打したり、ときには殺害したりした。二〇一一年中に、多かれ少なかれ過剰な力の行使の結果起こった五二件の事件が調査された。公民権法が存在し、その下でこの類の警察それは、主にアフリカ系アメリカ人を巻き込んだ事件だった。公民権法が存在し、その下でこの類の警察

行為が、起訴されうるようになったのは良い兆候だが、しかし、このような警察官の行為はなくならなかった。特定の警察官の行為はさておき、このような行き過ぎを禁止することを目的とした明確な規則がない警察署が多いのは厳然たる事実である。このアメリカでは、世界中のどの国よりも高い割合で住民が監獄に入れられており、しかもその内訳に顕著な人種的アンバランスがみられる。

マイノリティの挑戦は、他の事例の場合、より明確でさえあった。特にそれぞれの集団が、その国の特定の地域に集住しており、国家への組織された抵抗が存在する場合は、その挑戦は、さらに顕著でさえあった。北アイルランドでカトリック教徒とプロテスタントが対峙しているイギリスの問題は、人権へのすべてのアプローチの生誕の地の一つであるこのような国でも、マイノリティとの緊張関係が、人権擁護の約束からの逸脱行為を生み出しうることを示している。ここでは、恣意的な逮捕と拷問への告発が数多く継続的に発生し、双方の暴力がエスカレートしていた。マイノリティのクルド人と相対しているトルコあるいはタミール人と対しているスリランカ、特定地域のマイノリティを抱えるインドなどでは、マイノリティとの衝突で断続的に人権侵害が発生してきた。

イスラエルは、特別な事例である。イスラエル人とそこに住む多数のパレスティナ人との長期にわたる紛争は、目に見える形でこの国の歴史に刻印を残してきた。一九四八年のユダヤ人国家は、標準的人権を並外れて確固と擁護する基本法のもとに創設された。特に、この国の創設者たちは、「宗教や人種、性に関係なくすべての住民に社会的、政治的権利の完全な平等」と「宗教、良心、言語、教育そして文化の自由の保障」を約束した。当初の宣言には、国連の諸原理を厳守するとのはっきりした誓いが含まれていた。イスラエルは、例えば、同性愛に対する寛容のような点では、なお人権のかがり火としての姿勢を保ち続けている。

しかし、他の領域の問題が直ちに表面化した。この国はユダヤ人の国であり、礼拝の自由は一般的に守られたが、非ユダヤ教徒に対する差別を糾弾する声があった。イスラエル法はまた、宗教結婚を規定しており（これは、いかなる認知された宗教にも適用された）異なった宗教信徒間の結婚は法的に認められなかった。パレスティナ住民（主にイスラム教徒だが、それだけではない）との衝突を拡大させた最も明確な問題は、中でもイスラエルの法廷が、法の下の平等に対する恣意的な確固たる第一義的公約から後退したことだった。一九七〇年代には、パレスティナ人に対する恣意的な逮捕と拷問に関する報道が広く伝えられた。イスラエルの行政当局は、特定の行為の広がりを非難し、それゆえに、「適度な物理的強制力の行使は避けられない」と抗弁した。彼らは、拷問や自尊心を傷つけるような取り調べを禁止した一九六六年の国連規約（国連社会権規約）を一九九一年に受け入れたが、物理的虐待はその後も続いた。パレスティナ人囚人の八五％に当たる年間八五〇人が拷問を受けたと主張している。基本法の報道の自由に関する条項に対して公式に否定してはいないが、緊張の高まりの中で、特に警察や軍隊の行動に関する不満を含む報道の自由に対する規制への批判が高まった。二〇一一年、議会は、軍隊の「適法性を否定する」人権団体を取り調べる政策を承認した。イスラエル国家とパレスティナ住民との長く解決されない紛争によって、（大きな）マイノリティ集団の統制のために、誠実な人権公約が部分的であれ犠牲にされる極端な事例が生み出された。そこで最初の兆候として現れたのは警察権力の乱用だったが、まもなく、その他の人権部門にも侵害が波及した。もちろんイスラエル国家の熱狂的支持者たちは、即座に一部のパレスティナ人たちのユダヤ人に対する暴力行為を取り上げるだろうが、しかし、これは、マイノリティの衝突が、いかに深く双方の人権の価値観を危険にさらしうるかを、一層明瞭に示しているだけだった。

◆人権範疇からの除外

実施の過程で原則が蔑ろにされることは再三、繰り返されてきたし、マイノリティとの緊張関係の特別の問題はあるが、それとともに、人権公約を実施するうえでの地域間の食い違いもさらに問題を生み出した。人権の項目が増えると、論争もそれだけ増える可能性があった。ここでの中心的課題は、人権を大部分公約している社会が、いくつかの例外を設けている事例や、少なくともある程度は人権公約に共鳴しているの社会が、他の地域ならより受容しやすい範疇の課題に明らかな敵意を示したりする実例を示すことである。

いくつかの実例は、すでに長い有力なリストの中に現れている。アメリカは、今日の人権再定義の一部である死刑に対する国際的圧力からある程度の影響を受けたが、簡単には受け入れなかった。例えば二〇一一年ジョージア州の男性がいくつかの矛盾した証拠があるにもかかわらず殺人罪で処刑された事件などは、今日なお、多くのアメリカ人が、死刑を単に人権の視点からはみていないことを示している。

インド人の児童労働に関するためらいは、少なくとも最近までのこの国の貧困の広がりも原因だったが、それだけでなく、多くの家族が、子どもを労働させるべきだという伝統的な考え方を抱いていたからだった。その結果、この国は、即座に児童労働を禁止すべきだとの国際的な議論への同意にしり込みしたのである。二〇世紀末に政府自体がこの国では二〇〇〇万人の子どもが働いていることを認め、他の推計ではもっと多数が働いていたことになっている。ついに一九八九年の法律で一四歳以下の子どもの労働が禁止されたが、この法律は忠実には執行されなかった。全体として人権全体にかなり関心を抱いていた国でも、児童労働は単に、機械的に

禁止を受け入れることができる領域の課題ではなかった。

多くのアフリカ諸国は、二一世紀初頭まで、ジェンダーの権利については事実上これを例外扱いしていた。女性の権利に関する一連の国連会議決議に積極的に署名したいくつかの国は、実際の裁判では、家族の安定の基礎として、夫に管理権を与える伝統的基準を優先して、夫の法的義務を拒絶した。例えば、一九九九年、ジンバブエの裁判所は、男性のみが財産を所有できる「アフリカの伝統」を根拠に、女性の財産相続権を覆す判決を下した。アフリカ憲章は法的平等を支持したが、同時に、家族を「自然的単位かつ社会の基礎」、あるいは共同体に承認された道徳や価値観の守護者として位置づけ、家族の利害は、個々の構成員の利害に優先するととらえた。アフリカでは、女性の権利は疑いもなく向上した――これには、女性の財産所有権を支持するいくつもの判決が含まれていた――が、女性の権利と、より伝統的な家父長制的価値観及び家族の一体性を優越させる慣習との緊張関係はなお続いている。

同性愛は、それが人権の関心として取り上げられるや、一層大きな難問となった。他の問題についてなら受け入れる多くの地域でも、この問題では別だった。エジプトでのゲイの権利の提案に対する反応は、言論や信教の自由に対する反応よりはるかに明確だったことについてはすでにのべた。(アラブ首長国連邦にある)ドバイが、ラクダの騎手として小さな少年を使ってきた長い伝統をやめ、子どもの権利について新たな水準に進んだのと同じ時期に、ここでは警察は、ゲイ・バーへの襲撃とゲイの外国人訪問者の逮捕を一層徹底した。

この類の首尾一貫しない対応は、長期的にみれば一時的なものになるかもしれない。インドは、長い間同性愛に反対してきたが、二〇一一年に記念碑的な寛容法を通過させた。われわれは、アメリカにおける死刑支持がいくらか減退しているのをみてきた。より熟知され、国際的圧力が強まれば、将来、より広く

和解が進むかもしれない。しかし、他の分野で人権が地歩を築いたことに対する理解が深まるにつれて、特定の範疇へのより根強い抵抗があらわれることもあるかもしれない。少なくとも、予見できる将来に、人権の範囲に関する進行中の不一致は、実行に移される段階で、もっと複雑な様相を呈するだろう。

◆地域的な対案

　世界中の人権状況がまだら模様になっている一つの理由は、すでに扱ってきた首尾一貫しない対応など影が薄くなってしまうような、一つあるいはそれ以上の特定の新しい範疇をめぐる論争の中核の重要部分で一致しない地域があることである。その地域の人権論は、必ずしも伝統的人権理念と衝突するものではないが、しかし、例えば国連での論争にみられるように、よりグローバルな約束だとして起草されてはいても、不釣り合いに西洋的価値観を強調する標準的基準と衝突するのである。結果として、第1章の序文ですでに検討したように、伝統的に定義された人権とポスト帝国主義時代の地域の権利との間に興味深い亀裂が生まれる。

　この分野は、なかなか思考を刺激する。特に欧米出身の批評家の多くからみれば、もちろんこれらのより特異な地域は、単なる人権侵害者たちの地域なのだ。中国あるいはロシアは、いくつもの国際的な場面でひどいふるまいをしてきた。しかし、それはそれである。そして、疑いもなく、彼らは、指導者とその国家の権力を維持する手段として、人権に対する暴虐をはたらいてきた。その意味でこれらは、これまでわれわれが扱ってきた建前と現実の乖離の事例の中の単にいくらかより悪い事例にすぎない。

　しかし、もっと詳しく検討してみると、これらの地域は単に人権を軽蔑しているわけではなく、むしろ対案となる説明方法を探しているのである。彼らにとっては、それが国際的圧力に対する抵抗の唯一の道

理にかなった行動様式なのだ。関係する問題を一層注意深く探求せずに非難するだけで、不必要な外交的緊張を引き起こし、それは、人権の擁護をより前進させるためのベストな方法では必ずしもない。さらに注意深い観察が不可欠である。

◆ 中国（と東アジアも？）

東アジア地域——日本と並んで——が、一九九〇年代までに経済的繁栄を加速するにつれて、これらの地域の自信が、彼らの世界における役割とともに高まり、それに伴って、普遍的人権論では包括しえない強力で独自の文化の存在を肯定する主張が繰り返されるようになった。中国よりは、都市国家シンガポールの指導者たちによって展開された主張は、この地域における政治的文化的伝統の重要性を示していた。もし全世界に対する西洋の支配が、もはやその有効帝国主義が後退する時期に彼らは影響力を獲得した。性を失ったとすれば、きっとグローバルな価値観への西洋の影響力も、再考されるべきであるというのである。さらに共産主義の凋落（中国はなおこの原理に固執し続けているが）によって、西洋の人権論に対するある。一つの対案が除去され、この地域で進行中の発展に適応したより適切な説明が求められるようになった。ウィーン宣言とその準備過程で究極的に例示された新しい冷戦後の人権に対する国際的な熱狂は、人権の実行を原理的に軽蔑することなく、人権を定義する一つ以上の確かな道があることをはっきりさせる地域的な異議申し立てを、最終的には促進したように思われた。

その結果、最もはっきりした対案が提示されることになった。いくつかの東アジア諸国政府は、大半のNGOやアメリカ国務省、その他の機関が定義した伝統的な人権公約の主な内容とは異なった政策を実際に採用した。特別なアジア的なやり方の重要性については、われわれはすでに言及した。そして今や、こ

のアジア的政策は、グローバルな人権の進化の背景に肉づけされることが可能になった。

中国は、一九九一年の白書で、「歴史的な背景や社会制度、文化的伝統、経済発展の大きな差異のゆえに、それぞれの国は、人権の理解や執行において異なっているのである」と主張し、新たな歩みを始めた。それは、一九九三年タイのバンコクでの地域会議でさらに先に進んだ。ここでは、東アジアの諸政府は、人権は、「国際的規範の形成過程の流動的で進化する脈絡の中で考慮されなければならない。そこでは、民族的地域的特異性や多様な歴史的、文化的、宗教的背景を心にとめなければならない」との見解で一致した。

他の声明も地域的な特異性をよりはっきりと示した。一九九一年、シンガポールは公式声明を発表し、「シンガポールにとっては、共同体の強調こそが生き抜くための主要な価値観である」と論じた。そして、シンガポール政府は、これは「アジア的見方である」と主張し、国際的文書で通常定義される人権と法の支配の主張は、本質的に個人主義的なものであり、したがってアジアの社会機構に危害を加えるものであると論じた。さらに、彼らは、その個人主義的な主張は、暴力犯罪、家族の分解、ホームレスそして麻薬の乱用の増加を招いたと指摘し、その結果を見れば、西洋自体がこのような考え方を拒絶すべきであるし、アジアのまともな社会は、誰もそれを受け入れようとはしたくないはずであると主張した。

対案の第二の論理は、共同体の強調以上に大切な、古くからの重要な主張だった。個人の政治的市民的権利の上に経済発展の権利を位置づける必要があるという主張である。中国の一九九一年の文書には、「長いこと寒さと飢えに苦しんできた中国人にとって、十分に食べ、寒さをしのぐ衣服を身に着けることは、根本的要求である」という文章があった。経済発展の計画を成功裏に実行するためには、全社会によって生み出される組織され統制された努力が第一に優先されるべきであり、政治的あるいは類似の異論によって生み出さ

れうるあらゆる潜在的な混乱を抑制せねばならないというのである。工業化——特に一九七八年以後の中国の大プロジェクト——は、個人の市民的権利が、政治的安定のために抑制されるなら、最も効率的に達成されるはずだった。例えば、自立した独立の労働運動が引き起こすかもしれない特別な不穏状態は避けなければならないのである。

最後に、「アジア的方法」は、国際的な調査の正当性を受け入れることを拒否した。中国の指導者たちは、「人権問題は全体として各国の主権の責任のうちにある」と主張した。国家の政策が優先されるというのである。一九九五年、この国の政府は、この考え方を繰り返し、「覇権を握っているいくつかの国々が、他国の人権に対して二重基準を用いて自分たち自身の基準を他国に押しつけ、人権を口実に他国の内部問題に干渉することに」抗議した。

中国の高官たちは、彼ら独自の中国的基準を擁護しただけでなく、一層西洋（もちろんアメリカを含めた）の偽善を糾弾するようになった（中国政府はアメリカ国務省による毎年の叱責に対抗して、アメリカにおける人権状況に関する年次報告を出し始めた）。アメリカ軍によるイラクの捕虜に対するよく知られた虐待は、中国にこのやり方を拡大するために十分な口実を与えた。そして、いくらかのアメリカ人を含むほかの批判者たちは、アメリカ国務省の中国に対する批判は、人権に対する現実的憂慮というよりは、台頭する中国経済の力に直面しているアメリカの他の政策と関係がないのかどうか疑問に感じていた。彼らは、アメリカ国務省は、中国よりも弱小の国や一貫してアメリカに友好的だった国の人権侵害にはあまり注目していないが、それらの地域の事態は、少なくとも中国よりももっと深刻であると指摘した。

多くの中国市民は——も権利に対する「東アジア的」論理は、もちろん、単なる理論の問題ではなかった。ここには、西側公認の特に政治的市民的権利に関する国際基準からの何らかの明確な離脱があった。

ちろん、国家管理の報道や教育によって締めつけられているだけでなく、古くからの国家的価値観を教えられてきた——政治的安定を維持し、犯罪を抑止するためにその離脱を歓迎した。中国の独自性は、政府の行動だけの問題ではなかったのである。独自の文化論と実際の政策執行との間には、いくつかのレベルで深い関係があった。そして、これは特に中国でのみいえることだったただけでなく、他の地域でもいえることだった。

人権の領域での中国の過敏症を一気に激化させたのは、一九八九年天安門広場での民主的抵抗運動の高揚だった。このとき、運動は政府によって力ずくで抑え込まれ、多くの人々が逮捕された。これ以後、国際機関が、中国の人権状況に対する批判を強め、いくつかの問題に焦点が当てられた。中国は間違いなく相当数の政治囚を収監している。一九八九年の抗議運動で逮捕されたおそらく一三〇人ほどの囚人がなお二〇一一年まで収監されたままだった。もちろんその罪状は、それぞれであり、政治的異議申し立てだけではなかった。人権活動家は折に触れて逮捕された。おそらく拷問も行われており、たぶん年間四〇〇件程度発生していた（中には、その数はもっとずっと多いと主張する者もいた）。中国は世界の中でも死刑執行件数が一番多い。ふつうは、公的な司法手続きを経て執行された。かなりの宗教的自由は存在していたが、国家による断固とした抑圧は存在している。国家は、特定の宗派を即座に禁止し、そのすべての宗教的表現活動の監視を続けた。特に急成長した新しい宗教運動である法輪功に対する特別な警戒感が強まり、政府はためらうことなくこれを攻撃した。いかなる種類の結社も集会のためには当局の許可が求められた。

ただ実際には、多くの集団が取り締まられることなく非公式に集まっていた。報道の自由は制限され、政府は、日常的にいくつかのインターネット・サイトを閉鎖した。政府は、いくらかのマイノリティの文化活動を後援したが、暴力の発生の恐れがあるとみなした場合には、マイノリティの世論喚起運動も弾圧し

た。すでに見てきたように、人権活動家たちが、この国の女性たちが一人を上回る、あるいは（場合によっては）二人を上回る子どもを生むことを禁止している法律に対して批判の矛先を向けた。この政策は、人口抑制を目的としたものだが、しかし同時に、政府による個人の私的な生活への介入権を強めるものだったからである。

この国の状況は、類似の全般的発展段階にある他の多くの社会との比較に値するものだが、人権抑圧の累積は相当なものだった。中国が外部からの批判をはねつけ、外部の人権NGOを厳格に抑制したのは、少しも不思議なことではなかった。他方、中国の工業の成長の促進は、たしかに、経済的権利の公約にある程度対応していた。教育が広く普及し、中国の高官自身は、女性の男性との識字率の格差をまじめに心配していた。

実際、中国政府は、二一世紀の初頭には、人権公約全般についてある程度両義にとれる表現を用いるようになった。すでに一九八二年の憲法には、今では標準となっている人権の言い回しが含まれていた。アジア的価値に関する中国の議論は、地域によってその基準が永続的に異なっていることを認めてほしいと読み取ることもできるが、同時に、経済が十分に発展し、より完全に世界標準を受け入れることができるようになるまで、一時的な寛容を求めていたとも読み取ることができる。中国政府は、二〇件以上の国際的人権合意に署名した。その中には、人種差別禁止、子どもの権利の保護、拷問禁止などが含まれていた。彼らは「人権の発達は、人間社会の文明の持続的進歩の重要な標識」であり、すべての権利の全面的実現は、共通の国際的目標であることに合意し始めた。中国政府は、二〇一一年、政治的権利について進歩があったと誇らしげに主張した。とはいえ、これがどの程度グローバルな名声を高めるためのものなのか、どの程度一貫した政策を反映したものだったのかについては、大

いに議論の余地があった。

中国は、独自の地域文化を代表しており、将来の新たな目標に対しては曖昧な興味深い可能性を残しているが、なおその人権状況が不十分であることは間違いない。中国国内の英雄的人権活動家からも抗議の声が上がっている。

東アジアの他の国々が類似の複雑な対応を示した。ときには、地域的「東アジア」の対案を最も声高に主張しているシンガポールは、国外のNGOを寄せつけない点で中国に似ていた。この国の政府は、批判に対してはたしかに過敏だった。反対派抑圧のためにこの都市国家が死刑を用いたことを取り上げて激しく批判したイギリスのジャーナリストが、一部の不確かな事実を取り上げ、一部を隠すことによって「騙されやすい読者にシンガポールの流儀に疑問を抱かせた」罪で、二〇一〇年に逮捕され、短期間投獄（まもなく追放）された。新聞の検閲は広範に行われ、多くの記者はその結果脅されていた。政府は、国内治安によって宗教的調和を含む治安を守るために無期限の拘留を課す権限を与えられた。これはときとして政治的反対派の弾圧に用いられ、二〇〇五年には、三六人がこの法律で拘留された。主に鞭打ち刑による肉体的刑罰が日常的に繰り返されていた。しかし、アメリカ国務省は、警察による人権侵害の証拠は発見されなかったと主張し、その他の監視機関は「かなりの」（広範にではないが）自由が存在していると報告した。シンガポール政府は、女性や子どもに適用されるいくつもの国際的人権会議での合意に署名した。同性愛は違法化されていたが、一九九九年以後、逮捕はなかった。そして大きな同性愛の権利を要求する集会が、干渉なしに開催された。

その他の東アジア諸国は、伝統的な人権問題では、さらにわずかしか問題を起こしていない。われわれは、日本が、特別な文化地域例外論に反対し、より普遍的な論理にもとづいて進めるべきだと主張したこ

とについてはすでにのべた。

全体としての結果は、それにふさわしく複雑である。東アジアの国も多様であるが、人権に関してそれぞれの独自の感受性をもっていない国は、ほとんどない。多くの国は、人権公約全体を再定義する必要性の主張に導くような地域の人々の過度な個人主義への嫌悪、共同体や社会秩序への強い愛着（この点について彼らがはっきりとのべているかどうかに関係なく）を反映している。グローバルな型に全面的に適応せず、わずかな地域的ねじれを伴って進んでいく事態は、複雑であり、地域的要素が優勢であり続けるかどうかを予言することは難しい。

◆ロシア

共産主義崩壊以後のロシアの人権のパターンは、東アジアの場合ほどに公的に発表されていないが、この国の人権の様相にも相反する要素が混在している。一九世紀末の保守的な反動やその後の共産主義による対案の試みを経験したこの国の独自の歴史は、疑いもなく、独自の道に影響を与えている。しかし、同時に、共産主義以後の一九九〇年代のロシア国家は、人権原理を力強く約束して発足した。一九九三年の憲法には、「人および市民の権利」についての長い条文が含まれている。それは、国際法で一般に承認された原理や規範をすべて承認している。憲法は、拷問を禁止し、注意深く死刑を規制し、出版や結社の自由を守り、法の下の平等を保護している。興味深いことに、教育の権利や健康管理の権利などソ連時代に発達していた社会権の約束のいくつかを維持する条文も含まれていた。

ロシアの指導者たちは、しばしば彼らの人権綱領についてははっきりと発言した。ただし、長い共産主義独裁の後で、しっかりした基礎を築くには、実際にはある程度の時間が必要だとの条件をつけた。この国

はすでに国連の人権宣言の署名国であり、より一層の人権義務を伴う欧州評議会にも加盟した。政府は、人権を監督する役人を任命し、何が相容れない実情なのかかなり率直な評価を定期的に提出した。

この国の歴史の中で、平均的なロシア人が、いかなる時代と比べてもより自由であることは、ほとんど疑いない。テレビは、国家によって厳しく統制されていたが、新聞は、多様な論評を掲載した。ソ連時代の恐ろしい雰囲気とは対照的に会話は広く行われるようになった。宗教的自由の前進も無視できない。ただし外国からの宣教活動に対しては、統制しようとする動きがあった。しかし、もっと深刻な憂慮すべき事態があった。刑務所の状態は悪く、警察と軍隊は、しばしば拷問を含む手段を続けていた。例えば、ヨーロッパ人権裁判所への人権に関する異議申し立てに対して、政府はしばしば、その申立人を告訴した。反体制的ジャーナリストや人権活動家に対する暴力は、ほとんど確実に政府の認可を受けており、恐ろしいほどに広がっている。それはときには殺人を伴っていた。チェチェン地方で蜂起した武装集団との厳しい紛争は、明らかな人権侵害を引き起こしたが、多くの問題がもっと広範に存在していた。裁判所と判事が政府の指示に従属していたことは、よく知られた事実だった。より独立した司法に向けた動きはほとんど見当たらない。

ここでもまた、全体としての評価は（中国の場合と同じように）完全に否定的なものではなく、相反する要素を含むものだった。おそらく最も厄介な問題は、二一世紀に入り特にウラジーミル・プーチン大統領の下で、政敵に対する脅迫が一層ひどくなっていることである。二〇〇六年には、ロシア国内での人権NGOの活動をより厳しく制限する法律が採択され、そのことがはっきりと示された。

新しい傾向については、さまざまな説明が可能だった。そのいずれもがもっともらしい説明だった。第一は、単にプーチンが独裁者であり、人権基準からのロシアの深刻な逸脱は、現実には、権力の奪取と維

持の願望に憲法の原理が譲歩させられているもう一つの事例であるという説明である。第二は、私的な権利活動家たちだけでなく多くのロシア人指導者たちが、習慣や過去の慣例を投げ捨てるのは容易ではないことを認めたうえで、進歩の実現を望んだということである。プーチン自身が、時々もっとなされるべきことがあることを公然と認め、いくらかの外部からの批判は、全く妥当であると認めた。彼は、改革勧告を実行することを定期的に誓いさえした。ただ、彼はどの改革を実行するかについては、多くの場合曖昧だった。これに対応して、プーチン政権の人権担当大臣は、繰り返し、「大いに熱意をもって」さらに先に進むことについて言及した。第三は、プーチンと他の多くのロシア人たちは、彼ら独自の人権観を抱いていたということである。その独自の人権観とは、伝統的な人権概念のいくつかの約束よりも政治的安定の方が重要だというものである。著名な学者を含むプーチンの支持者たちは、ロシアでは、政治的安定と権威の確立こそが第一にされなければならないと論じた。権利の保護は、この基礎のある国々にのみ、また、第一の目標が実現される限りにおいてのみ可能だった。プーチン自身は、これほど明瞭な立場を表明しなかったが、どちらかというと彼は、理論よりも現実的有効性を好んだ。時々彼は、外国からの批判に対してこれ見よがしに反撃した。他の国々、例えばEUの国々の中には、人権の実行に問題のある国々があり、彼らはロシアを馬鹿にして発言する前に自分の家をきちんと掃除しておくべきだと主張した。これらは、いずれも東アジアで現れたような秩序に関する首尾一貫した対案の言明ではなかった。しかし、西洋的な共通の前提とは別のレベルでの異なった人権の優先順位がはっきり示されている点では、いく分か似た香りがした。

◆イスラム

大部分が西側諸国を基盤にしている人権団体は、この数十年間の人権状況について、多くの中東諸国政府をたびたび批判してきた。多くの場合、以前のエジプトの例が示しているように、主要な問題は、単に、権力を維持したいと望む権威主義的政府の秘密作戦から生じている。しかし、彼らの憲法は多くの場合、公的には人権を承認している。そして、一九七〇年代初頭以来、多くの中東諸国は、多様な国連宣言に署名した。その中には、女性、拷問、その他の多様な問題に関する宣言が含まれている。しかし、実際には、つい最近までのエジプトのように、権威主義的政府は、緊急事態の宣言を理由に多くの条項を無視し、あるいは憲法それ自体を即座に停止した。政治的な逮捕や拷問、出版の自由の分野では、大半の人権活動家たちが求めている水準には到底及ばない。問題は重要なのだが、これらは、国家というものの本性から生まれる当然の結果であり（それは、ラテンアメリカのような場所で過去の政治体制の下で起こったのと類似した問題である）、本来的に、より広範な地域的文化から発生する問題ではない。

言いかえれば、これには、中東文化の重要な構成要素としてのイスラム教と人権との間の長期的な関係という、よりとらえ難い複雑な要素が含まれている。第二次世界大戦以後、つい最近まで、支配的だった権威主義的な政治体制は、多くの場合本質的にかなり非宗教的だった。アラブにおける二〇一一年の大衆蜂起、いわゆる「アラブの春」での人権への関心の役割の大きさは、イスラム教と人権の多くの側面との間には、大きな不変の壁があると即断することが誤りであることを示している。地域的文化の問題のもう一つの側面を強調する接近法の方が、より実りが多いし、おそらく長期的に言えば、より有意義である。地域的政治もちろん、いくつかの点で、権威主義的政治とイスラム的確信とは融合するかもしれない。地域的政治

組織であるアラブ連盟が、一九七〇年代に人権綱領を採択したのは、きっと何よりも政治的緊張の結果だったが、潜在的には文化的命題の影響もあって、加盟政府のいずれもがそれを批准しなかった事実は、事態をはっきりと示している。人権を、指導層とその下の階層の多くの人々が外部の西洋からの押しつけ、あるいは批判と干渉の口実ではないかとの懸念の目をもって見つめていたことも疑問の余地がない。これもまた、政治的及び文化的脈絡から説明できる。

文化的構成要素をよりはっきり抽出することは、一個人あるいは一党支配のよくある結果以上に複雑である。われわれは、イスラム教の伝統と人権のいくらかの側面との活力に満ちた結びつきについてすでにみてきた。それは、女性に対する特定の保護や、より一般的に不正義に対する保護をはっきりさせる霊的平等の強調、イスラム法（シャリア）の使用の強調の中に見出される。しかし、同時に明らかにこれらの問題には議論の余地がある。理性的で客観的な多くの観察者が、伝統的なイスラム法の少なくとも次の三つの特徴は、すべてではないが重要な尺度において、人権と矛盾していると論じている。

・伝統的なイスラム法は男女を平等には扱っていない。相続権と離婚の手続きの違いは、二つの実例である。

・イスラム法は、広範な身体刑を容認し、それは暴力的な犯罪に対してばかりではなく、盗みや密通を含む多様な法律違反に対しても適用できる。

・イスラム教の伝統は、かなりの程度の信教の自由を認めるが、同等な扱いを許しはしない。最も顕著なのは、イスラム教徒がその信仰を捨てることには厳しい制約があり、他方では、他の宗教からイスラム教に改宗することは完璧に受け入れられる。ここで問題になるのは、その他の宗教の中にイスラムの理念

や理想像に反するものが含まれている場合に、言論・出版の自由の領域までにも制約が拡張されうることである。

　この数十年間、特定の状況の下で、これらの宗教間の対立がかなり激化した。いくつかのイスラム国では、他の宗教に対する寛容が後退し、宣教活動を新たに進めていたキリスト教に対する広範な敵意が現れた。イランや一九九〇年代のアフガニスタンのような宗教を基礎に据えた体制の下で、道徳的要求が、女性の衣服についての厳しい規制にまで拡張され、その逸脱に対しては、苛酷な制裁が加えられた。広く世間に知られたいくつもの事件では、性的犯罪者、特に女性犯罪者に対する石打ちによる死刑判決が下された。こういった極端な事例は典型的ではないし、その事例は、イスラム法が求めていることの域を越えているが、しかし、これらの事例は、たしかに、一般的に受け入れられている人権基準とイスラム法の枢要な部分との潜在的な隔たりを劇的な形で表している。

　地域文化が果たしてきた役割についての論争への関心が、非常に広がっていることは、不思議ではない。近年のイスラム学者の中には、単純にイスラムと人権は容易に共存しうると論じる人もいる。しかし、これを批判する人たちは、このような見解はしばしば曖昧なままだと主張している。一九八一年サウジアラビアが発起人となって発せられた宣言は、クルアーンは、一四〇〇年前に人権にとっての「理想的な法典」を手ほどきしたにすぎないと主張した。他の解説者は、少しばかり控えめに、人権とイスラムの多くが重複していることに注目し、同時に、そこには問題があり、イスラム的伝統、特にイスラム法がどう説明されるかに多くを依存していると論じている。さらにほかの人は人権を拒否せず、特定のイスラム的見解は、いくつかの点では西洋的規範とは異なって定義されねばならないが、究極的には、有効なものとみ

なされねばならないと少なくとも暗黙に主張している。

一九六〇年代以降、何人ものイスラム学者が、懸命に、人権を保障するイスラムの伝統の側面を目立たせる努力に力を注いだ。しかし、それは同時に、西洋の権利の伝統の支配的優先順位とはいくらか異なる枠組みを暗黙のうちに導入しようとする試みでもあった。その議論は、いくらかのイスラム社会が、標準には到達していないことを事実上、認めるものだった。しかし、彼らは、同時に西洋世界にもしばしば逸脱がみられたこと、そして、いくらかの事例（極端なものとしては、大西洋奴隷貿易）では、イスラム社会がかつて経験したことがないほど深刻な過ちを犯してきたと指摘した。この活発な議論の一部が、学問世界の議論の枠を飛び出して、例えば、一九九〇年のカイロでの「イスラム教における人権」宣言といった一般社会の会議や宣言にまで広がった。

最近の議論では、クルアーンやより幅の広いイスラム法の伝統を用いて、イスラム教による正義の約束を強調している。例えば、その約束は、被疑者や犠牲者が、公正な聴取と適切な評決を受けることを保障しているというのである。彼らは、イスラム教は、唯一神だけが、人間の自由に規制を加えることができ、政府が、無条件の服従を求めることはできないことを明記することによって、根源的に国家による権利侵害を認めないことに注目している。彼らは、預言者が「信仰では、強制はあってはならない」と言ったことを根拠に、イスラム教による宗教的自由の約束を強調する。そして、イスラム人権唱導者たちは、イスラム教を放棄したものに対する懲罰を認めるが、具体的な懲罰が明示されていないことに注目する。ある議論は、イスラム教は、女性の純潔権を強調しているが、それは、女性をレイプから保護するための規定だとしている。法の下の平等は、クルアーンの以下のような主張から導かれる。すなわち、クルアーンは、人種的民族的偏見には反対であ

「アラブ人には、非アラブ人に対する優越は存在しない」、イスラム教は、

ると主張している。クルアーンが繰り返し「人類」に言及していることがこの説を補強している。別の面から言うと、自由の伝統的保障は、戦争捕虜にさえ広げられた。預言者が、慈悲の一つの意思表示として彼らの釈放さえ主張したのである。最後に、イスラム教は、経済的社会的権利への明確な約束として、「貧困な困窮者のための権利」すなわち生存権を規定している。それは、別の人権論が強調してきたことでもあった。

イスラムの伝統を、人権をすでに十分適切に保障したものであると確固として確認したこの議論は、本質的に、どちらかというと、表現や出版の自由などの範疇を強調しない傾向があった。彼らはその権利を否定することを求めるわけではなく、ここでは、宗教の自由の約束が直接的な意味をもっている。ただ、彼らは、表現や出版の自由に正義や基本的平等その他の範疇に比べて暗黙に低い優先順位しか与えていないだけなのである。

しかし、いくらかの場合、彼らは、西洋やその行き過ぎた個人主義の機械的模倣はしないが、イスラムの伝統の少数の領域については考え直す必要もあることを受け入れながら、その議論を続けている。注目すべきなのは、いくつかの意見は、女性の公平な扱いにもっと配慮すべきだと主張し、次のように言う。自らの権利に関心のあるイスラム教徒の女性たちに、旧態依然たる伝統に対する対案だけでなく、家族や共同体の結びつきに配慮せずに女性を扱う西洋の主張に対する真の対案を提供すべきだというのである。プラグマティストの中には、例えば、実際の厳格な身体刑を強調しないなど、イスラム法の柔軟な説明によって、イスラム教の伝統と人権を適合させることが十分可能であるという者もいる。他の改革者たちは、イスラム教は根本的に人権と共存可能であると強調する一方、特にジェンダーの領域では、より実質的に再考する必要があると主張している。このような流れの中で、マレーシアのフェミニスト・グループは、

伝統は、イスラム教の全歴史を通じて説明しなおされ続けてきたのであり、今日、女性問題に対処するために「自分たち自身の過去の聖典の読み方」を試みてもよいのではないかと主張している。

中国やロシアの場合のように、地域の独自性に関する議論はずっと続いている。二〇一一年春、中東と北アフリカの多くの国々での民衆蜂起は、大衆の人権への関心の新しい高まりを反映していた。チュニジアでの最初の抗議運動は、警察の暴力への非難に直接共鳴して始まったものだった。エジプトの「アラブの春」は、反体制派の逮捕や、報道の規制など警察の行為に対する不満の広がりがきっかけだった。シリアの権威主義的体制に対する抗議活動には、人権問題が広く関係していた。二〇一一年の末、エジプトの活動家が、「われわれにはまだ人権があるのだろうか」とカイロの人ごみの中で通行人に問いかけた。これは、人権問題がなお未解決であるだけでなく、熱望されていたことを示していた。

少なくとも、「アラブの春」は、おそらく基本的人権とイスラム文化とが二律背反的なものではないことを示していた。モルディブ共和国の副大統領は国連で「中東全域を覆った民主主義的大衆蜂起は、イスラム教徒が、非イスラム教徒と同じように強く民主主義的権利を切望していることを示している」とのべた。

彼は、二〇〇八年の自分たちの国の民主主義的移行を例に引きながら、次のようにのべた。

われわれは、一方のイスラムへの献身と、他方の完全な権利の享受のどちらかを選択せねばならないという間違った考え方に対峙せねばなりません。われわれは、イスラムと人権は両立しうると確信していますし、われわれ自身、理解と寛容の促進を追求する責任を果たすつもりです。

彼は、この理解をさらに進めるために、進歩的イスラム法と人権に関する新しい会議を開くと確約した。

しかし、アラブ世界の次の歩みの見通しは必ずしもはっきりしていなかった。人権への関心だけが抗議に駆り立てた唯一の要因だったわけではない。将来は、人権論者たちが、なお確立途上の体制の中で優位を占めるかどうかにかかっている。民主化推進勢力が、エジプトのイスラム同胞団のようなグループと競い合っている不安定な状況の下で、確かなことは、イスラム型人権論の力と有効性が、今後、さらに試され明示されるだろうということだった。

◆諸地域と諸権利

東アジア及びイスラム世界における力強い人権表明と逆流、そして、ロシアにおける錯綜した傾向は、人権の影響を評価する際に地域的要素が継続的な重要性をもっていることを示している。世界の主要な地域の指導層を含む多様なグループは、人権を拒否するのではなく、西洋ないし大半の関連国際NGOとはいくらか異なった基準を求めている。この人たちの心配は、自分たちの地域に影響を及ぼすだけでなく、より幅広い外交にも影響を及ぼす。権利侵害を理由に特定の政権を非難する国際的合意を得ようとの西洋諸国の試みは、中国、ロシア、及びいくつかのイスラム諸国が同意を拒否したため、挫折を繰り返してきた。例えば、二〇一一年、西洋諸国が抑圧的シリア政権は人権促進の努力に対する重大な攻撃だとして提案した国連決議を中国とロシアが阻止した。中国やロシアをはじめとする諸国は、西洋人が他国を評価する際に用いる人権基準には同意せず、国際的前例が、自分たちの支配体制を動揺させ、国内の人権活動を一層活気づけるのではないかと恐れたのである。この類の外交的な対立は、その国の優位性を確保するためにどのような政治的展望が見通せ、そのためには何が望ましいのかについてそれぞれの国が異なった見方をしていること等を反映しているのだろう。しかし、人権の性格や優先順位に関する論争が、しばしば

本格的にここに入り込んでくる。それゆえに、地域的な多様性は、なお継続する人権の前進と実情とのギャップの最終的な説明となる。

　地域の様相は、明らかに複雑である。なぜならば、率直に人権を否定する大胆な主張は存在せず、異を唱える人々でさえ、繰り返し、在来型の進歩を主張し、自分たちのイメージを明るく見せようとしているからである。しかし、それでもこの地域の人権の挑戦は、文化的に特別なやり方ではなく、コスモポリタンに人権を定義し直そうと試みる近年の人権の努力の最後の一歩を踏み出させる動機には十分なりうる。ここでもまた、変化は、なお継続中である。

◆より広い定義を目指して

　第二次世界大戦以後、人権運動が再び活発になり、多くの地域の学者たちが連絡を取り合う系統的な試みが始まった。人権が、単なる西洋文化の産物ではないことを確認する努力は、けっして新しいものではなかった。多くの地域の過度な個人主義や文化的包括性の欠如への懸念は現在も続いており、それは、これまでの努力が不十分であり、あるいは、少なくとも更新されなければならないことを示していた。もちろん、中国の指導者たちが時々のべてきたように、人権は常にいくつかの異なった地域的な異説を受け入れる文化的可変物として、取り扱われなければならないことはありうるかもしれない。しかし、より長く深い人権の伝統は、より幅広い普遍性を求めるものである。それゆえに、冷戦終結後二〇年間に、新たな段階の論争が展開されたことは何ら驚くべきことではない。そして、この過程を経て、人権論は、今度は、その可能性と限界をはっきりさせるより充実した東南アジアやイスラム世界での努力から大いに恩恵を受けた。

現代的な問題を意識して人権問題に立ち戻ろうとの問題意識を抱いている理論家の間では、三つの重な

り合うアプローチが現れた。第一は、大きな包括的な人権論を支える諸要素を引き出すために、イスラム

だけでなく仏教やヒンドゥー教をも十分に視野に入れて、他の文化的伝統の諸要因をより深く掘り下げよ

うとするアプローチである。この広大な背景への探求は、場合によっては、いかなる権利論も人間的尊厳

の重要性の新たな強調と結びつけられうる。尊厳が守られるためには、中でも多様な文化的伝統に敬意を

もって接することが必要である。

　実際には矛盾することではないが、第二のアプローチには、人権への普遍主義的アプローチの重要性の

再強調が含まれる。一九九三年のウィーン宣言の中には、許容されうる文化的差異の存在を承認すること

が可能であることが、すでに書き込まれていた。それは、道徳的相対主義をもてはやすことによってでは

なく、文化的多様性の重要性により十分に言及し、それに対する寛容と評価を維持し続けることの必要性

を強調することによって可能となる。このアプローチは、諸政府が、独自の伝統の主張に逃げ込まずに対

応せねばならない何らかのグローバルな基準があるはずだと主張しているのである。

　そして第三のアプローチは、基本点を繰り返しのべ続けているが、同時に、文化的論争を考慮に入れた

議論をも展開している。例えばアメリカの哲学者ジョン・ロールズは、二〇世紀末に、その著作の中で、

もし、人間が、個人的利害あるいは特別な文化的関心と関係のない完全に客観的でありうる状況のもとに

いたと仮定すれば、その状況の下で、すべての人が同意する正義の原理があるはずだと指定した。この議

論は、異なった起源——客観的な庶民の評判による淘汰という考え方——から出てきているが、地域的文

化的多様性の今日的問題を考慮に入れる自然権的アプローチの要素を思い起こさせた。ロールズは、この

ような普遍的正義の今日的な定義には、以下のことが前提となると信じていた。第一に、すべての市民の基本的自

由である。ここには、投票権とともに表現、良心、結社といったおなじみのリストが含まれる。すべてこれらの項目は、これを通じて自由への平等な接近が可能となるものだった。第二の基本的原理は、すべての人に意味ある選択を保障することが前提となる。すなわち、経済的平等の保障のふりをすることなく、すべての人が、価値ある生命を維持するために最も恵まれない人々に保護を与え、十分な物質的支援を得られなければならない。興味深いことにロールズは、第一の自由の組み合わせの方が第二のそれよりも重要であると論じた。それは、政治的権利と経済的権利のどちらを優先すべきかについての古くからの対立を反映した今日の論争の引き金を引くことになった。ロールズはまた、異なった宗教的あるいは哲学的世界観をもつ市民の公平性としての正義の理念を用いて、文化的論点に取り組もうとした。彼は、この道は、深い文化的差異を超えた共通の合意への機会を開くと論じた。ここで彼が用いた言葉は「合意の重複」である。なぜならば、ときには相対立する異なった道徳律は、それが、実行される際には、お互いに重複しあうだろうからである。彼は、この定義は、政治的社会的秩序への不安を包み込むだろうと考えていた。

自由と礼儀正しさの水準を満たさない社会は「無法国家」であり、相互の尊重と他者からの寛容の権利を与えられない。そして、ロールズは、平和的改革が成功することを望みながら、人権を侵害する権力乱用を糺すための軍事的干渉は正当化されうるものだとさえ論じた。ロールズのすべての提案と軍事的強制の示唆は、たしかに大論争を巻き起こし、異論も沸き上がった。新たな哲学的アプローチにより、地域的分断と人権論における他の対立のいくつかを超越することができるという希望的観念も不透明になった。

もっと最近の話であるが、何人もの理論家たちが、明記されなければならない権利の数を制限することによってグローバルな様相を単純化しようと試みた。そしてロールズ自身が、この類の考え方を支持していた。ここでの考え方は、さらにロールズの先を行って、人権は完全を求めるべきではなく、人間の置か

れた状況の控えめな改善に集中すべきだとするものだった。ある理論家がのべているように、人権基準の目的は、「許容しうる人間行動の限界をより低く設定すること」なのである。このリストの切り詰めは、第一に不可能な要求リスト項目を避け、本質的な改良を推進しやすくし、第二に、対立が起こるかもしれない特定の問題を削減して、異なった文化的優先順位の調整を進めやすくするという希望を与えるだろうというのである。複雑なグローバルな環境に対処する挑戦は、新たな提案を生み出し続けた。

グローバルな人権活動の大半は、多様な普遍的理論と距離を置いたりなじみの深い領域で展開されている。その焦点は、地方や国際的なグループが、かなり日常的な人権基準の枠組みを生み出すことを支援し、その侵害を報告しやすくすることに当てられている。人権をより文化的に包括的な言葉で言いなおし、それが、地元の運動に影響を与え、定義や優先順位をめぐる地域間の緊張を大いに緩和するような、より野心的な試みはなお現れていない。「アラブの春」によってはっきりと照らし出された最近の発展のいくつかは、人権の今後の展望を方向づけたが、その試みはなお進行中であり、公約と現実との今日の乖離が実際に終結に向かう傾向にあるかどうかは、いまだ疑問のままである。

参考文献

人権論への抵抗、政府の反応の型、行き過ぎた個人主義、共同体と家族の解体についての民衆の憂慮については、次の文献を参照のこと。Robert Weatherley, *Discourse of Human Rights in China: Historical and Ideological Perspectives* (New York, NY: Palgrave Macmillan, 1999); Marina Svensson, *Debating Human Rights in China: A Conceptual and Political History* (Lanham, MD: Rowman and Littlefield, 2002); Wm. Theodore de Bary and

Tu Weiming (eds.), *Confucianism and Human Rights* (New York, NY: Cambridge University Press, 1998); Sara B. Snyder, *Human Rights Activism and the End of the Cold War: A Transnational History of the Helsinki Network* (New York, NY: Cambridge University Press, 2011); Daniel C. Thomas, *The Helsinki Effect: International Norms, Human Rights, and the Demise of Communism* (Princeton, NJ: Princeton University Press, 2001); Richard N. Dean, "Beyond Helsinki: The Soviet View of Human Rights in International Law," *Virginia Journal of International Law*, 21 (1980-1981), pp.55-96; Randall Peerenboom, "Assessing Human Rights in China: Why the Double Standard?" *Cornell International Law Journal*, 38 (2005), pp.55-96; Rhoda E. Howard, "Human Rights and the Search for Community," *Journal of Peace Research*, 32(1) (1995), pp.1-8; Charles N. Brower and John B. Tepe, Jr., "The Charter of Economic Rights and Duties of States: A Reflection or Rejection of International Law?" *International Lawyer*, 9(2) (1975), pp.295-318; G. W. Haight, "The New International Economic Order and the Charter of Economic Rights and Duties of States," *International Lawyer*, 9(4) (1975), pp.591-604; James A. Gross and Lance Compa, *Human Rights in Labor and Employment Relations: International and Domestic Perspectives* (Champaign, IL: University of Illinois, 2009).

最近の研究の中には、農村地域における人権活動の複雑さを扱ったものがいくつかみられる。Dorothy Hodgson, *Once Intrepid Warriors: Gender, Ethnicity, and the Cultural Politics of Maasai Development* (Bloomington, IN: Indiana University Press, 2004); Sally Engle Merry, *Human Rights and Gender Violence: Translating International Law into Local Justice* (Chicago, IL: University of Chicago Press, 2006); Ronald Niezen, *Public Justice and the Anthropology of Law* (Cambridge, UK: Cambridge University Press, 2010); Mark Goodale, *Surrendering to Utopia* (Stanford, CA: Stanford University Press, 2009); Harri Englund, *Prisoners of Freedom: Human Rights and the African Poor* (Berkeley and Los Angeles: University of California Press, 2006).

二〇一一年の中東での人権運動のダイナミックな性格とそれと関係する人権論争における新しい技術の役割を含む最近の比較研究については、J. S. Peters and Andrea Wolper (eds.), *Women's Rights, Human Rights: Interna-*

tional Feminist Perspectives (New York, NY: Routledge, 1995); Mahmood Monshipouri, *Human Rights in the Middle East: Frameworks, Goals, and Strategies* (New York, NY: Palgrave Macmillan, 2011); Salma K. Jayyusi (ed.), *Human Rights in Arab Thought* (New York, NY: I. B. Taurus, 2009); Abdullahi An-Na'im, "Human Rights in the Arab World: A Regional Perspective," *Human Rights Quarterly*, 23 (2001), pp. 701-732; Ebrahim Moosa, "The Dilemma of Islamic Rights Schemes," *Journal of Law and Religion*, 15(1-2) (2000-2001), pp. 185-215; Heiner Bielefeldt, "'Western' versus 'Islamic' Human Rights Conception?: A Critique of Cultural Essentialism in the Discussion on Human Rights," *Political Theory*, 28(1) (February, 2000), pp. 90-121.

優れた地域研究には Ian Neary, *Human Rights in Japan, South Korea and Taiwan* (New York, NY: Routledge, 2002); Abdullahi Ahmed An-Na'im and Francis M. Deng (eds.), *Human Rights in Africa: Cross-Cultural Perspectives* (Washington, DC: Brookings Institution, 1990).

人権と地域主義の和解については、John Rawls, *A Theory of Justice* (Cambridge, MA: Harvard University Press, 1971) 〔『正義論』川本隆史訳、紀伊國屋書店、改訂版、二〇一〇年〕; Carol Gould, *Globalizing Democracy and Human Rights* (Cambridge, UK: Cambridge University Press, 2004); J. A. Lindgren Alves, "The Declaration of Human Rights in Postmodernity," *Human Rights Quarterly*, 22(2) (May, 2000), pp. 478-500.

第7章　結　論──動き続けている人権

今日の人権問題とその展望は、過去二五〇年以上にわたる豊かな歴史から直接派生している。より人間的な扱い、法的平等、思想と行動のより大きな自由という一八世紀に形成された基本理念は、しっかり根を張っている。そして、この理念の運用は確実に拡大し、それまで含まれていなかった集団や問題にまで広げられてきた。その過程で、広く受け入れられた人権のリストそれぞれが、日々変化する目標になってきた。

人権のグローバル化は、進行し続ける過程でもあった。人権に関する理念の拡張と、人権原理の影響は、全運動の中に内在していた。結局、その中核では共通の人間的共感が機能してきた。しかし、グローバルな浸透は、不可避的に、極めて複雑な問題を引き起こし、今日なお多くの問題が未解決のまま残されている。人権の普及は、異なった政治文化に直面した。他方、人権は、多くの異なった伝統の下での正義と法の理念と摺りあわされることもありうる。それは、ある地域の思考様式よりも他の特定の地域の思考様式により調和することがありうる。実際、それぞれの地域は、それぞれ異なったやり方で人権に晒された。人権の思想が、その地域の必要や願望に即座に反応するようにみえる重要な事例をわれわれはみてきた。しかし、他の場合には、それが外国の侵入のようにみえ、あるいは、正真正銘の帝国主義の時代だけではなくその後も望まれない外国の干渉のための根拠のようにみえたのである。結局は、西側からの人権の提

起は一様ではなく、西側諸国の利害や、人種主義のような文化的押しつけにもとづいていたのである。

人権思想が成熟し、（工業化などの影響を受けた）状況の変化に直面し、グローバル化していく過程で、運動内部に特定の分岐が広がり、そのいくらかは、なお続いている。ある時期には、それぞれの民族の自由を求める要求と、より伝統的な人権追求の間に重大な緊張が走った。それは、新国家形成と植民地の終焉の中でいくらかは緩和された。しかし、特定のマイノリティ集団の状態の中に問題の影響は確実に残っているし、彼らの要求とその抑圧は、人権問題を表面化させることがありうるのである。

広範で（ときには）深刻なグローバルな貧困化が、一九世紀中葉以後繰り返し発生し、そのつど、社会的・経済的権利と市民的・政治的権利の関係をめぐって緊張関係が発生した。いくつかの宣言には両方の概念が含まれるが、実際には、優先順位の問題は今日まで容易には解決されていない。当初から、人権のための努力は、優先順位をめぐる批判を呼んできた。一九世紀から今日まで、いくらかの急進主義者たちは、人権運動は、実際には全体として的外れで、本当の問題から目をそらし、真の改革ではなく本質的には産業資本主義体制に奉仕してきたと論じてきた。この論理からすると、反奴隷制は、実際には、工場の労働条件の害悪を覆い隠すのに奉仕したことになる。この議論によれば、今日でも大きな情熱が、現代社会機構の真の支配者である大企業には向かず、政府に向けられている。これらの争点をめぐる緊張は、明らかに冷戦期に頂点に達した。当時は共産主義陣営が、社会的経済的権利を優先的に力ずくで推し進めることができたからである。しかし、単なる形ばかりの見せかけの人権に対する批判は今日でもなお姿を現す。どんな問題が優先されるべきかをめぐる地域間のいくつかの論争の中に相変わらずその残響が聞こえる。これに対して、在来型の人権の代弁者たちでさえ、企業の横暴への注目が根拠をもつようになり、単なる逸脱ではないことに注目するだろう。し

従来型の活動家たちが標的にしてきた抑圧が現実であり、

かし、両者の間の対立関係は依然として残っている。

最後の一連の問題群が、ついにこの数十年の間に最もはっきりした形で登場した。地域的な主張がますます強力になっており、国際的な人権活動とぶつかり合うようになってきたのである。人権原理は、あまりにも多くの西側の痕跡、すなわち個人主義的起源を残しており、それは、その他のより共同体的な理念と和解されうるのだろうかといった問題が表面化し始めているのである。ここでまた、歴史が問題の整理を助けてくれるのだが、それは最終的な答えを出してはくれない。

人権の歴史によって、他の問題の将来を見通すことは難しい。しかし、それはいくつかの現在進行中の問題に理解の枠組みを提供してくれる。すでにのべたとおり、人権運動は確実にその標的を増やしている。

例えば、ジェンダーは、関心事の最初の一覧表の副次的な一部にすぎなかったが、今では、その問題を論じるのに何章も費やさねばならなくなっている。その過程で、今度は二つの問題が登場することになった。

第一に、その拡張過程は継続し続けるかという問題である。ゲイや障害者の権利が基本課題に包括されるようになったのは、過去四〇年の間の大きな変化の一つだった。それは、人権の論理が他の集団にまで適用され、また、人権思想が、諸要求を目覚めさせるうえでどのように助けになるかをも示している。地平線上には、他の集団や課題があるのだろうか。われわれは子どもの権利についての一層の思考の展開を期待できるだろうか。人権思想における概念の曖昧さはそのままなのか。あるいは、他のいくつかの概念全体の提起を期待できるのだろうか。人権の拡張能力は、必ずしも尽きてしまったわけではないが、厳密な予言は困難である。

第二に、従来は、それまでの拡張の結果生まれた新たな人権リストをゆっくりにではあっても確実に受け入れるパターンを繰り返してきたが、これからもそれが見られるのだろうかという問題である。少なく

とも最初の半世紀の間、場合によってはもっと長期間に、人権に関する宣言が女性にまじめに注目したこととはほとんどなかった。一九世紀中葉、熱烈な人権論者に、女性と人権の関連を簡単に見過ごしてしまった。女性の権利は、今日においても一律に保障されているとは言いがたい。しかし、現在進行中の問題を軽視してはならない。事実上、世界中のあらゆる場所での注目の広がりは、印象的だった。多くの点で非妥協的だったサウジアラビアですら、二〇一一年の後半に地方選挙における女性の参政権を認めた。

それは、権利の領域でまともに対応しないことがいかに難しくなってきたかを示していた。今日論争の多い同性愛者の権利などについても、不均衡であっても着実な同じ普遍化のプロセスが、繰り返されるだろうか。人権の論理の拡張に対する抵抗をじっくりと抑え込むしっかりとした歴史的過程が今後も続くのだろうか。あるいは、文化的な争点のような困難な分野では、共通の過程を想定することは間違いなのだろうか。

地域主義の主張の中には、異なった対案がありうるのかもしれない。国際的な活動家たちは、最近の動向に反してより小さな一連の中核的諸権利に焦点を当てる妥協を決断するのだろうか。グローバルなレベルの妥協を図ることを主張する人々が最近示唆しているように、それは、よりよい全体的な結果に向けての最善の道なのだろうか。もし、そうだとすると人権の中核を限定し、残りの目標をどうするかを確定するためにはかなり難しい決断をせねばならないだろう。

今進んでいるグローバル化は、さらなる何らかの可能性と不確定性を引き起こしている。多くの点で、人権に対するグローバル化の目立った特徴だった。二〇世紀の後半には、例えば、憲法の建前のような標準的な政治的言説として人権に触れない地域はほとんどなくなった。グローバルな進展は確実ではなく、散発的なものだった。一九三〇年代のように、人権の約束は、個別の地域で

だけでなくより広い範囲で後退しうることを、現代の歴史がはっきりと示していることを思い出すことが重要である。将来にわたって反転が起こらないという保障はない。にもかかわらず、西ヨーロッパの中心部からラテンアメリカに輸出された最初の兆候が発生したわずか二〇〇年前の人権の地理と、二一世紀初頭の人権状況を比較してみれば、その広がりは議論の余地がないだろう。支配的な国際的人権論を不愉快に感じているシンガポールのような地域ですら、対案を提示することを強いられていると感じている。その問題を無視することに快感を覚えているのは、少数の小さな国だけである。

今日の問題は、将来、人権論の地理的拡張が継続し、残った少数の完全な守旧派を誘い込めるかどうか、そして、単なる建前の表明から、より完全な実践に向かわせることができるかどうかである。今日、明らかに占いの水晶玉は、再度の反転の可能性は別にして、けっして明るいものではない。われわれは、最近の歴史を通しての地理的変化とその繰り返しを確認することができるが、今後、その傾向が確固とした持続的なものになるのかを愚直に見守らねばならないだろう。

もちろん最大の問題は、実行である。今後、国家、企業、その他の権力集団が、単に宣言するだけでなく、さらに実行に移す意志をしっかりもつことを含めた原理を受け入れ、実行することを、われわれは期待できるだろうか。過去の傾向を評価することさえ難しいのだから、不確実な将来を見通すことは一層困難である。特定の地域では、なお進行中の問題だが、われわれは、他の要素の助けも得て人権運動が世界的には拷問や死刑を減少させてきたことをみてきた。人権運動の地域的な格差はなお大きいし、平等への非公式な障壁を計測することはより困難であるが、女性の法的権利はたしかに拡大してきた。メディアにおける大きな変化と並行して、人々の表現の自由、情報への接近も全体としては広がった。宗教的自由は、特定の分野では拡大したが、しかし、より多くの場合、実際には初期の伝統よりむしろ停滞ないし後退し

ている。グローバルに、また、インド、中国からアメリカに至る大半の地域で進んでいる収入格差の拡大は、この世界で、経済的・社会的人権概念に進歩がみられているとは到底いえないことを示している。経済とそれに関連した技術の根本的変化と結びついた大きな変化の結果、児童労働はたしかに減少し、就学は増大しているのだが、子どもの人権が適切に守られるようになったと断言することはかなり難しい。最後に、法の下の平等は、いくつかの重要な点で広がったのは確かである。この分野では具体的な変化が起こった。しかし、警察の行為、多国籍企業の政策、あるいは家族生活の型にまでその考え方が、広がっているかどうかの問題は、なお残っている。

特に国際人権団体から発せられる外国からの干渉ととられがちな人権論が、実際に事態を悪化させ、女性や宗教的マイノリティ、その他の人々の人権抑圧を新たに引き起こしてしまった事例もある。われわれがみてきたように、より一般的に問題なのは、最初は誠実に意図されたとしても、原理の表明とその実践との間にギャップがあることである。歴史を振り返っても、また考えられうる将来に思いをめぐらせても、このギャップは本当に重要であり、かつ大変困難である。現在の人権侵害に主に焦点を当てている大半の人権団体でさえ、体系的なグローバルな評価を一貫して実施してきたとはいいがたい。

注目しなければならないほかの懸念も発生している。成功した人権行動が、安全の問題を含む基本的な問題を解決していないことが判明している事例である。中でも南アフリカがよい例である。アパルトヘイトの廃止とそれと関連した人権侵害の注意深い調査は、人権の真の勝利だったが、しかし、今日の南アフリカでは、犯罪問題が手におえない状況になってしまい、多くの人々は社会が荒廃してしまったと感じている。言い換えれば、人権の前進だけでは十分ではなく、このような警告を心に抱きながら、現在のほかの状況を評価することも大切なのである。

そしてこの難問はなお残っている。過去二世紀に及ぶ人権の歴史は複雑で平坦ではなかったが、ある面では、それなりの進歩の歴史である。多くの人々の考え方や行動様式、そして国家の組織のあり方という点で進歩がみられるといえるだろう。しかし、実際の人間の経験のレベルでは、話は、明らかにより複雑でさえあり、まるっきり違っているかもしれない。鍵となる原理を拒否するだけでなく不誠実に形ばかりで受け入れるそのやり方が、多くの場面で、それぞれ多様なのは確かである。歴史学およびその他の方法による分析の挑戦は、なお続けられている。また、それは、そのギャップを縮めるために闘ってきた人々のための挑戦でもある。

訳者解説

　本書は、*Human Rights in World History*, Routledge, 2012 の翻訳である。

　筆者のピーター・N・スターンズは、一九三二年生まれの米国ジョージ・メイソン大学教授である。もともと労働運動や一八四八年革命を中心としたヨーロッパ近代史を専門としていたが、一九七〇年代末から、アメリカを主なフィールドとしながら、男性史、老年期や子ども期の歴史、そして感情の歴史の研究を先駆的に切り開いてきた。その一方、歴史的諸テーマの世界史的視座での把握に精力的に取り組み、ラウトレッジ社から刊行されている「世界史のテーマ」シリーズ（本書もそのうちの一冊である）の編者を務め、自身も、本書のほか、ジェンダー、セクシュアリティ、子ども期（以上、ミネルヴァ世界史〈翻訳〉ライブラリーで刊行予定）などを執筆している。

　国内外を問わず、「人権」と関係するニュースを聞かない日のない昨今である。中国を含めた世界資本主義の矛盾の「外部化」が世界の隅々にまで浸透し、地球環境が限界の水準に到達しようとしている現在、日本を含め世界中のあらゆるところで、危機を乗り切るため弱者へしわ寄せが激化し、これに抵抗する人々への「人権侵害」が頻発している。

　そのような危機的状況の下で、本書のように「人権」を軸に据えて世界史を描きなおし、今後の人類社会の見通しを探る試みは、非常に意義深い。

本書が扱っている地域や時代、事例は膨大で、かつ多くの学問分野に及ぶそれぞれに関する研究史は広範囲でその整理は容易ではなく、著者の叙述は慎重で複雑なものにならざるを得ない。そのため私は、読者の皆さんが、本書の理解に困難を感じることが多々あることを恐れている。

そこで、皆さんの理解に少しでも助けになることを期して、まず、私なりの本書の「見取り図」を描いておきたい。

① 〈人権〉概念の成立

世界史の中で「人権」の概念が成立したのは、今から二〇〇〜三〇〇年前のことであり、地球上のそれぞれの社会が「世界史」に組み込まれ始めたのは、この時期かせいぜいその二、三〇年後だった。

「天賦人権論」を基礎とする人権概念は、西洋で成立し、その後世界に広がったが、それは「西洋優越論」が確立された時期と重なっていた。一七七六年のアメリカ独立宣言の前年にドイツのブレーメンバッハが、白人種を頂点とする「科学的」人種論を著し、独立宣言の起草者ジェファソンが、黒人の生来的劣等性を根拠に、独立宣言の「万人の平等」から黒人を除外したことは象徴的である。このような「西洋優越論」は、その後、ヨーロッパ以外の伝統社会が、「天賦人権論」を外来のものとして拒否する根拠となってきた。

著者は、西洋の「人権」概念に基礎を提供したのは伝統社会であり、それゆえに、まず伝統社会における「前人権史」を整理し、そこに近代的人権につながる諸要素を見出そうとしている。

「人権」の成立には、「権利」という観念と「人類」の発見が必要である。「権利」という観念への第一歩は、大きな組織化された社会で成文法が成立したときに踏み出された。最初の成文法とされるハンムラ

ビ法典は、人々が暴力から社会的保護を受ける「権利」を与えた。また、ローマ社会は、「万民法」を生み出し、法律は正義であり、永久不変のものでなければならないという「自然法」の考え方にもとづき、領域内の外国人を含むすべての個人に市民権を付与した。そして、人々が「人類」という観念に近づくにあたっては、主要宗教の役割が欠かせない。多神教的世界に取って代わって台頭したいくつかの主要宗教は、政治的社会的境界を越えた人間の「霊的」共感の可能性を開いた。

しかし、「前人権時代」の人々は、身分差別、男女差別を疑うことはなかったし、子どもは独立した公的存在ではなく、家族の内部問題として扱われた。また、この社会では、「権利」ではなく「義務」、「個人」ではなく「共同体」が強調された。

前人権時代にその基礎が形成された「人権」の概念は、ヨーロッパで絶対王政が成立し、これに抵抗する運動の中で確立された。絶対王政の「支配者の意志が法律である」との考え方に対抗して、多くの論者が自然法の考え方を復活させ、国王は法の支配下にあるべきだと論じ、個人の王権からの自由を柱とする基本的人権論を構築した。こうして政治革命のイデオロギーとしての「人権思想」が登場したのである。

最初の市民革命とされるイギリス名誉革命は、王権に「被統治者の同意が正統な統治の条件である」ことを認めさせたが、この革命では、臣民としての義務を果たす限り、平等な権利があるとされたのは、イギリス人のみだった。それに対してアメリカ革命とフランス革命は、人類の名において「人間」の平等、すなわち「人権」を宣言した。

その中心的要求は、言論と出版の自由であり、政府に主権を譲渡する根拠である諸個人の生命の権利の保障だった。また、アメリカ独立宣言が「すべての人の平等は……自明の真理」だと宣言し、当時の人々がこれを「自明なこと」として受け入れたのは、一八世紀末までに欧米で人々の「心性」に大きな変容が

発生していたことを示していた。市民の識字能力の向上によって、人々の生の日常的心情を描いた「小説」が広く読まれ、人々は、宗教や民族を超える同じ人間であるがゆえの共感、広く他人の苦労と苦痛、喜びを感じとることが可能になった。共通の人間的共感は、「人権論」成立の基礎だった。

また、人々が自分を共同体の一員であるよりは、むしろ個人だと考え始めたことも重要だった。起業家たちはギルドからの解放を求め、経済学者は個人の利益の優位性について書いた。プロテスタント主義は、神と個人が直接向き合うことを求め、それも個人主義の新しい感性を生み出すのに貢献した。科学の発達も、さまざまな考え方の競争が不可欠であるとの認識を強め、探求の自由及び表現の自由を後押しした。

②欧米から世界への拡散と帝国主義

欧米で始まった人権論は、まもなく世界各地に広がった。一九世紀の人権にとって最も目覚ましい成果は、奴隷制と農奴制の廃止だった。黒人奴隷制に対する反対運動は、世論に働きかけて政治的変革を実現させる国際的組織をもった最初の人権活動だった。一九世紀中にアメリカ大陸の奴隷制は廃止され、アフリカやアジアでも奴隷制が廃止された。

ハイチ革命は、欧米以外の世界で人権基準が見て取れる最初の事例だった。ラテンアメリカの独立は、支配者が本国の君主から土着白人権力者に代わっただけであり、むしろ社会的義務が強調されたが、欧米流の市民的権利の旗印も掲げた。ロシアでは、ロシア皇帝が一八六一年「農奴解放」を決定したが、一八八一年皇帝の暗殺のあと改革時代は終わり、ロシア正教の強制が復活し、ユダヤ教徒に対するポグロム（迫害）がより苛酷になった。オスマン帝国では、スルタン指導下に「タンジマート」改革（一八三八〜七八年）が行われ、新しい憲法には、宗教的自由と法の平等が書き込まれた。しかし、国内の抵抗や衝突が

継続すると、一八七八年新しい皇帝は、憲法と人権憲章を無効化した。

先進国によるアジアやアフリカに対する帝国主義的支配は、人権抑圧を強化した。彼らは、「劣等人種」の文明化を名目に、植民地住民を分断・統治し、先住民虐殺、人種・身分差別を推し進めた。

しかし、帝国主義時代にあっても人権にはそれなりの進展がみられた。一八六四年の国際条約では、戦時中の負傷兵だけでなく、捕虜の取り扱いに関する最低限の基準が設けられた。また、児童の労働規制や教育推進への関心が高まり、義務教育が各地で始まった。さらに女性の権利運動は、一八四〇年代に欧米各地に現れ、第一次世界大戦以後にいくつかの国々では女性参政権が認められた。この時期には労働者の物質的な権利と労働組合の団結権が拡大され、労働者に対する福祉を拡充した国も現れた。

③ 第一次世界大戦後の暗転から「世界人権宣言」へ

第一次世界大戦以後、人権の様相は暗転し、情報操作、言論の抑圧、社会主義者に対する弾圧が強行され、他方でソ連では政治的自由圧殺が激化した。まもなく、ドイツ・イタリアではファシストが権力を握り、日本は中国での民衆虐殺を推し進めた。

しかし、第一次世界大戦後に結成された国際連盟は人権問題についての議論を直接・間接に推奨した。その下で、子どもの教育条項を明記し実行する国が増え、囚人及び子どもの強制労働の禁止、労働者の団体交渉権やストライキ権、男女の同一労働・同一賃金が勧告された。このような人権意識の高まりと一九三〇年代の人権の世界的後退を背景として、第二次世界大戦で連合軍は、「大西洋憲章」を発し、人権を戦争の大義として掲げた。

戦争終結直後に開始されたドイツと日本の戦争犯罪に対する国際裁判は、侵略戦争下での奴隷労働、強

制収容所での残虐行為、捕虜に対する虐待の罪が告発され、人道に対する犯罪の理念が実行に移された。新たに組織された国際連合の下で、一九四八年『世界人権宣言』が発せられ、人権は「すべての国々が達成すべき共通の基準であり、国際的課題である」ことが宣言された。まもなく、敗戦国日本や独立した旧植民地諸国でも、この宣言に沿った新しい憲法が制定された。

しかし、冷戦下で、西側諸国では「赤狩り旋風」が発生し、ソ連圏でも「強制収容所送り」をはじめ一層の人権抑圧が進行した。多くの植民地独立運動の指導者たちは、独立後の政治的安定を優先し、少数派抑圧に転じ、まもなく当初の憲法を停止して権威主義的体制を確立した。

④「冷戦期」の人権からソ連崩壊へ

冷戦期には、国際的人権団体による世界各国での情報収集と世論喚起の運動が本格化した。一九六一年に創設されたアムネスティ・インターナショナルの活動によって、世界中の多数の政治囚が解放され、多くの政権が一定の人権基準を受け入れるようになった。一九七五年全欧安全保障協力会議を受けて成立したヒューマン・ライツ・ウォッチは、政治的抑圧、女性・子どもの権利を取り上げ、アメリカの監獄政策や移民政策、死刑制度を批判し、中国における政治犯の逮捕、インドにおける不可触民の問題も取り上げた。

共産主義国の人権抑圧を非難してきた冷戦期のアメリカにとっては、黒人差別は国際的に具合の悪いことになり、そのような環境の下で黒人公民権運動が高揚し、一九六〇年代中葉には法的人種差別撤廃が実現した。公民権運動は、他の集団を活気づけ、特に女性解放運動の盛り上がりは顕著だった。かの女たちは法的権利だけでなく、社会的・経済的平等をも強調し、特に、望まない妊娠や出産から女性を保護する

手段として中絶の権利を主張した。女性運動は、瞬く間に全世界に広がり、さらに公然たる同性愛者の運動も広がった。また、アメリカやオーストラリア、カナダの先住民に対する差別撤廃運動も前進した。

南アフリカでの反アパルトヘイト運動への暴力的弾圧に対する国際的憤激は、現地とグローバルなレベルでの人権団体が人権の大義のもとに国連と協力し合う状況を生み出し、一九八〇年代の半ばには、アパルトヘイトは解消の方向に向かった。一九八〇年代には、ラテンアメリカで多くの権威主義的政権が崩壊し、アジアの諸国でも民主化が進み、一九八九年東欧革命を経て、一九九一年ソ連が崩壊すると、世界中で標準的人権への誓約が確認されるようになった。国連は、経済発展・貧困除去と環境保護を人権リストに付け加え、人種差別の克服とマイノリティ保護についての約束を繰り返した。一九八九年には、国連は子どもの権利条約を採択し、グローバルな基準が定義された。

多国籍企業の進出によって世界各地の労働条件の切り下げ競争が進み、これに対して、国際的人権団体が各地に監視団体の網の目を組織し、搾取労働によって生産された商品のボイコットなどを通じて、労働権の理念を世界中に広げた。

二〇世紀の末までには、地球環境の破壊への憂慮が深まり、環境汚染制御のための政府間合意が追求された。一九九二年の地球サミットは、環境と開発に関する宣言を発し「自然と調和した健康で生産的な生活を確かなものにする権利」を人権の中心的な課題に位置づけた。一九九五年、「国際女性年」会議は、家庭内暴力やレイプ、セクハラの定義を厳格化し、これを法的に罰する努力が始まった。そして、同性愛者の権利が人権の一覧表につけ加えられ始めた。

二〇〇二年には、ジェノサイド、人道に対する犯罪、戦争犯罪で個人を訴追する裁判を恒常的に行うことを目標とした国際刑事裁判所が確立された。　死刑を人権侵害だとする風潮が、西ヨーロッパの国々で勢

いを増し、二〇〇三年までに全EU加盟国は、死刑を法律で禁止した。アムネスティ・インターナショナルは、グローバルな計画の一部として、死刑廃止運動を活発化させた。死刑を禁止していない国でも、全体として死刑執行件数は減少している。

今日の情報技術の飛躍的発展は、人権侵害に関する情報交換の機会を拡大し、人権抑圧の実情が広く知らされ、「政治囚」が釈放される事例も多くみられた。二〇一一年に北アフリカ諸国で始まった「アラブの春」の民衆蜂起の際には、携帯電話とSNSが世論喚起に重要な役割を果たした。しかし同時に、この情報技術の飛躍的発展は、人々の行動を隅々まで監視・管理し、人権を抑圧する能力をも発達させた。

⑤新自由主義的グローバリゼーション下の人権

新自由主義的グローバル化の下で、社会保障制度が後退し、経済的不平等・貧困の拡大と環境悪化が進行し、ジェノサイドを含む地域紛争、テロリズムが表面化した。

二〇〇三年に始まったイラク戦争で、アメリカは、イラクで捕捉された人々に対する人権蹂躙を繰り返した。アメリカ国内では、無抵抗の黒人住民に対する警察官による殺害を含む人種差別的暴力が頻発し、大規模な抗議運動が始まった。またこの国では、一九八〇年から今日までに、監獄人口が七倍に増え、その数は人口比で世界第一位であり、そのうちの有色人種の比率が圧倒的に高い。

民主主義的な憲法体制を導入し門戸を西側に開いた東ヨーロッパ・ロシアでは、まもなく経済的・社会的不安定化が進み、民衆の抵抗を抑えるべく権威主義的な抑圧体制が復活し、基本的人権は危機にさらされている。中国では、一九八九年天安門事件での民主化要求の抑え込み以後、反体制派の逮捕、拷問、死刑執行、特定宗派の弾圧、インターネットのサイトの閉鎖、外部の人権NGOの抑制などが続き、ウイグル

自治区の住民など少数民族に対する人権抑圧なども明るみに出され、世界各国から批判を受けている。

しかし、権威主義的体制の下での目覚ましい経済的発展に自信を抱くようになった東アジア諸国や中国は、彼ら独自の共同体主義を主張し、人権論の押しつけに抗議するようになった。シンガポールは、「人権と法の支配の主張は、本質的に個人主義的なものであり、アジアの社会機構に危害を加えるものである」と論じ、中国は、「人権問題は全体として各国の責任のうちにある」と主張し、外部の干渉を拒否している。

今日、新自由主義の下で強力に進められているグローバル化は、大規模な人権侵害の直接・間接の要因となっている。このような世界の危機的状況を打開し将来展望を見出すために、著者は、「人権」の世界史的な展開をたどり、今後の展望を見出そうと努力してきた。著者の最も中心的なメッセージは、文化的多様性に対する寛大さを育成することを通じて、「人権」概念をより豊富化し、全世界にそれを普遍化することである。

あまりにも当然なことであるが、これだけ膨大な世界史上の事例を取り上げている本書の記述には、少なからぬ歴史家が違和感を抱くであろう部分があることは避けられない。

訳者が違和感を抱いた部分をあえて二つほど挙げれば、第一に、ハイチの革命・奴隷制廃止をフランス革命、ラテンアメリカ諸国の独立と同じ啓蒙主義のベクトルでとらえているかにみえる叙述である。フランス革命政府は、カリブ海におけるフランスの最大の砂糖植民地サンドマング（のちにハイチとして独立）をイギリスから奪われることを避ける目的で、革命後四年後によくやくこの島の奴隷制廃止を宣言した。しかもまもなく権力を握ったナポレオンはこの島の奴隷制復活を宣言し、革命鎮圧のために軍隊を派遣し

た。そしてナポレオンのスペイン、ポルトガル征服に後押しされたラテンアメリカの独立運動の指導者たちは、ハイチの奴隷解放に敵意を示し、独立したハイチに敵対し続けた。本書からは、このような脈絡はほとんど読み取ることができない。

第二は、日本に関する記述である。本書には、多少の先入観にもとづく明らかな事実誤認があり、いくつかの部分については著者の了解を得て、一部を訂正あるいは表現を緩和し、一部は削除させていただいた。

⑥今日の日本の人権

さて、今日の日本における人権状況はいかなるものであろうか。本書を通読された読者の中には、日本政府が、「中国やロシア」に対抗するために、「共通の価値観をもつ同盟国」との連携を強調していることに違和感をもつ人が少なくないのではなかろうか。

少なくとも人権に関していえば、日本を「人権を普遍的価値として受け入れている西側諸国」と共通の価値観をもつ国と認めることは、容易ではない。日本における女性の地位の低さは言うまでもなく、夫婦別姓問題、LGBTQの人権、死刑制度、入国管理制度、自立した個人よりも共同体の安定を重視する風潮などみてみれば、日本と価値観を共有しているのは、一体どこの国だろうかと悩まざるを得ない。

自民党憲法改正草案（二〇一二年四月）に関するQ&Aは、「現行憲法の規定の中には、西欧の天賦人権説にもとづいて規定されていると思われるものが散見されることから、こうした規定は改める必要があると考えました」と明記している。自民党憲法改正推進本部副本部長片山さつき参議院議員は、「国民は天から権利が付与される、義務は果たさなくていいというような天賦人権論をとるのは止めようというのが

私たちの基本的な考えです」と公言している。また、憲法改正草案では、第一三条で、「すべての国民は、個人として尊重される」とする現行憲法を「すべての国民は、人として尊重される」と変えることを提案しているが、これは、国家の権利侵害から「個人を守る」という従来の「個人」の概念を解消し、国民を「国家」の一員としての「人」として読み込もうとする意図を示し、それは現行憲法の国民の基本的人権の精神を骨抜きにする道につながると指摘されている。

⑦ロシアのウクライナ侵攻と世界の人権

二〇二二年二月二四日、ロシアのウクライナに対する軍事侵攻が始まった。大方の予想を裏切って、軍事侵攻は、あれよあれよという間に多数の犠牲者を出しながら拡大し、簡単には収束しそうにない状況に陥った。この戦争が、ウクライナ人の人権に対する全面否定であることは言うまでもなく、ロシア国内では、徹底的な情報統制が図られ、反戦運動が厳しく弾圧されており、ロシア人の人権も否定されている。

著者は本書で相当のスペースを割いて、ロシアにおける人権の前進と後退の歴史、そしてその楽観できない現状について冷静かつ多面的に論じている。しかし、著者は今日のこのようなロシアのウクライナへの軍事侵攻は予想していなかったのではなかろうか。この戦争の行く末は予断を許さないが、この戦争が終結した段階で、本書の改訂版が出版されるとすれば、著者は、どのような修正を加え、この戦争を『人権の世界史』の中にどのように位置づけなおすだろうか。そんなことを思い浮かべながら本書を読み進めていっていただければ一層興味深いものになるのではなかろうか。

本書は、「高校の教師にも読んでもらえるような教科書的なもの」との説明を受け、その翻訳を気軽に

328

引き受けたが、私のようなアメリカ現代史の狭い分野の研究に終始してきた者にとっては、本書の守備範囲はあまりにも膨大で、その翻訳作業には、おそろしく時間がかかっただけでなく、著者の意図が十分理解できない部分が少なからずあった。しかし、監修者の方々や編集者のアドバイスを受け、何とか意味が読み取れる翻訳に仕上げたつもりである。

そういうわけで、最善を尽くしたことも強調しておきたいが、翻訳には、意図せぬ思い違いがありうることを今から正直に告白せねばならない。ご指摘いただければ幸いである。

最後に、大変有意義で画期的な意義をもつミネルヴァ世界史〈翻訳〉ライブラリーの一冊として本書を翻訳するように薦めてくださり、翻訳作業の途中で丁寧なアドバイスをしてくださった南塚信吾さん、および、長い間、辛抱強く私の翻訳作業を助けてくださったミネルヴァ書房の編集者、岡崎麻優子さんに、心からの感謝の言葉を送りたい。

二〇二二年夏

上杉　忍

8

I

索　引
(＊は人名)

《訳者紹介》

上杉　忍（うえすぎ・しのぶ）

1945年　生まれ。
1976年　一橋大学大学院社会学研究科社会学専攻博士課程修了。
1997年　一橋大学博士（社会学）取得。
現　在　横浜市立大学名誉教授。
主　著　『公民権運動への道──アメリカ南部農村における黒人のたたかい』岩波書店，
　　　　1998年。
　　　　『アメリカ黒人の歴史──奴隷貿易からオバマ大統領まで』中公新書，2013年。
　　　　『ハリエット・タブマン──「モーゼ」と呼ばれた黒人女性』新曜社，2019年。

ミネルヴァ世界史〈翻訳〉ライブラリー②
人権の世界史

2022年11月30日　初版第1刷発行　　　　　　　　〈検印省略〉

定価はカバーに
表示しています

訳　　者　　上　杉　　　忍

発 行 者　　杉　田　啓　三

印 刷 者　　江　戸　孝　典

発行所　株式会社　ミネルヴァ書房

607-8494　京都市山科区日ノ岡堤谷町1
電話代表（075）581-5191
振替口座　01020-0-8076

ISBN978-4-623-09218-5
Printed in Japan

ミネルヴァ世界史〈翻訳〉ライブラリー

南塚信吾・秋山晋吾 監修

◆「新しい世界史叙述」の試みを、翻訳で日本語読者へ届ける

＊四六判・上製カバー

① 戦争の世界史

マイケル・S・ナイバーグ 著　稲野 強訳

本体二六〇〇円

② 人権の世界史

ピーター・N・スターンズ 著　上杉 忍訳

本体三二〇〇円

ミネルヴァ書房

https://www.minervashobo.co.jp/